成人学历教育特色专业课程系列教材

普通话 实训教程

PUTONGHUA SHIXUN JIAOCHENG

主　编　张学斌

副主编　张一波

大连理工大学出版社

DALIAN UNIVERSITY OF TECHNOLOGY PRESS

图书在版编目(CIP)数据

普通话实训教程 / 张学斌主编. —大连 ：大连理
工大学出版社，2013.7(2017.10 重印)
ISBN 978-7-5611-8152-2

Ⅰ ①普… Ⅱ. ①张… Ⅲ. ①普通话—教材 Ⅳ.
①H102

中国版本图书馆 CIP 数据核字(2013)第 196166 号

大连理工大学出版社出版
地址：大连市软件园路 80 号　邮政编码：116023
发行：0411-84706041　邮购：0411-84706041　传真：0411-84707403
E-mail：dutp@dutp.cn　URL：http://dutp.dlut.edu.cn
大连理工印刷有限公司印刷　　大连理工大学出版社发行

幅面尺寸：185mm×260mm　　　印张：11.5　　　字数：260 千字
2013 年 7 月第 1 版　　　　　　2017 年 10 月第 4 次印刷

责任编辑：刘晓妍　　　　　　　　　　责任校对：志　欣
　　　　　　　　封面设计：于丽娜

ISBN 978-7-5611-8152-2　　　　　　　定　价：30.00 元

大连教育学院学历教育特色专业课程丛书
编写委员会

主　任：刘　刚

副主任：张学斌

编　委：(以姓氏笔画为序)

于爱华　王春江　王德平　史力范

余　芳　张一波　张学斌　张琳琳

陈振国　苗凤君　杨士杰　郑　力

赵　宇

总 序

　　大连教育学院发展历史悠久,承担着区域教师教育的重要职责。学院前身系旅大市中学教师进修学校,于1952年10月正式建立,是新中国最早成立的教师进修院校之一。

　　从1982年开始,学院陆续开设了中文、政治、数学、物理、化学、生物、英语7个专业的专科层次和本科层次的脱产班。从1984年起,办学形式发展为脱产、业余、函授三种,本、专科专业超过了10个。从20世纪80年代起至今,学院已培养出2.6万余名本、专科毕业生,为区域教育和经济社会发展作出了重要贡献。

　　进入21世纪,随着基层学校教师学历达标工作的基本完成,以教师学历补偿教育为主要功能的学院学历教育的生存和发展面临着严峻的挑战。大连教育学院始终坚持自主办学和合作办学相结合、学历教育和非学历教育相结合、师范专业和非师范专业相结合的办学方针,自2005年以来,围绕大连地区经济发展对人才的需求成功研发影视动画、应用电子技术等10个非师范专业;2005年学院成为教育部特许奥鹏远程教育中心,陆续与东北师范大学、四川大学等7所大学建立合作关系,提高了办学层次。目前学院拥有自主成人教育本科专业11个,专科专业28个;网络教育、自学考试专业70多个;同时开发了教育硕士课程班、教师资格理论考试、普通话、育婴师、保育员等社会化培训项目,成功构建了"学历教育+非学历教育"发展新模式。

　　在"十一五"期间,大连教育学院遵循"研训问题化、问题课题化、课题课程化"的理念和思路,物化了教师教育和教师专业发展理论研究及实践探索的成果,出版了

《大连教育学院研训专题文库》教师教育丛书,使教师教育课程由知识化的预成性课程走向问题化的生成性课程,即由以本体性知识和条件性知识为主走向以实践性知识为主,满足了区域教师教育和一线教师的现实需求。

进入"十二五",大连教育学院创建了适合市场发展机制和学院成人学历教育自身特点的多元、开放的办学模式,学历教育在逆境中创出新路,获得了蓬勃发展。根据社会需求和学院自身特点,提出了重点加强学前教育和教育管理等特色专业建设。

在学前教育、教育管理等特色专业建设中,我们遇到了新的瓶颈——课程资源特色不足。在成人高等教育实践中,现有的成人高等教育课程照搬普通高等教育课程,使成人高等教育丧失了自身特色。明显存在普教化和学问化倾向,特别强调学科知识体系的逻辑程序和结构,过分注重各门学科的全面、系统和纵深,追求学科课程的完整性、理论论述的详尽性、思想观念的统一性、结构体系的严密性,而忽略了实用知识和技能的传授,脱离成人的职业和生活需求。

根据特色专业建设的需要,针对当前成人教育现有课程存在的问题,学院提出成人学历教育必须适应社会经济发展和成人职业发展的需要,在遵循教育规律的前提下,以职业需求为导向,坚持"精理论、重技能"的方针,着力建设高水平的教材、教师团队以及突出应用性和实践性的课程,同时将成人多样化学习需要和要求融入到课程中,强调课程学习在实际工作和生活中的运用价值,鼓励学习者将所学知识和技能及时地运用于解决问题的实践中,有效实现课程效能。

本系列课程主要针对新时期学院特色专业建设而开发,首批着重选择了专业基础课程,在"精理论、重技能"的方针指引下,我们力求在内容选编、体例编写等方面有所创新,以期适应当前成人学习者接受成人高等教育的多样化需求,同时方便广大教师的教学。

课程是教育培养目标得以实现的载体,教育功能的发挥在很大程度上依赖于课程,开发适应成人职业需要的课程是当今成人高等教育机构和每一个成人教育工作者面临的重要课题,也是时代发展的要求。为此,我们将竭力打造一套适合成人教育的特色课程,但疏漏与不足在所难免,望广大同行指正。

2013.5

前言

　　语言的强大生命力,源于它的社会运用。普通话作为一种标准语,其社会功用在我们这样一个民族众多、方言复杂的国家里尤显重要。

　　自20世纪50年代,"推普"就被当作民族和国家的一项重要事业,并已取得可观成效。《中华人民共和国宪法》和《中华人民共和国国家通用语言文字法》更是从法律层面确立了普通话在我们语言生活中的重要地位。1994年,《关于开展普通话水平测试工作的决定》颁布,普通话水平测试在全国范围内全面开展,敦促以教师为代表的"普测"重点人群自觉学好普通话,并通过测试获得各自职业所要求的等级证书。

　　本教材既是为师范类学历教育公共课"普通话"而编写,亦可用于"普通话水平等级测试"的考前培训,同时也适合其他普通话自学者使用。

　　考虑到普通话学习者绝大多数都是以"运用语言"而非"研究语言"为目的,所以本教材力争在"精理论、重实效"上彰显特色。

　　本教材共有四部分内容:

　　"基础篇"介绍普通话语音常识,对普通话学习者应该学习、了解却常常认识不清的理论问题作简要阐述,力求深入浅出,易懂实用,避免大学语言理论专业内容"整体搬家"的做法。

　　"方言语音辨正篇"立足大连本土,同时兼顾其他方言区,分析常见的方言语音偏误,并为比较普遍的方言语音问题提供既有理论依据又切实可行的辨音方法。

　　"应试篇"介绍"普通话水平等级测试"的相关问题和应试技巧,以满足师范生和其他社会人员的备考需求。该部分可作为相对独立的"普通话应试指南"供各类普通话应试者阅读和查检。

"训练篇"是配合前三部分内容精选的训练材料,采取独立编排的方式,方便教师和自学者根据需要自由选用。

另外,在各部分之后,还提供了与各部分内容密切相关的重要文献资料,可供深入学习和查阅之用。

感谢大连市语委办陈德京主任的大力支持与无私帮助。感谢大连教育学院学历教育中心领导和同事们为本教材的问世所做的努力。本教材编写过程中,索梁业、史力范和宋亚科老师帮助解决许多技术难题,也在此表示真诚谢意。

由于编者水平有限,加之时间仓促,难免会存在缺点与不足,恳请读者朋友对本教材中的错误与疏漏之处予以指正,以便改进。

张一波

2013.6

目　录

▌第一章 ▶▶▶

基础篇

　　本章包含两部分内容：一是普通话的含义和国家关于学习和推广普通话的基本要求。二是普通话的语音常识。

　　通过学习，要明确普通话的标准，增强学好普通话的法律意识和责任意识。同时，熟悉普通话的语音系统，明辨一些容易混淆的概念。

　　重点：语音的规范，声母和韵母的分类，四声练习的基本方法。

　　难点：单元音和复元音的区别，单元音 ê、-i(前)、-i(后)和 er。

　　教学建议：作为《普通话实训教程》的基础部分，本章对普通话语音常识的讲解并不追求系统和全面，而是有重点、有针对性地讲解和辨误，以期更好地服务于实践。任课教师应根据教学对象的实际情况，结合实例进行讲解和答疑。

第一节　普通话的学习与推广

一、什么是普通话

　　普通话是汉民族的共同语，是规范化的现代汉语，是全国通用的语言。

　　普通话是以汉语文授课的各级各类学校的教学用语；是以汉语传送的各级广播电台、电视台和汉语电影、电视剧、话剧必须使用的规范用语；是我国党政机关、团体、企事业单位工作人员在工作中必须使用的公务用语；是不同方言区以及国内不同民族之间人们的交际用语。

　　共同的语言和规范化的语言是不可分割的，没有一定的规范就很难做到真正的共同。

　　普通话的规范指的是现代汉语在语音、词汇和语法方面的标准。

　　普通话是以北京的语音为标准音，以北方话为基础方言，以典范的现代白话文著作为语法规范的现代汉民族共同语。

　　推广民族共同语，关系到一个民族的经济、文化和教育发展的方方面面，是每一个国家和民族都十分重视的大事。要培养大批量的劳动者，要办教育普及文化，要进行不同方言区之间的交流，都必须首先规范民族语言，有了统一的民族语言，上述任务才有可能完成。

二、国家关于学习与推广普通话的基本要求

　　1982 年颁布的《中华人民共和国宪法》第十九条规定："国家推广全国通用的普通话。"

1994年,国家语言文字工作委员会、国家教育委员会(现为教育部)、广播电影电视部(现为国家新闻出版广播电影电视总局)联合颁布《关于开展普通话水平测试工作的决定》。《决定》的第一条提到:掌握并使用一定水平的普通话是社会各行各业人员,特别是教师、播音员、节目主持人、演员等专业人员必备的职业素质。

2000年,第九届全国人民代表大会常务委员会第十八次会议通过的《中华人民共和国国家通用语言文字法》第三条规定:"国家推广普通话,推行规范汉字。"第四条规定:"地方各级人民政府及其有关部门应当采取措施,推广普通话和推行规范汉字。"第十二条规定:"广播电台、电视台以普通话为基本的播音用语。"第十九条规定:"凡以普通话作为工作语言的岗位,其工作人员应当具备说普通话的能力。以普通话作为工作语言的播音员、节目主持人和影视话剧演员、教师、国家机关工作人员的普通话水平,应当分别达到国家规定的等级标准;对尚未达到国家规定的普通话等级标准的,分别情况进行培训。"

第二节　普通话语音常识

普通话的学习,包括语音、词汇和语法三个方面,其中语音内容的学习最为重要。所以要想学好普通话,就应该首先学好普通话的语音。

一、普通话声母

(一)声母和辅音

1. 辅音声母和零声母

普通话共有21个辅音声母:

b p m f d t n l g k h

j q x zh ch sh r z c s

此外,普通话还有一种特殊的声母也不该被忽略,这就是零声母。当一些韵母不跟辅音声母相拼,而是带有不同的声调自成音节时,我们就说这样的音节是"零声母"音节,因为它的声母为"零"(没有声母),比如鹅(é)、爱(ài)。

虽然"零"在现实生活中常常毫无意义,但在众多的学科领域里它都不可缺少。比如在数学里,"0"可以表示数的空位和某些量度的计算起点;在音乐里,"0"是休止符,表示音乐停顿时间的长短。在语言学里也不例外,"零"形式跟其他一切形式一样,也可以成为某一类别的标志。

所以,回答"普通话有多少个声母"这一问题时,如果说有21个声母,那是不准确的,应该说有21个辅音声母,因为还有零声母。

2. 声母和辅音的关系

声母韵母的概念是汉语所特有的。所以当我们学习英语语音时只有元音、辅音之分,而学习汉语时却既有元音、辅音之分,又有声母、韵母之分。于是很多人都想知道它们到底是什么关系。

声母就是音节开头部分的辅音。我们除了根据汉语拼音的《声母表》了解声母,还可以根据声母的这个定义,从具体的音节中找出声母。也就是说,去掉一个音节中的韵母和声调,剩下的部分就是声母。如果一个音节的开头部分没有辅音,我们就说这样的音节声母为零,是零声母音节。

声母和辅音的关系可以说是非常密切的:一方面,普通话声母主要由辅音充当,只有零声母除外;另一方面,普通话的 22 个辅音中,有 21 个能做声母,而且其中的 20 个是只能做声母的。

所以,要搞清楚声母和辅音的关系,就应该知道,普通话语音系统共有 22 个辅音,其中的 ng 不能做声母只能做韵尾,其余 21 个都能做声母。在能做声母的这 21 个辅音中,又只有 n 是既能做声母又能做韵尾的,其余 20 个则只能做声母。

3. y 和 w 不是声母

y 和 w 这两个拉丁字母一般是用来表示半元音的。我们在启蒙教育阶段进行的拼音教学把它们当成声母来教,是因为这样做简单、实用,适合学龄儿童的接受水平。

但是作为成年的汉语普通话学习者,应该清楚地知道它们并不是声母(前面讲的声母,不论是辅音声母还是零声母,都不包括这两个字母)。

y 和 w 在汉语拼音中的身份定位是"隔音字母"。它们的作用是在拼写零声母音节时,使音节和音节之间的界限更加分明,避免误拼和误读。因为按照汉语拼音"正词法"关于"按词连写"的规则,构成一个词的几个音节的拼音要连续书写,而不能一个一个地分开拼写,比如,"大衣"是两个音节构成的一个词,拼写成"dāī"就很容易被看作是一个音节"dāi"(带);"第五"如果拼写成"dǐǔ"也很容易被看成一个音节"diū"(丢)。使用了隔音字母 y 和 w,"大衣"拼写为"dàyī","第五"拼写为"dìwǔ"就很好地解决了这个问题。

隔音字母 y 和 w 的具体使用规则:

韵母表中 i 行的韵母,在零声母音节中,如果 i 的后面还有别的元音,就把 i 改为 y,比如 ie—yě(也);如果 i 后面没有别的元音,就在 i 前面加上 y,比如 i—yī(衣)。

韵母表中 u 行的韵母,在零声母音节中,如果 u 的后面还有别的元音,就把 u 改为 w,比如 ua—wā(挖);如果 u 的后面没有别的元音,就在 u 的前面加上 w,如 u—wǔ(五)。

韵母表中 ü 行的韵母,在零声母音节中,不论 ü 的后面有没有别的元音,都要在 ü 的前面加 y,并且省略 ü 上的两点,比如 ü—yǔ(语),üan—yuán(元)。

(二)声母的分类及其意义

1. 声母的分类

前面说了,普通话声母首先可以分为零声母和 21 个辅音声母。这里所说的普通话声母的分类,就单指这 21 个辅音声母的分类了。

我们常常看到在一些汉语的教科书中会把普通话的 21 个辅音声母这样排列:

b	p	m	f	
d	t	n		l
g	k		h	
j	q		x	
zh	ch		sh	r
z	c		s	

普通话辅音声母分类的玄机,其实就包含在这个看似不规则的排列阵形中。

稍有语音常识的人都知道,辅音发音的不同主要取决于不同的发音部位和发音方法。

而声母的上述排列方式,正是根据它们的不同发音部位和发音方法及其在整个语音系统中的相互关系所作的精心排列。

简单地说,凡处于同一行(横排)的声母,其发音部位都相同或相近;凡处于同一列(竖排)的声母,其发音方法都相同或相近。比如就发音部位来看,第一行的"b、p、m、f"属于唇音;第四行的"j、q、x"属于舌面音;而第六行的"z、c、s"属于舌尖音。就发音方法来看,第一列的 b、d、g、j、zh、z 属于不送气音;第二列的 p、t、k、q、ch、c 属于送气音;第三列的 m 和 n 是鼻音,第四列的 f、h、x、sh、s 是清擦音,第五列的 r 是浊擦音,第六列的 l 是边音。

2. 给声母分类的意义

对事物进行分类是人们对其认识的更加系统化和精细化的重要表现,通过分类可以更好地认识和了解事物之间的相互关系。

声母的分类也是如此。学习和掌握了声母的各种分类之后,声母就不再是一个个孤立的存在,而是多角度、多层面地跟其他声母保持着各种关联。这样就可以从"相同"和"相异"两个方面掌握不同声母的相互联系和区别。

系统掌握声母之间的异同关系,首先可以为"拼音"打下坚实的基础,因为声母和韵母的拼合规律,多是以类别而非以个体呈现的。比如舌面音声母(j、q、x)只拼齐齿呼(i 行)和撮口呼(ü 行)韵母,不拼合口呼(u 行)和开口呼(除 i 行、u 行和 ü 行以外的)韵母。

其次还可以帮助解决声母的发音问题。比如:n 和 l 的相同点是发音部位相同,都属于舌尖中音,不同点是发音方法中的气流通道不同,n 的气流从鼻腔出,而 l 的气流却是从口腔中的舌头两边出。了解了这一点,对于某些方言区的人区分 n、l 的发音就非常有用。不论是常将 n 发成 l 的(如,将"牛腩"说成"liúlán"),还是常将 l 发成 n 的(如,将"泪流满面"说成"nèiniú 满面"),都可以利用 n 和 l 这两个音的相同点确定好发音的部位,再根据两个音的细微差别,重点调整发音的方法就可以了。

(三)呼读音和本音

呼读音是在本音的后面加上相应的元音后读出的音。比如声母 b、p、m、f 和 d、t、n、l 在拼音教学的时候是在后面分别加上了"o"和"e",这样,它们实际的读音就变成了 bo、po、mo、fo 和 de、te、ne、le,这就是它们的呼读音。再比如,g、k、h 读作 ge、ke、he,j、q、x 读作 ji、qi、xi 等,读的都是呼读音。借助于元音的音响特点,呼读音要比本音清晰响亮得多,方便读音示范,听起来更像是一个个音节(只是缺少了声调的变化),因此更能满足教学的需要。

我们在启蒙教育阶段学习的声母,读的就都是呼读音。

本音就是辅音声母本来的发音。一般来说,声母本音的发音是清晰而短促的。我们可以通过这样几种方式感受声母的本音:一是先发一个辅音声母的呼读音,然后试着去掉后面的元音再发一次,便可以得到该声母的本音;二是先发一个有辅音声母的音节,然后去掉音节中的韵母和声调再发一次音,也可以得到声母的本音。此外,还有少数音(汉语和英语都有而且发音基本相同的)可按国际音标来发音,比如把 m、f、n、l、s 按照英语学习时读[m][f][n][l][s]的方法发音,读出的便是它们各自的本音。

要进行专业的语言学习和研究,首先必须精准地掌握声母的本音。一般的普通话学习者,也应该对本音有所了解,因为所有关于辅音声母发音方法的描述都是建立在本音的基础之上的,并不适用于呼读音。而且,"本音"者,当然也就是声音之根本,它是普通话语音的基础。

（四）清浊音和送气不送气音

浊音就是发音时声带振动的音,也就是在发一个声母的本音时,听起来有声的音。

发浊音时,将手指轻放在喉头和声带的部位,在外部就能感觉到声带的振动,而发清音时则没有这种振动。

就普通话的 21 个辅音声母来说,只有 m、n、l、r 这 4 个是浊音,其余 17 个都是清音。

普通话音系中有一部分发音部位完全相同的辅音声母由于发音时气流的强弱不同而相互对立,这就是通常所说的送气音和不送气音。它们主要表现在下面这些成对的音素中:

b	d	g	j	zh	z
p	t	k	q	ch	c

从纵向看,每一列的两个音素的发音部位都完全相同,b、p 是双唇音,d、t 是舌尖中音,g、k 是舌根音,j、q 是舌面音,zh、ch 是舌尖后音,z、c 是舌尖前音。它们中的每一对发音时都是前面一个音气流微弱,几乎感觉不到,后面一个音气流较强,有明显的爆发性。这两种发音部位相同,发音方法却差异较大的音,就分别被称为"不送气音"和"送气音"。

从横向看,第一行是不送气音,第二行是送气音。送气音也被更形象地称为"爆破音"。

（五）声母 z、c、s、zh、ch、sh 和音节 zi、ci、si、zhi、chi、shi

如前所述,启蒙阶段的拼音教学读的都是声母的呼读音,所以,声母 z、c、s 和 zh、ch、sh 读起来和听起来都很像音节的感觉,只是没有四声的变化而已。

音节 zi、ci、si 和 zhi、chi、shi,因为其中的单元音韵母比较特殊,在发声母 z、c、s 和 zh、ch、sh 的呼读音时稍微延长发音,就可以自然地将后面的元音韵母带出来,并不需要单独学习这两个元音,而这两个特殊的元音也只出现在 z、c、s 和 zh、ch、sh 的后面。所以,为了拼音系统的简约实用,就将这特殊拼合的 zi、ci、si 和 zhi、chi、shi 作为整体认读音节来教和学了。

z、c、s 后面的元音是发 z、c、s 自然延长得到的,称"舌尖前元音",zh、ch、sh 后面的元音是发 zh、ch、sh 自然延长得到的,称"舌尖后元音"。因为这两个元音分别出现在 z、c、s 和 zh、ch、sh 的后面,分工严格,从不"换位",也从不出现在任何其他地方,所以,在汉语拼音方案中都用同一个符号"-i"来记录书写。对于这两个特殊的元音,我们不需要刻意地学习,只要会发声母 z、c、s 和 zh、ch、sh 就能自然地发出这两个元音,但是作为认真严谨的语言学习者,就应该清醒地意识到它们的存在。

二、普通话韵母

（一）韵母和元音

1. 韵母的分类

普通话的语音系统中共有 39 个韵母:

单韵母　a o e ê i u ü -i(前) -i(后) er

复韵母　ai ei ao ou ia ie ua uo üe iao iou uai uei

鼻韵母　an ian uan üan en in uen ün

　　　　ang eng ing ong iang uang ueng iong

这 39 个韵母可以从不同的角度、按照不同的标准作不同的分类。最常见的是按结构和发音时的口型进行分类。

上文就是按结构将韵母分成了:单韵母(10个),复韵母(13个)和鼻韵母(16个)。

单韵母都由单元音组成,所以也叫单元音韵母,包括7个舌面元音 a、o、e、ê、i、u、ü,2个舌尖元音-i(前)、-i(后)和1个卷舌元音 er。

复韵母都由2个或3个元音组成,所以又叫复元音韵母。因为这些组成复韵母的单元音发音时的清晰响亮程度不一样,所以分别被称为前响复韵母(ai、ei、ao、ou,前面的音发得较清晰响亮)、后响复韵母(ia、ie、ua、uo、üe,后面的音发得较清晰响亮)和中响复韵母(iao、iou、uai、uei,中间的音发得较清晰响亮)。

鼻韵母由元音和鼻辅音组成,其中带"n"尾音的 an、ian、uan、üan、en、in、uen、ün 8个鼻韵母称为前鼻韵母,带"ng"尾音的 ang、eng、ing、ong、iang、uang、ueng、iong 8个韵母称为后鼻韵母。

按发音时的口型可以分为:开口呼韵母、齐齿呼韵母、合口呼韵母和撮口呼韵母,简称"四呼"。其中"i"和"i"开头的韵母称为齐齿呼韵母,"u"和"u"开头的韵母称为合口呼韵母,"ü"和"ü"开头的韵母称为撮口呼韵母,而其余那些不是"i、u、ü"和由"i、u、ü"开头的韵母则称为开口呼韵母。

2. 给韵母分类的意义

跟声母一样,学习和掌握了韵母的各种分类之后,它们也就不再是一个个孤立的存在,而是多角度、多层面地跟其他韵母保持着各种关联。这样就可以从"相同"和"相异"两个方面掌握不同韵母的相互联系和区别。

前面提到的舌面音声母(j、q、x)只拼齐齿呼(i行)和撮口呼(ü行)韵母,不拼合口呼(u行)和开口呼(i行、u行和ü行以外的)韵母等拼音规律,从韵母的角度看,依然是以类别而非以个体呈现的。

韵母(尤其是舌面单元音韵母)的发音也大都可以从系统和类别中精准掌握。比如同属舌面、前、高元音的i和ü,发音时只需要注意其唇形的不同(前者不圆唇,后者圆唇);同属舌面、高、圆唇元音的ü和u,只需注意舌位的"伸"与"缩"(前者为前元音,后者为后元音),而同为舌面、后、圆唇元音的u和o,则只需注意它们舌位的高低(前者为高元音,后者为半高元音)就行了。这都是根据发音方法所作的科学分析与归类为我们提供的学习便利。

3. 韵母和元音的关系

汉语音系中的元音和韵母可以说是既有密切联系,又有明显区别。

单韵母和复韵母都由元音构成,在这种情况下,可以说元音就是韵母,韵母也就是元音,二者完全同一,没有区别。所以,单韵母也可以叫单元音韵母,复韵母也可以叫复元音韵母。

鼻韵母是由元音加上鼻辅音组成的,这时的元音和韵母便不再同一,通俗地讲,应该是韵母大于元音了。

(二)学习 ê 和 er

在普通话的常规教学和考前培训中,经常会有人说不熟悉 ê 这个音,因为在使用汉语拼音为汉字注音或者阅读拼音读物时,都几乎见不到这个音。这是为什么呢?

首先,"ê"这个音的确出现较少,因为它不能单独跟任何辅音声母拼合,只在零声母音节中单独出现,这就是发愁、叹气时发出的"欸"这个音。

其次,"ê"还出现在"ie"和"üe"这两个复元音中,但是为了拼写时的简单快捷,它们并没有写成"iê"和"üê",而是摘去了头上的"小帽子",分别写成了"ie"和"üe"。因为"i"和"ü"的后面都不会出现"e"这个音,所以这样书写不会有区分上的问题。

"er"也是一个特殊的单元音韵母。虽然它是由两个符号记录和书写的,但它却是一个单元音韵母,前面的"e"的实际发音大致相当于英语的[ə],称为舌面央中不圆唇元音。其中的"央"代表舌位的前后,"中"代表舌位的高低,就是说发这个音时,舌位不高也不低、不前也不后,发出一个十分"中庸"的音。而后面的"r"代表的是一个卷舌的动作。两个符号合二为一,表示一个具有卷舌色彩的单元音[ə],这就是"er"的发音。

"er"在汉语普通话的语音系统中,不能跟辅音声母相拼,只能构成零声母音节,如:而、儿、鸸、尔、迩、耳、饵、洱、二、贰。这里面比较特殊的是"二"和"贰"。它们虽然写成拼音是"er",但在北方的大部分地区(包括北京)都读作[ar],甚至连代表普通话最高水准的国家级播音员都是如此。也就是说,"二"和"贰"按拼音的标示是[ə]带卷舌动作,按实际发音,却是[ɑ]带卷舌动作。已经有研究者注意并且指出了这一问题,我们可以姑且将其看作是语言规则和语言现实"错位"的一个特例。

(三)o 和单元音、复元音

1.o 的发音

o是一个舌面后半高的圆唇元音。即使是不熟悉元音舌位图的人,也可以通过以下两种方法找到发"o"音的感觉:

一是先发汉语的 e 音,保持舌位不动,再将嘴唇拢圆,这就发出了 o 音。因为 o 和 e 的发音部位完全相同,区别只在于前者嘴唇拢圆,而后者嘴唇自然展开。

二是在发 u 音和英语的[ɔ]音的基础上,发一个介于二者之间的元音,因为从这几个音的关系看,o 的开口度比 u 略大,比[ɔ]略小,舌位比 u 略低,比[ɔ]略高,正好是介于二者之间的一个音。

2. 单元音和复元音

单元音的发音是从始至终舌位和唇形等发音器官的状态都没有变化的音。复元音因为是由 2 个或 3 个元音构成的,发音是由一个音向另一个音的平稳滑动,所以,在复元音发音的过程中,发音器官的各个部分都有一个明显的变化过程。

我们在学习英语时一般都能清楚地分辨单元音和双元音(复元音),比如,知道 cat(单元音[æ])是猫,kite(双元音[aɪ])是风筝,horse(单元音[ɔ:])是马,house(双元音[aʊ])是房子。但是一些方言区的人说普通话时,却是单元音、复元音概念模糊,发音也不够标准。这在普通话测试中是很值得注意的。不论是将单元音发成复元音,还是将复元音发成单元音,都会被视为错误或缺陷而扣分,是不可以忽视的。

o 就是个单元音,却被一部分人念成了复元音 uo,这在北方地区比较常见。因为有声母和拼音规则的制约,这种失误很少会带来麻烦。但很少不等于没有,比如遇到 yo(哟、唷)时,如果还把 o 发成 uo 就无法拼出音节。因为在普通话的语音系统中,并没有"iuo"这种由"i"音跟"uo"音的拼合。

同理,you 和 yo 也是两个不同的音节,可是在百度里曾经有人提问:汉语中 you 和 yo 这两个音有什么区别?百度选出的"最佳答案"竟然是:没区别。可见这个问题是很专业的。

它们有什么区别,现在你知道了吗?

三、普通话声调

(一)调值和调类

系统学习过汉语语音的人都知道,对于汉语这样的有声调的语言,调值和调类是两个非常重要的概念。

调值,指的是音节高低升降曲直长短的变化形式,也就是汉语声调的实际读法。它用从1到5的数字的组合来表示汉语的四声,就是55、35、214、51。它们的含义是:如果把汉语四声(阴平、阳平、上声和去声)的高度范围标记为从低到高的1至5度,那么阴平就是一个从5度到5度的高平调,比如"方、编、端、亏、宣、装、酸";阳平就是一个从3度到5度的高升调,比如"然、人、棉、连、年、全、怀、情";上声就是一个从2度降到1度再升到4度的降升调,也叫曲折调,比如"惹、秒、碾、脸、广、九、闯";去声就是一个从5度降到1度的全降调,比如"辣、热、卖、浪、面、掉、换"。

调类,是声调的种类,是把调值相同的字归纳在一起所建立的类。所以在同一种语言或方言中,有几种调值就可以归纳成几个调类。

55、35、214、51代表了普通话的4种调值,阴平、阳平、上声、去声便代表了普通话的4个调类。

这里的"上"字不能读常用语境下的第四声的声调,而应该读第三声。这属于多音多义字的范畴。就是从意义上看,这里的"上"不是"上下"中"上"的意思,而是代表一种声调的特定读法,也就是先降后升的"214"调值。当"上声"中的"上"读作第三声(214的调值)时,四声的调类名称"阴平、阳平、上声、去声"中的"阴、阳、上、去"四个字,正好代表了四种声调的实际读法,可以说是以"现身说法",示范了四种声调。

(二)"见到 a 母别放过……"——认识标调歌

绝大多数学习过汉语拼音的人都很熟悉这样一首"标调歌":"见到 a 母别放过,没有 a 母找 o、e,i、u 并列标在后,单个韵母不用说。"最后一句也有其他的说法,比如"这样标法不会错"或者"i 上标调把点抹"等,但标调法的核心内容是在前三句里面。

标调歌的字面意思大家都懂:当音节中是单元音韵母时,声调就标在这个元音上。当音节中是复韵母或鼻韵母,也就是说有不止一个元音时,声调要首选 a 这个元音,没有 a 时,就选 o 和 e。当 i 和 u 同时出现在一个音节中,并且这个音节中只有这两个元音时,声调要标在后面的那个元音上。

问题是为什么会有这样的规定呢?

因为在拼音时,声调都是随韵母一起出现,拼写时,声调也要标在韵母上,准确地说是标在韵母中的主要元音上。所谓"主要元音"就是复韵母中所说的发音比较清晰响亮的那些"响"音,也就是音节部分所说的"韵腹"。大家可以清楚地看到,在复韵母和包含两个以上元音的鼻韵母中,主要元音都是 a、o、e,所以标调时才要首选 a、o、e。可是 iou 和 uei 这两个韵母,它们在跟辅音声母相拼时,为了拼式的简短而分别写成了 iu 和 ui,把原本应该标声调的发音响亮的主要元音 o 和 e 省略掉了,所以适用于通常情况下的标调规则在这里用不上了,只好另行规定:iu 的声调标在 u 上,ui 的声调标在 i 上。这就是"i、u 并列标在后"的由来。

四、普通话音节

(一)音节、音素与汉字

1. 音节和音素

音素是语言中最小的语音单位,它是不可以再切分的。我们前面讲的元音和辅音就是两种类型的音素。

音节是语音的基本结构单位。音节的性质可以从以下三个方面来描述:

从听感的角度来看,音节是人们能够自然感知的最小的语音片断。在一连串的语音中,相邻音节之间一般都有明显的间隔。

从声学的角度看,一个声音强度的增减过程就是一个音节。发一个音节时,声音的强度都有由弱到强再转弱的过程,发几个音节就有几个这样的过程。

从发音器官的运动状态来看,发音时发音器官的肌肉紧张一次就形成一个音节。发一个音节时,喉部肌肉的紧张程度有由弱到强再转弱的过程,发几个音节就有几个这样的过程。如,汉语"飘(piāo)"是一个音节,只有一次肌肉紧张过程,而"皮袄(pí—ǎo)"则是两个音节,因为肌肉有两次紧张过程。

一个音节可以切分成若干个音素。汉语的音节由声母、韵母和声调三部分构成,多数音节可以切分成2至4个音素,比如"大 d—à"(两个)、"多 d—u—ō"(三个)、"段 d—u—à—n"(四个),也有少数音节只有一个音素,比如"鹅 é"。

下面这首饶有趣味的儿歌可以让我们很直观地感受到音节和音素的"分分合合",分开慢读,就是一个一个的音素,合为一体,就是我们熟悉的一个一个音节。

鸭子叫,gā—gā—gā,

我让鸭子慢点叫,g—ā,g—ā,

鸭子生气了,gāgāgā,gāgāgā。

关抽屉,kā—kā—kā,

妈妈让我慢点关,k—ā,k—ā,

我说好好好,kākākā,kākākā。

爷爷笑,hā—hā—hā,

我学爷爷慢点笑,h—ā,h—ā,

爷爷笑得更响了,hāhāhā,hāhāhā。

2. 音节和汉字

要了解音节和汉字的关系,首先应该明确:音节是语音单位,汉字是书写单位,它们既有联系,又有区别。

汉语中的绝大部分音节是和汉字相对应的,也就是一个音节由一个汉字来书写,一个汉字也只记录一个音节。

但是也有少数音节和汉字并不一一对应的情况。比如儿化音节,"花儿"是两个汉字,但是读成"huār"时就是一个音节,这是一个音节对应于两个汉字。再比如旧时的"海里"是一个汉字"浬",却读作两个音节"hǎi—lǐ",这又是一个汉字对应于两个音节。这些都比较少见,是汉字和音节对应关系中的特例。

（二）普通话音节的结构特点

汉语音节由声母、韵母和声调(简称声、韵、调)三部分构成,对汉语音节做最粗略的结构分析,就是将音节切分成这样三个部分。但是这样的分析只能满足最基本的拼音的需要。要更深入地了解汉语的语音,就要对汉语音节做更细致的结构分析。通过这样的分析,才能真正掌握汉语音节的诸多特点。请看下面的音节结构分析:

音节	声母	韵头	韵腹	韵尾	声调
饿 è			e		去声
白 bái	b		a	i	阳平
窗 chuāng	ch	u	a	ng	阴平
关 guān	g	u	a	n	阴平
流 liú	l	i	o	u	阳平
土 tǔ	t		u		上声
幼 yòu		i	o	u	去声
我 wǒ		u	o		上声
月 yuè		ü	ê		去声
欧 ōu			o	u	阴平
好 hǎo	h		a	u	上声

通过这样的分析,我们可以清楚地看到汉语音节结构的如下特点:

1.一个音节最多可以用四个音素符号来拼写。

2.元音在音节中占优势。每个音节总要有元音,元音符号最多可以有三个,并且连续出现,分别充当韵头、韵腹和韵尾。如果一个音节中只有一个音素,这个音素一般都是元音。

3.音节中可以没有辅音。辅音只在音节的开头或末尾出现,在音节末尾出现的辅音只限于 n 和 ng。没有两个辅音相连的音节。

4.汉语音节不能没有声调,不能没有韵腹(主要元音);可以没有辅音声母、韵头和韵尾。

韵腹是音节中的主要元音,10 个单元音都可以充当韵腹。韵腹前面的元音就是韵头,也称介音,可以充当韵头的只有高元音 i、u、ü。韵腹后面的元音就是韵尾,可以充当韵尾的只有高元音 i、u、ü 和鼻辅音 n、ng。

同时,通过音节分析时的"还原",我们还可以了解到诸如拼写时的省略(流 liú)、"y"和"w"的使用(由 yóu、月 yuè、我 wǒ)以及"ao"的读音实际上是"au"等情况,使我们对汉语语音系统的认识更准确,也更深入。

五、普通话音变

在语流中,由于前后音的相互影响,有些音就改变了原有的读法,这在语言学中称为语流音变或简称为音变。普通话的音变主要有:两个或两个以上的上声连续出现时所发生的读音变化，"一"和"不"的读音变化，轻声和儿化，某些重叠形式词语的末尾音节的读音变化以及语气词"啊"的读音变化等。

（一）上声连读时的音变规律

以汉语为第一语言的人，对于大多数的音变现象都可以在语言习得的过程中自然掌握。因为一个不争的事实是，并非先有规则后有语言，而是正好相反，所有的音变规则都是从语言使用者的语言实践中总结归纳出来的。任何一种语言中需要第二语言学习者学习、记忆的语音规律和规则，对于第一语言学习者来说大都不是问题。所以，关于音变，需要重点注意的应该是某些比较特殊的情况。

我们都知道当两个上声音节连续出现时，第一个会变为阳平，比如"领导"、"影响"、"很好"中的"领"、"影"和"很"在这些组合中的发音跟它们单念时的声调明显不一样。那么当三个以上的上声音节连续出现时呢？这时的音变规律就不是每个人都能意识到了。

事实上，当三个上声连续出现时，音变的规律是由词语的内部结构来决定的。它们可以分为两种类型：

第一种是"双＋单"类型，如：

导火索　管理者　领养法　碾米厂　洗脸水　采访本　手写体　选举法　蒙古舞

之所以叫"双＋单"类型，是因为它们的内部结构是"双音节＋单音节"，比如"管理＋者"，"洗脸＋水"。这种类型的音变规律是，前两个音节都变为近似阳平（35）调，第三个音节不变。

第二种是"单＋双"类型，如：

纸老虎　好领导　党小组　冷处理　海产品　很简短　买保险　小两口　厂党委

同样道理，因为它们的内部结构是"单音节＋双音节"，比如"纸＋老虎"，"买＋保险"，所以叫"单＋双"类型。这种类型的音变规律是：只有第二个音节变阳平（35）调，第一、三音节仍按原调读。实际的读音就是第一个音节只能读出上声的一半。事实上，当上声音节出现在阴平、阳平和去声前面时，它们都会变成这种调值为211的"半上"调，比如"好吃"、"好玩"和"好亮"中的"好"都跟"好"单独出现时的发音不一样，并不是完整的上声。

如果是多个上声连续出现，就要适当分组，再按双音节和三个音节的音变规律读出。如：

"理想/美好"，"厂长/领导"这样四个上声音节的词语，就可以两个音节分为一组再按双音节变音。"种马场养有五百匹好种马"这样多个上声连续出现的就可以分成"种马场/养有/五百匹/好种马"几组，再按"双＋单/双/双＋单/单＋双"的音变规律读出来。当然，这是指在语速正常或者语速稍慢的情况下，一般来说，语速越快，变调的音节越多而保留上声的音节越少。这需要平时多学习，多听、多练才能有更精确更敏锐的语感。

由于上声音变现象的存在，有时会影响我们对某些字的读音的判断，甚至造成"误导"。比如"芭蕾"中的"蕾"，由于它在"芭蕾舞"中受"舞"的影响而发生临时的音变，读作阳平，以至于很多人误以为它原本的读音就是阳平，当单念或者在"芭蕾"中仍将它读为阳平"léi"。再比如"潜水"和"潜艇"中的"潜"字，虽然很多人以为它读三声的"qiǎn"，但在这两个词语中却由于音变的关系被动地读了正确的读音，而实际上，这些人对于"潜"这个字的声调记忆并不准确，所以当他们遇到像"潜伏"、"潜力"和"潜意识"这样的词语时，就会将"潜"字读作上声,读音的错误就暴露出来了。针对这种情况,一般的学习者需要多听、多记这类字词的正确读音,不受变调的干扰;语言教师和教材编写者则要同时注意训练材料的选择和编排,简单地说,要强调"潜"字的正确读音,就不该用"潜水"这样的词语来训练,而应该直接让学生读"潜伏"和"潜力"这样的词语,这才有利于及时的纠偏和固正。

此外还有一个有趣的现象,就是东北地区的很多人在读"享福"这个词时,先是把"福(fú)"读成三声"fǔ",于是本来是三声的"享"就发生音变,读成了二声"xiáng"。由于这个词语在人们日常生活中出现频率较高,久而久之,关于"享"的读音的毫厘之差,便终于造成流传千里之谬误,"享受"、"享乐"、"坐享其成"中的"享"等也都一错再错地读成"xiáng"了。

(二)"一"和"不"的音变规律

对于"一"和"不"的变调,以汉语为第一语言的人也大都能自然掌握。具体来说如下。

"一"有两种变调:

一天,一年,一晚——在阴平、阳平和上声前,"一"变为去声。

一律,一会儿,一定——在去声前,"一"变为阳平。

"不"只有一种变调:

不会,不在,不放——在去声前,"不"变为阳平。

不听,不行,不走——在阴平、阳平和上声前,"不"仍读去声。

需要注意的仍然是一些相对比较特殊的情况,比如"一楼"和"一连":当它们的词义中有表顺序的"第一"的意思时,"一"的读音就不变,如,"一楼做生意,二楼住人","一连集合,执行紧急任务";当它们表达"整个……"、"全……"的意思时,"一"的读音就要变成去声,如,"他深更半夜的又唱又喊,把一楼(全楼)的人都吵醒了","一连(全连)的人都集合好了,就等他一个"。

此外,"一连"还可以表示"连续"的意思:"一连几天都是艳阳高照。"这时的"一"也要变读为去声。

(三)语气词"啊"的音变规律

"啊"在现代汉语中有两种词性和用法:

一种是叹词,表示呼唤、应答或感叹,功能有两种,一是独立成句,如(遇到突发事件时的一声惊叫)"啊!"二是充当句子的独立成分,如"啊,他怎么可以这样?"总之,当"啊"独立使用,不跟其他的词语和句子成分发生任何结构上的关系时,"啊"就读本音,发音标准完整,没有任何改变。

另一种是出现在句子的末尾,帮助句子表现疑问或感叹等不同的语气。这种"啊",有的书上称为"语气助词",将其视为与结构助词"的、地、得"和动态助词"着、了、过"并列的第三类助词,也有的书上单列一类叫做"语气词"。不管叫什么名称,这种表示语气的"啊"因为受前面的音的影响,是要发生各种各样的变化的。具体说有以下几种情况。

1. 当前面音节末尾的音素是"u"时,"啊"读作"ua",也可以写作"哇"。如:

你能不能游啊(yóuua)!

你们别走啊(zǒuua)!

我不会跳舞啊(wǔua)!

值得注意的是,"啊"的这种变化还涉及 ao 和 iao 这两个音。如,"真热闹啊(nàoua)"和

"我不敢跳啊(tiaoa)","啊"都读"ua"。这是为什么呢?

原来,我们汉语拼音的"ao"和"iao"本来就应该是"au"和"iau",只是因为它们手写时太容易跟"an"和"ian"混淆,制定《汉语拼音方案》时便决定将其中的"u"换成"o"。所以,"ao"和"iao"里的"o",实际就是"u"。在以汉语为第一语言的人的实际发音中,都会很自然地将上面两个句子的"啊"变读成"ua",也恰好从反面证明了这一点。

2.当前面音节末尾音素是"n"时,"啊"读作"na",也可以写作"哪"。如:

快来看啊(kàna)!

好可怜啊(liána)!

他可真是惜时如金啊(jīna)!

你算得可真准啊(zhǔna)!

3.当前面音节末尾音素是"ng"时,"啊"读作"nga"。因为汉语里没有相应的文字记录这个音,所以它仍写作"啊"。如:

大声唱啊(chànga)!

天气实在是太冷啊(lěnga)!

这儿的夜晚可真静啊(jìnga)!

这个人好凶啊(xiōnga)!

4.当前面音节末尾音素是"-i(前)",也就是当"啊"出现在由舌尖前音声母"z、c、s"构成的整体认读音节的后面时,读作"za",也是因为没有相应的文字记录,所以也仍然写作"啊"。如:

他是你儿子啊?

原来你在背单词啊!

他这个人怎么那么自私啊?

5.当前面音节末尾音素是"-i(后)",也就是由舌尖后音声母"zh、ch、sh"构成的整体认读音节和"er"(包括儿化韵)时,"啊"读作"ra",仍写作"啊",原因跟前面相同。如:

病要抓紧治啊!

明天也不迟啊!

谁说不是啊!

左耳还是右耳啊!

多可爱的小孩儿啊!

6.当前面音节末尾音素是"a、o、e、ê、i、ü"时,"啊"读作"ya",也可以写作"呀"。如:

你怎么还不回家啊!

我当是谁呢,原来是外婆啊!

多美的天鹅啊!

好大的雪啊!

这事可不能大意啊!

为什么会有"啊"这样的音变现象呢?

在日常的汉语教学和普通话水平测试的考前培训中,经常会有人对"啊"的这种变读现象表示不理解,他们会问,为什么会这样?不这样行不行?

其实,跟前面谈到的上声的变调和"一、不"的变调一样,不是先由什么人规定了变与不变,以及怎么变来约束每一位语言使用者,恰恰相反,是因为绝大多数的语言使用者的实际读法经过一代又一代的长期传承固定下来,在此基础上,语言研究者才概括出了某种音变的规律。

语言首先是供人们使用的,其次才成为某种研究的对象,人们运用语言的实践活动是语言研究的重要基础,研究出的规律又可以指导和帮助人们,特别是帮助第二语言学习者更好地学习和使用语言。人们在语言运用的过程中总是自觉不自觉地使语言向着更简约、更方便实用的方向发展,说白了,如果人们在口语中长期形成的某种语音习惯偏离了最"正宗"的语言"标本",那一定是这种变化让人们说起来更方便,传递信息更有效率。不仅汉语是这样,其他的语言也大抵如此。

为了说明这个问题,这里举一个许多人所熟知的英语的例子。

学过英语的人都熟悉"Not at all"这一常见的表达,也都知道这样写出来界限分明的几个词,实际读起来的停连组合却完全是另一个样子:"No/t a/t all"。这种变化跟上面"啊"的变读是多么的相似。试读一下就会知道,在语流中,以元音开头的音节如果不是出现在一个语符串的开头,想要准确完整地发音是很影响读或说的速度与流畅性的,特别是当这样的元音不止一个时,"标准"的发音听起来会有一顿一顿的感觉,会显得很不自然,通常只有第二语言学习者处于中级以下水平时才会这样刻板,使用母语的人是断不会这样读和这样说的。

"啊"的情况也是这样,人们在语言使用的过程中,为了表达得更加自然和畅快,就让"啊"跟随它前面的音自然地发生了改变。

(四)轻声和儿化

1. 轻声和儿化的语音特点

轻声,是一种读得又轻又短的调子。因为它的调值并不固定,所以不算四声之外的第五种独立的声调,而是被看做四声的一种特殊的音变。很多四声中的字,在一定的条件下都可能失去原本的声调而变成轻声。例如"头、拉、过、腐",它们单独念时都有固定的声调,分别是阳平、阴平、去声和上声。它们在"头脑、手拉手、过去、腐烂"中也读原调,而在"木头、耷拉、去过、豆腐"这些词语里却都读得又轻又短,变为轻声了。

用测音仪实验的结果表明,轻声音节在声音强度明显变弱的同时,长度也比非轻声音节短了一半,听起来会感觉声调比较模糊。用汉语拼音拼写时,轻声的音节不标声调。

儿化,指的是一个音节中,韵母带上卷舌色彩的一种特殊音变现象。这种带有卷舌色彩的韵母叫做儿化韵。例如普通话念"馅儿、味儿"的时候,"儿"并不是独立的音节"er",它只是一个代表卷舌动作的符号,表示念这样的音节时,末尾要带上一种卷舌色彩。用汉语拼音拼写时,儿化音节只需在原来的音节之后加上"r"表示卷舌动作就行了。如,"花儿"—huār,"哥们儿"—gēmenr。

2. 普通话应读轻声的词或语言成分

(1)助词。包括结构助词,如:读书的、愉快地、长得漂亮;动态助词,如:好了、笑着、去过。

(2)语气词。如:他呢、谁啊、还可以嘛、算了吧。

（3）叠音词和动词重叠形式的后一个字。叠音词，如：妈妈、弟弟、星星、娃娃；动词重叠形式，如：走走、看看、催催、等等、研究研究、商量商量、打听打听、收拾收拾。

（4）构词虚语素"子"、"头"、"们"等。如：车子、房子、拳头、木头、馒头、同学们、老师们。

（5）用在名词、代词后面表示方位的语素或词。如：头上、马路上、村子里、桌子底下、左边、那边、里面、后面。

（6）用在动词、形容词后面表示趋向的词。如：进来、出去、拿来、上去、看起来、说出来、跑过去。

（7）量词"个"。如：这个、那个、三个、六个、几个、多少个。

（8）一些双音节常用词的第二个音节。如：太阳、月亮、云彩、东西、窗户、玻璃、扫帚、包袱、钥匙、风筝、行李、蘑菇、葡萄、萝卜、核桃、石榴、西瓜、脑袋、耳朵、嘴巴、胳膊、丈夫、干部、先生、护士、裁缝、学生、关系、消息、事情、动静、力量、本事、精神、将就、凑合、吩咐、应付、招呼、稀罕、琢磨、体面、亮堂、便宜、清楚、干净、马虎、舒服、大方、小气、窝囊、老实、客气、厉害。

3. 轻声和儿化的作用

轻声会有较强的口语色彩。儿化常会附加"细小"、"可爱"等语用含义。轻声和儿化有时还会改变词义和词性。

轻声的如：

大方 dàfāng（名词，专家，内行人）——大方 dàfang（形容词，不拘束或不计较）

便宜 biànyí（方便，适宜）——便宜 piányi（不贵）

地道 dìdào（名词，地下通道）——地道 dìdao（形容词，真正的，纯粹，标准的）

自然 zìrán（名词，自然界）——自然 zìran（形容词，不局促，不呆板）

人家 rénjiā（名词，住家，住户）——人家 rénjia（代词，别人或自称）

琢磨 zhuómó（雕刻和打磨，加工）——琢磨 zuómo（思索，考虑）

儿化的如：

头（脑袋，头部）——头儿（领导，领头儿的）

盖（动词）——盖儿（名词）

亮（形容词）——亮儿（名词）

开伙（做饭做菜或供应伙食）——开火儿（放枪放炮，开始打仗）

还有像唱片（piàn）——唱片儿（piānr），照片（piàn）——照片儿（piānr）等虽然意义没有差别，读音习惯和语体风格也是有差别的。

六、异读和语音规范问题

（一）关于"异读"

异读，顾名思义，是指一个字在习惯上具有两个或两个以上的不同读法。含有异读字的词语，就被称为"异读词"。

异读词是受方言语音的影响，主要是受北京语音的影响而产生的。

"以北京的语音为标准音"，这是在 20 世纪 50 年代就已经明确了的汉语普通话的语音标准。但是北京话里却有着一定数量的异读词。比如在北京话里，"波"有"bō"和"pō"两种读法，"暂时"的"暂"有"zàn"、"zhàn"和"zǎn"三种读法。再比如"危险"北京话旧时曾读

"wéixiǎn"，将现在读阴平的"危"字，读作阳平。诸如此类的分歧现象，对学习和推广普通话是十分不利的。

(二)《普通话异读词审音表》

1956 年，国家成立了普通话审音委员会，以审定异读词为主。普通话审音委员会于 1957 年至 1962 年分三次发表了《普通话异读词审音表初稿》，并于 1963 年辑录成《普通话异读词审音总表初稿》。

随着语言的发展，作为语音规范化的标准，原审的一些词语的读音需要重新审定，也亟须定稿。1982 年 6 月重建普通话审音委员会，对《普通话异读词审音总表初稿》进行了修订。1985 年 12 月 27 日，国家语言文字工作委员会、原国家教育委员会、原广播电视部正式公布了《普通话异读词审音表》。三部委联合发出通知，决定"自公布之日起，文教、出版、广播等部门及全国其他部门、行业所涉及的普通话异读词的读音、标音，均以本表为准"。

宋欣桥先生在《普通话水平测试员实用手册》一书中曾列出正式公布的《普通话异读词审音表》对《普通话异读词审音总表初稿》修订、增补的词条，并作说明。以下选取其中的一部分，大家可以学习和参考。

词条	注音	说明
曝光	bào	用作"日晒"义时，如"一曝十寒"读作 pù。
猹	chá	统读 chá
从容	cóng	取消 cōng 音，统读 cóng。
呆板	dāi	取消 ái 音，统读 dāi。
骨头	gǔ	取消 gú 音，除"骨碌""骨朵"读 gū 外，统读 gǔ。
脊梁	jǐ	取消 jí 音，统读 jǐ。
成绩	jì	取消 jī 音，统读 jì。
踪迹	jì	取消 jī 音，统读 jì。
嗟叹	jiē	取消又音 juē，统读 jiē。
苤蓝	lan	"蓝 lán"轻声作 lan，不作 la。
擂鼓	léi	除在"擂台""打擂"中读 lèi 音外，都读 léi。
潦草	liáo	在"潦草""潦倒"中读 liáo。
拎	līn	原字典和词典注音不一致，不取 līng，统读 līn。
牤	māng	不取 máng，统读 māng。
麦芒	máng	取消 wáng 音，统读 máng。
眯眼	mí	用作"尘土入眼"义时读 mí，也写作"迷"；用作"微微合眼"义时读作 mī。
便秘	mì	除"秘鲁"读 bì 外，都读 mì。
嬷嬷	mómo	不取 mā 音，统读 mó。
蹼	pǔ	不取 pú 音，统读 pǔ。
荨麻	qián	文读 qián，口语读 xún。如在"荨麻疹"中读 xún。
缠绕	rào	取消 rǎo 音，统读 rào。
任(姓、地名)	rén	不取误读 rèn。

红杉	shān	文读 shān,口语读 shā。
螫	shì、zhē	文读 shì,口语读 zhē。
往	wǎng	取消 wàng 音,统读 wǎng。
唯唯诺诺	wéi	取消 wěi 音,统读 wéi。
咆哮	xiào	取消 xiāo 音,统读 xiào。
血液	xuè、xiě	文读 xuè,口语读 xiě。
乳臭、铜臭	xiù	这时的"臭"指气味,不是"香臭"的"臭"。
寻思	xún	取消 xín 音,统读 xún。
驯服	xùn	取消 xún 音,统读 xùn。
沿	yán	取消 yàn 音,统读 yán。
锁钥	yuè	文读 yuè,口语读 yào。
穿凿	záo	取消 zuò、zuó 音,统读 záo。
装帧	zhēn	取消 zhèng 音,统读 zhēn。
指甲	zhǐ	取消 zhī、zhí 音,统读 zhǐ。
卓见	zhuó	取消 zhuō 音,统读 zhuó。
自作自受	zuò	除"作坊"读 zuō 外,其余都读 zuò。

(三)部分常用词语的异读

异读产生的原因比较复杂,如果说"音变"是由语音要素引起的读音变化,那"异读"就是跟语义、语法、方言、语境等因素有关的读音变化。

对于并不从事专业语音研究的大多数普通话学习者来说,学习一下《普通话异读词审音表》(见本章相关链接2),再重点掌握和记忆一些基本的异读规律,便可以满足一般工作和日常生活的需要,对参加普通话水平测试也会有直接的帮助。

常见的异读有以下几种情况("文"代表读书音,一般书面语、组词的时候用,"语"代表说话音,一般口语、单说的时候用):

(1)文白异读,就是读书音和说话音发音不同。比如:

露　　lù(文) 露天　露水　露珠　露骨

　　　lòu(语) 露富　露脸　露头　露馅

再如:

差chā(文) 差池　差错　差额　差价

　　chà(语) 差不多　差不离儿　差点儿

血xuè(文) 心血　呕心沥血

　　xiě(语) 鸡血　流了点儿血

(2)性质不同异读。比如:

臭chòu(性质义) 臭骂　臭味　臭名昭著

　　xiù(名物义) 铜臭　乳臭未干

处chǔ(动作义) 处分　处罚　处理　相处

　　chù(名物义) 处处　处所

（3）意义不同异读。比如：

供gōng（提供某种条件）供给　供求　供应

　　gòng（敬神敬祖）供品　供奉　（法庭交代）供词　供认

（4）语境不同异读。比如：

扁biǎn（常用语境）扁担　扁豆　扁桃体

　　piān（罕用语境）一叶扁舟

悄qiāo（常用语境）悄悄话　静悄悄

　　qiǎo（罕用语境）悄然离去

◎ 本章小结

　　准确掌握普通话的语音标准，是学好普通话的基础和前提，但每一位学习者在此前对普通话语音常识却并非一无所知。基于这样的认识，本章内容的选取和切入更侧重于扩展和辨误，而不在于扫盲或启蒙。期望人人都能有所收获，并以此为后续的语言实践提供支持。

◎ 思考与练习

1. 什么是普通话？

2. 声母和辅音、韵母和元音有什么关系？

3. 普通话有哪几种调值和调类？

4. 举例说明普通话的主要"音变"现象。

❖ 相关链接1

汉语拼音方案

（1957年11月1日国务院全体会议第60次会议通过）

（1958年2月11日第一届全国人民代表大会第五次会议批准）

一、字母表

字母	Aa	Bb	Cc	Dd	Ee	Ff	Gg
名称	ㄚ	ㄅㄝ	ㄘㄝ	ㄉㄝ	ㄜ	ㄝㄈ	ㄍㄝ
	Hh	Ii	Jj	Kk	Ll	Mm	Nn
	ㄏㄚ	ㄧ	ㄐㄧㄝ	ㄎㄝ	ㄝㄌ	ㄝㄇ	ㄋㄝ
	Oo	Pp	Qq	Rr	Ss	Tt	
	ㄛ	ㄆㄝ	ㄑㄧㄡ	ㄚㄦ	ㄝㄙ	ㄊㄝ	
	Uu	Vv	Ww	Xx	Yy	Zz	
	ㄨ	ㄞㄝ	ㄨㄚ	ㄒㄧ	ㄧㄚ	ㄗㄝ	

V只用来拼写外来语、少数民族语言和方言。

字母的手写体依照拉丁字母的一般书写习惯。

二、声母表

b	p	m	f		d	t	n	l
ㄅ玻	ㄆ坡	ㄇ摸	ㄈ佛		ㄉ得	ㄊ特	ㄋ讷	ㄌ勒

g	k	h			j	q	x
ㄍ哥	ㄎ科	ㄏ喝			ㄐ基	ㄑ欺	ㄒ希

zh	ch	sh	r		z	c	s
ㄓ知	ㄔ蚩	ㄕ诗	ㄖ日		ㄗ资	ㄘ雌	ㄙ思

在给汉字注音的时候,为了使拼式简短,zh ch sh 可以省作 ẑ ĉ ŝ。

三、韵母表

	i ㄧ 衣	u ㄨ 乌	ü ㄩ 迂
a ㄚ 啊	ia ㄧㄚ 呀	ua ㄨㄚ 蛙	
o ㄛ 喔		uo ㄨㄛ 窝	
e ㄜ 鹅	ie ㄧㄝ 耶		üe ㄩㄝ 约
ai ㄞ 哀		uai ㄨㄞ 歪	
ei ㄟ 欸		uei ㄨㄟ 威	
ao ㄠ 熬	iao ㄧㄠ 腰		
ou ㄡ 欧	iou ㄧㄡ 忧		
an ㄢ 安	ian ㄧㄢ 烟	uan ㄨㄢ 弯	üan ㄩㄢ 冤
en ㄣ 恩	in ㄧㄣ 因	uen ㄨㄣ 温	ün ㄩㄣ 晕
ang ㄤ 昂	iang ㄧㄤ 央	uang ㄨㄤ 汪	
eng ㄥ 亨的韵母	ing ㄧㄥ 英	ueng ㄨㄥ 翁	
ong （ㄨㄥ）轰的韵母	iong ㄩㄥ 雍		

(1)"知、蚩、诗、日、资、雌、思"等七个音节的韵母用 i,即:知、蚩、诗、日、资、雌、思等字拼作 zhi,chi,shi,ri,zi,ci,si。

(2)韵母儿写成 er,用作韵尾的时候写成 r。例如:"儿童"拼作 ertong,"花儿"拼作 huar。

(3)韵母ㄝ单用的时候写成 ê。

(4)i 行的韵母,前面没有声母的时候,写成 yi(衣),ya(呀),ye(耶),yao(腰),you(忧),yan(烟),yin(因),yang(央),ying(英),yong(雍)。

u 行的韵母,前面没有声母的时候,写成 wu(乌),wa(蛙),wo(窝),wai(歪),wei(威),wan(弯),wen(温),wang(汪),weng(翁)。

ü 行的韵母前面没有声母的时候,写成 yu(迂),yue(约),yuan(冤),yun(晕);ü 上两点省略。

ü 行的韵母跟声母 j,q,x 拼的时候,写成 ju(居),qu(区),xu(虚)。

ü 上两点也省略;但是跟声母 n,l 拼的时候,仍然写成 nü(女),lü(吕)。

(5)iou,uei,uen 前面加声母的时候,写成 iu,ui,un。例如:niu(牛),gui(归),lun(论)。

(6)在给汉字注音的时候,为了使拼式简短,ng 可以省作 ŋ。

四、声调符号

阴平 阳平 上声 去声

¯ ˊ ˇ ˋ

声调符号标在音节的主要母音上。轻声不标。例如:

妈 mā　　麻 má　　马 mǎ　　骂 mà　　吗 ma

(阴平)　　(阳平)　　(上声)　　(去声)　　(轻声)

五、隔音符号

a,o,e 开头的音节连接在其他音节后面的时候,如果音节的界限发生混淆,用隔音符号(')隔开,例如:pi'ao(皮袄)。

❖❖❖ 相关链接 2

普通话异读词审音表

中国文字改革委员会普通话审音委员会,于 1957 年至 1962 年先后发表了《普通话异读词审音表初稿》正编、续编和三编,1963 年公布《普通话异读词三次审音总表初稿》。经过二十多年的实际应用,普通话审音委员会在总结经验的基础上,于 1982 年至 1985 年组织专家学者进行审核修订,制定了《普通话异读词审音表》,这个审音表经过国家语言文字工作委员会、国家教育委员会(现为教育部)、广播电视部(现为国家新闻出版广播电影电视总局)审查通过,于 1985 年 12 月联合发布。

说　明

一、本表所审,主要是普通话有异读的词和有异读的作为"语素"的字。不列出多音多义字的全部读音和全部义项,与字典、词典形式不同。例如:"和"字有多种义项和读音,而本表仅列出原有异读的八条词语,分列于 hè 和 huo 两种读音之下(有多种读音,较常见的在前。

下同);其余无异读的音、义均不涉及。

二、在字后注明"统读"的,表示此字不论用于任何词语中只读一音(轻声变读不受此限),本表不再举出词例。例如:"阀"字注明"fá(统读)",原表"军阀"、"学阀"、"财阀"条和原表无的"阀门"等词均不再举。

三、在字后不注"统读"的,表示此字有几种读音,本表只审定其中有异读的词语的读音。例如"艾"字本有 ài 和 yì 两音,本表只举"自怨自艾"一词,注明此处读 yì 音;至于 ài 音及其义项,并无异读,不再赘列。

四、有些字有文白二读,本表以"文"和"语"作注。前者一般用于书面语言,用于复音词和文言成语中,后者多用于口语中的单音词及少数日常生活事物的复音词中。这种情况在必要时各举词语为例。例如:"杉"字下注"(一)shān(文):紫~、红~、水~;(二)shā(语):~篙、~木"。

五、有些字除附举词例之外,酌加简单说明,以便读者分辨。说明或按具体字义,或按"动作义"、"名物义"等区分,例如:"畜"字下注"(一)chù(名物义):~力、家~、牲~、幼~;(二)xù(动作义):~产、~牧、~养"。

六、有些字的几种读音中某音用处较窄,另音用处甚宽,则注"除××(较少的词)念乙音外,其他都念甲音",以避免列举词条繁而未尽、挂一漏万的缺点。例如:"结"字下注"除'~了个果子'、'开花~果'、'~巴'、'~实'念 jiē 之外,其他都念 jié"。

七、由于轻声问题比较复杂,除《初稿》涉及的部分轻声词之外,本表一般不予审订,并删去部分原审的轻声词,例如"麻刀(dao)"、"容易(yi)"等。

八、本表酌增少量有异读的字或词,作了审订。

九、除因第二、六、七各条说明中所举原因而删略的词条之外,本表又删汰了部分词条。主要原因是:1. 现已无异读(如"队伍"、"理会");2. 罕用词语(如"俵分"、"仔密");3. 方言土语(如"归里包堆〔zuī〕"、"告送〔song〕");4. 不常用的文言词语(如"乌篦"、"氍毹");5. 音变现象(如"糊里八涂〔tū〕"、"毛毛腾腾〔tēngtēng〕");6. 重复累赘(如原表"色"字的有关词语分列达23条之多)。删汰条目不再编入。

十、人名、地名的异读审订,除原表已涉及的少量词条外,留待以后再审。

A

阿(一)ā ~訇 ~罗汉
　　~木林 ~姨
　(二)ē ~谀 ~附 ~
　　胶 ~弥陀佛
挨(一)āi ~个 ~近
　(二)ái ~打 ~说
癌 ái(统读)
霭 ǎi(统读)
蔼 ǎi(统读)
隘 ài(统读)
谙 ān(统读)

掩 ǎn(统读)
昂 áng(统读)
凹 āo(统读)
拗(一)ào ~口
　(二)niù 执~ 脾气很~
坳 ào

B

拔 bá(统读)
把 bà 印~子
白 bái(统读)
膀 bǎng 翅~
蚌(一)bàng 蛤~

　(二)bèng ~埠
傍 bàng(统读)
磅 bàng 过~
鲍 bāo(统读)
胞 bāo(统读)
薄(一)báo(语)
　　常单用,如"纸很
　　~"。
　(二)bó(文)
　　多用于复音词。~
　　弱 稀~ 淡~ 尖嘴
　　~舌 单~ 厚~

堡(一) bǎo 碉～ ～垒

　　(二) bǔ ～子 吴～ 瓦窑

　　　　～ 柴沟～

　　(三) pù 十里～

暴(一) bào ～露

　　(二) pù 一～（曝）十寒

爆 bào（统读）

焙 bèi（统读）

惫 bèi（统读）

背 bèi ～脊 ～静

鄙 bǐ（统读）

俾 bǐ（统读）

笔 bǐ（统读）

比 bǐ（统读）

臂(一) bì 手～ ～膀

　　(二) bei 胳～

庇 bì（统读）

髀 bì（统读）

避 bì（统读）

辟 bì 复～

裨 bì ～补 ～益

婢 bì（统读）

痹 bì（统读）

壁 bì（统读）

蝙 biān（统读）

遍 biàn（统读）

骠(一) biāo 黄～马

　　(二) piào ～骑 ～勇

傧 bīn（统读）

缤 bīn（统读）

濒 bīn（统读）

髌 bìn（统读）

屏(一) bǐng ～除 ～弃 ～

　　　　气 ～息

　　(二) píng ～藩 ～风

柄 bǐng（统读）

波 bō（统读）

播 bō（统读）

菠 bō（统读）

剥(一) bō（文）～削

　　(二) bāo（语）

泊(一) bó 淡～ 飘～ 停～

　　(二) pō 湖～ 血～

帛 bó（统读）

勃 bó（统读）

钹 bó（统读）

伯(一) bó ～～（bo）

　　　　老～

　　(二) bǎi 大～子（丈夫

　　　　的哥哥）

箔 bó（统读）

簸(一) bǒ 颠～

　　(二) bò ～箕

脯 bo 胳～

卜 bo 萝～

醭 bú（统读）

哺 bǔ（统读）

捕 bǔ（统读）

鹕 bǔ（统读）

埠 bù（统读）

C

残 cán（统读）

惭 cán（统读）

灿 càn（统读）

藏(一) cáng 矿～

　　(二) zàng 宝～

糙 cāo（统读）

嘈 cáo（统读）

螬 cáo（统读）

厕 cè（统读）

岑 cén（统读）

差(一) chā（文）

　　　不～累黍 不～什么

　　　偏～ 色～ ～别 视

　　　～ 误～ 电势～ 一

　　　念之～ ～池 ～错

言～语错 一～二错

阴错阳～ ～等 ～

额 ～价 ～强人意

～数 ～异

　　(二) chà（语）

　　　　～不多 ～不离 ～

　　　　点儿

　　(三) cī 参～

猹 chá（统读）

搽 chá（统读）

阐 chǎn（统读）

羼 chàn（统读）

颤(一) chàn ～动 发～

　　(二) zhàn ～栗（战栗）

　　　　打～（打战）

韂 chàn（统读）

伥 chāng（统读）

场(一) chǎng ～合 ～所

　　　　冷～ 捧～

　　(二) cháng

　　　　外～ 圩～ ～院 一

　　　　～雨

　　(三) chang 排～

钞 chāo（统读）

巢 cháo（统读）

嘲 cháo ～讽 ～骂 ～笑

耖 chào（统读）

车(一) chē 安步当～ 杯水

　　　　～薪 闭门造～ 螳

　　　　臂当～

　　(二) jū（象棋棋子名称）

晨 chén（统读）

称 chèn ～心 ～意 ～职 对

　　　　～ 相～

撑 chēng（统读）

乘(动作义，念 chéng）

　　包～制 ～便 ～风破浪

　　～客 ～势 ～兴

橙 chéng（统读）

惩 chéng（统读）

澄（一）chéng（文）
　　～清（如"～清混乱"、"～清问题"）

　　（二）dèng（语）
　　单用，如"把水～清了"。

痴 chī（统读）

吃 chī（统读）

弛 chí（统读）

褫 chí（统读）

尺 chǐ ～寸 ～头

豉 chǐ（统读）

侈 chǐ（统读）

炽 chì（统读）

舂 chōng（统读）

冲 chòng ～床 ～模

臭（一）chòu 遗～万年

　　（二）xiù 乳～ 铜～

储 chǔ（统读）

处 chǔ（动作义）
　　～罚 ～分 ～决
　　～理 ～女 ～置

畜（一）chù（名物义）
　　～力 家～ 牲～ 幼～

　　（二）xù（动作义）
　　～产 ～牧 ～养

触 chù（统读）

搐 chù（统读）

绌 chù（统读）

黜 chù（统读）

闯 chuǎng（统读）

创（一）chuàng 草～ ～举 首～ ～造 ～作

　　（二）chuāng ～伤 重～

绰（一）chuò～～有余

（二）chuo 宽～

疵 cī（统读）

雌 cí（统读）

赐 cì（统读）

伺 cì ～候

枞（一）cōng ～树

　　（二）zōng ～阳〔地名〕

从 cóng（统读）

丛 cóng（统读）

攒 cuán
　　万头～动 万箭～心

脆 cuì（统读）

撮（一）cuō～儿
　　一～儿盐 一～儿匪帮

　　（二）zuǒ 一～儿毛

措 cuò（统读）

D

搭 dā（统读）

答（一）dá 报～ ～复

　　（二）dā～理 ～应

打 dá
　　苏～ 一～（十二个）

大（一）dà
　　～夫（古官名）～王（如"爆破～王"、"钢铁～王"）

　　（二）dài ～夫（医生）～黄 ～王（如"山～王"）～城〔地名〕

呆 dāi（统读）

傣 dǎi（统读）

逮（一）dài（文）如"～捕"。

　　（二）dǎi（语）单用，如"～蚊子"、"～特务"。

当（一）dāng ～地 ～间儿 ～年（指过去）～日（指过去）～天（指过去）～时（指过去）螳臂～车

　　（二）dàng 一个～俩 安步～车 适～ ～年（同一年）～日（同一时候）～天（同一天）

档 dàng（统读）

蹈 dǎo（统读）

导 dǎo（统读）

倒（一）dǎo
　　颠～ 颠～是非 颠～黑白 颠三～四 倾箱～箧 排山～海 ～板 ～嚼 ～仓 ～嗓 ～戈 潦～

　　（二）dào ～粪（把粪弄碎）

悼 dào（统读）

纛 dào（统读）

凳 dèng（统读）

羝 dī（统读）

氐 dī〔古民族名〕

堤 dī（统读）

提 dī ～防

的 dí ～当 ～确

抵 dǐ（统读）

蒂 dì（统读）

缔 dì（统读）

谛 dì（统读）

点 dian 打～（收拾、贿赂）

跌 diē（统读）

蝶 dié（统读）

订 dìng（统读）

都（一）dōu ~来了
　　（二）dū ~市 首~ 大~
　　　　（大多）
堆 duī（统读）
吨 dūn（统读）
盾 dùn（统读）
多 duō（统读）
咄 duō（统读）
掇（一）duō（"拾取、采
　　　　取"义）
　　（二）duo 撺~ 掂~
裰 duō（统读）
踱 duó（统读）
度 duó 忖~ ~德量力

E
婀 ē（统读）

F
伐 fá（统读）
阀 fá（统读）
砝 fǎ（统读）
法 fǎ（统读）
发 fà 理~ 脱~ 结~
帆 fān（统读）
藩 fān（统读）
梵 fàn（统读）
坊（一）fāng 牌~ ~巷
　　（二）fáng 粉~ 磨~ 碾
　　　　~ 染~ 油~ 谷~
妨 fáng（统读）
防 fáng（统读）
肪 fáng（统读）
沸 fèi（统读）
汾 fén（统读）
讽 fěng（统读）
肤 fū（统读）
敷 fū（统读）
俘 fú（统读）
浮 fú（统读）

服 fú ~毒 ~药
拂 fú（统读）
辐 fú（统读）
幅 fú（统读）
甫 fǔ（统读）
复 fù（统读）
缚 fù（统读）

G
噶 gá（统读）
冈 gāng（统读）
刚 gāng（统读）
岗 gǎng ~楼 ~哨 ~子
　　门~ 站~ 山~子
港 gǎng（统读）
葛（一）gé ~藤 ~布 瓜~
　　（二）gě〔姓〕（包括单、
　　　　复姓）
隔 gé（统读）
革 gé ~命 ~新 改~
合 gě（一升的十分之一）
给（一）gěi（语）单用。
　　（二）jǐ（文）补~ 供~
　　　　供~制 ~予 配~
　　　　自~自足
亘 gèn（统读）
更 gēng 五~ ~生
颈 gěng 脖~子
供（一）gōng
　　　　~给 提~ ~销
　　（二）gòng
　　　　口~ 翻~ 上~
佝 gōu（统读）
枸 gǒu ~杞
勾 gòu ~当
估（除"~衣"读 gù 外，
　都读 gū）
骨（除"~碌"、"~朵"读
　gū 外，都读 gǔ）

谷 gǔ ~雨
锢 gù（统读）
冠（一）guān（名物义）~
　　　　心病
　　（二）guàn（动作义）
　　　　沐猴而~ ~军
犷 guǎng（统读）
庋 guǐ（统读）
桧（一）guì（树名）
　　（二）huì（人名）秦~
刽 guì（统读）
聒 guō（统读）
蝈 guō（统读）
过（除姓氏读 guō 外，都读
　guò）

H
虾 há ~蟆
哈（一）hǎ ~达
　　（二）hà ~什蚂
汗 hán 可~
巷 hàng ~道
号 háo 寒~虫
和（一）hè 唱~ 附~ 曲高
　　　　~寡
　　（二）huo 搀~ 搅~ 暖
　　　　~ 热~ 软~
貉（一）hé（文）一丘之~
　　（二）háo（语）
　　　　~绒 ~子
壑 hè（统读）
褐 hè（统读）
喝 hè ~采 ~道 ~令 ~止
　呼幺~六
鹤 hè（统读）
黑 hēi（统读）
亨 hēng（统读）
横（一）héng ~肉 ~行
　　　　霸道

（二）hèng 蛮～ ～财

訇 hōng（统读）

虹（一）hóng（文）彩～ ～吸

（二）jiàng（语）单说

讧 hòng（统读）

囫 hú（统读）

瑚 hú（统读）

蝴 hú（统读）

桦 huà（统读）

徊 huái（统读）

踝 huái（统读）

浣 huàn（统读）

黄 huáng（统读）

荒 huang 饥～（指经济困难）

诲 huì（统读）

贿 huì（统读）

会 huì 一～儿 多～儿 ～厌（生理名词）

混 hùn ～合 ～乱 ～凝土 ～淆 ～血儿 ～杂

蠖 huò（统读）

霍 huò（统读）

豁 huò ～亮

获 huò（统读）

J

羁 jī（统读）

击 jī（统读）

奇 jī ～数

芨 jī（统读）

缉（一）jī 通～ 侦～

（二）qī ～鞋口

几 jī 茶～ 条～

圾 jī（统读）

戟 jǐ（统读）

疾 jí（统读）

汲 jí（统续）

棘 jí（统读）

藉 jí 狼～（籍）

嫉 jí（统读）

脊 jǐ（统读）

纪（一）jǐ〔姓〕

（二）jì ～念 ～律 纲～ ～元

偈 jì ～语

绩 jì（统读）

迹 jì（统读）

寂 jì（统读）

箕 ji 簸～

辑 ji 逻～

茄 jiā 雪～

夹 jiā ～带藏掖 ～道儿 ～攻 ～棍 ～生 ～杂 ～竹桃 ～注

浃 jiā（统读）

甲 jiǎ

歼 jiān（统读）

鞯 jiān（统读）

间（一）jiān ～不容发 中～

（二）jiàn 中～儿 ～道 ～谍 ～断 ～或 ～接 ～距 ～隙 ～续 ～阻 ～作 挑拨离～

趼 jiǎn（统读）

俭 jiǎn（统读）

缰 jiāng（统读）

膙 jiǎng（统读）

嚼（一）jiáo（语）味同～蜡 咬文～字

（二）jué（文）咀～ 过屠门而大～

（三）jiào 倒～（倒嚼）

侥 jiǎo ～幸

角（一）jiǎo 八～ （大茴香）～落 独～戏 ～膜 ～度 ～儿（犄～）～楼 勾心斗～ 号～ 口～（嘴～）鹿～ 菜头～

（二）jué ～斗 ～儿（脚色）口～（吵嘴）主～儿 配～儿 ～力 捧～儿

脚（一）jiǎo 根～

（二）jué ～儿（也作"角儿"，脚色）

剿（一）jiǎo 围～

（二）chāo ～说 ～袭

校 jiào ～勘 ～样 ～正

较 jiào（统读）

酵 jiào（统读）

嗟 jiē（统读）

疖 jiē（统读）

结（除"～了个果子"、"开花～果"、"～巴"、"～实"念 jiē 之外，其他都念 jié）

睫 jié（统读）

芥（一）jiè～菜（一般的芥菜）～末

（二）gài ～菜（也作"盖菜"）～蓝菜

矜 jīn ～持 自～ ～怜

仅 jǐn ～～ 绝无～有

谨 jǐn（统读）

觐 jìn（统读）

浸 jìn（统读）

斤 jin 千～（起重的工具）

茎 jīng（统读）

粳 jīng（统读）

鲸 jīng（统读）

境 jìng（统读）

痉 jìng（统读）

劲 jìng 刚～

窘 jiǒng（统读）

究 jiū（统读）

纠 jiū（统读）

鞠 jū（统读）

鞫 jū（统读）

掬 jū（统读）

苴 jū（统读）

咀 jǔ ～嚼

矩（一）jǔ ～形

（二）ju 规～

俱 jù（统读）

龟 jūn ～裂（也作"皲裂"）

菌（一）jūn

　　细～ 病～ 杆～

　　霉～

（二）jùn 香～ ～子

俊 jùn（统读）

K

卡（一）kǎ ～宾枪 ～车 ～

　　介苗 ～片 ～通

（二）qiǎ ～子 关～

揩 kāi（统读）

慨 kǎi（统读）

忾 kài（统读）

勘 kān（统读）

看 kān ～管 ～护 ～守

慷 kāng（统读）

拷 kǎo（统读）

坷 kē ～拉（垃）

疴 kē（统读）

壳（一）ké（语）～儿 贝～

　　儿 脑～ 驳～枪

（二）qiào（文）

　　地～ 甲～ 躯～

可（一）kě ～～儿的

（二）kè ～汗

恪 kè（统读）

刻 kè（统读）

克 kè ～扣

空（一）kōng ～心砖 ～

　　城计

（二）kòng ～心吃药

抠 kōu（统读）

矻 kū（统读）

酷 kù（统读）

框 kuàng（统读）

矿 kuàng（统读）

傀 kuǐ（统读）

溃（一）kuì ～烂

（二）huì ～脓

篑 kuì（统读）

括 kuò（统读）

L

垃 lā（统读）

邋 lā（统读）

罱 lǎn（统读）

缆 lǎn（统读）

蓝 lan 苤～

琅 láng（统读）

捞 lāo（统读）

劳 láo（统读）

醪 láo（统读）

烙（一）lào ～印 ～铁

　　～饼

（二）luò 炮～（古酷

　　刑）

勒（一）lè（文）～逼 ～令

　　～派 ～索 悬崖

　　～马

（二）lēi（语）多单用

擂（除"～台"、"打～"读

　　lèi 外，都读 léi）

礌 léi（统读）

羸 léi（统读）

蕾 lěi（统读）

累（一）lèi（辛劳义，如

　　"受～"〔受劳～〕）

（二）léi（如"～赘"）

（三）lěi（牵连义，如

　　"带～"、"～及"、

　　"连～"、"赔～"、

　　"牵～"、"受～"

　　〔受牵～〕）

蠡（一）lí 管窥～测

　　（二）lǐ ～县 范～

喱 lí（统读）

连 lián（统读）

敛 liǎn（统读）

恋 liàn（统读）

量（一）liàng ～人为出

　　忖～

（二）liang 打～ 掂～

踉 liàng ～跄

潦 liáo ～草 ～倒

劣 liè（统读）

捩 liè（统读）

趔 liè（统读）

拎 līn（统读）

遴 lín（统读）

淋（一）lín ～浴 ～漓 ～巴

（二）lìn ～硝 ～盐 ～病

蛉 líng（统读）

榴 liú（统读）

馏（一）liú（文）如"干

　　～"、"蒸～"。

（二）liù（语）如"～馒

　　头"。

镏 liú ～金

碌 liù ～碡

笼（一）lóng（名物义）

~子 牢~

（二）lǒng（动作义）

　　～络 ～括 ～统
　　～罩

偻（一）lóu 佝～

（二）lǚ 伛～

瞜 lou 眍～

虏 lǔ（统读）

掳 lǔ（统读）

露（一）lù（文）

　　赤身～体 ～天 ～
　　骨 ～头角 藏头～
　　尾 抛头～面 ～头
　　（矿）

（二）lòu（语）～富 ～
　　苗 ～光 ～相 ～马
　　脚 ～头

橹 lú（统读）

捋（一）lǚ ～胡子

（二）luō ～袖子

绿（一）lǜ（语）

（二）lù（文）

　　～林 鸭～江

李 luán（统读）

挛 luán（统读）

掠 lüè（统读）

囵 lún（统读）

络 luò ～腮胡子

落（一）luò（文）

　　～膘 ～花生 ～魄
　　涨～ ～槽 着～

（二）lào（语）

　　～架 ～色 ～炕 ～
　　枕 ～儿 ～子（一
　　种曲艺）

（三）là（语），遗落义。

丢三～四 ～在后面

M

脉（除"～～"念 mò 外，
　　一律念 mài）

漫 màn（统读）

蔓（一）màn（文）

　　～延 不～不支

（二）wàn（语）

　　瓜～ 压～

牤 māng（统读）

氓 máng 流～

芒 máng（统读）

铆 mǎo（统读）

瑁 mào（统读）

虻 méng（统读）

盟 méng（统读）

祢 mí（统读）

眯（一）mí ～了眼（灰尘等
　　入目，也作"迷"）

（二）mī ～了一会儿（小
　　睡）～缝着眼（微
　　微合目）

靡（一）mí ～费

（二）mǐ

　　风～ 委～ 披～

秘（除"～鲁"读 bì 外，都
　　读 mì）

泌（一）mì（语）分～

（二）bì（文）～阳〔地
　　名〕

娩 miǎn（统读）

缈 miǎo（统读）

皿 mǐn（统读）

闽 mǐn（统读）

茗 míng（统读）

酩 mǐng（统读）

谬 miù（统读）

摸 mō（统读）

模（一）mó

　　～范 ～式 ～型 ～

糊 ～特儿 ～棱
　　两可

（二）mú

　　～子 ～具 ～样

膜 mó（统读）

摩 mó 按～ 抚～

嬷 mó（统读）

墨 mò（统读）

糢 mò（统读）

沫 mò（统读）

缪 móu 绸～

N

难（一）nán

　　困～（或变轻声）
　　～兄～弟（难得的
　　兄弟，现多用作贬
　　义）

（二）nàn

　　排～ 解纷 发～ 刁
　　～ 责～ ～兄～弟
　　（共患难或同受苦难
　　的人）

蝻 nǎn（统读）

蛲 náo（统读）

讷 nè（统读）

馁 něi（统读）

嫩 nèn（统读）

恁 nèn（统读）

妮 nī（统读）

拈 niān（统读）

鲇 nián（统读）

酿 niàng（统读）

尿（一）niào 糖～症

（二）suī

　　（只用于口语名词）
　　尿（niào）～ ～脬

嗫 niè（统读）

宁（一）níng 安～

（二）nìng ～可 无～
〔姓〕
忸 niǔ（统读）
脓 nóng（统读）
弄（一）nòng 玩～
（二）lòng ～堂
暖 nuǎn（统读）
衄 nù（统读）
疟（一）nüè（文）～疾
（二）yào（语）发～子
娜（一）nuó 婀～ 袅～
（二）nà（人名）

O

殴 ōu（统读）
呕 ǒu（统读）

P

杷 pá（统读）
琶 pá（统读）
牌 pái（统读）
排 pǎi ～子车
迫 pǎi ～击炮
湃 pài（统读）
爿 pán（统读）
胖 pán 心广体～
（～为安舒貌）
蹒 pán（统读）
畔 pàn（统读）
乓 pāng（统读）
滂 pāng〔统读〕
胮 pāo（统读）
胚 pēi（统读）
喷（一）pēn ～嚏
（二）pèn ～香
（三）pen 嚏～
澎 péng（统读）
坏 pī（统读）
披 pī（统读）
匹 pǐ（统读）

僻 pì（统读）
譬 pì（统读）
片（一）piàn ～子 唱～ 画
～ 相～ 影～ ～
儿会
（二）piān
（口语一部分词）～
子 ～儿 唱～儿 画
～儿 相～儿 影～
～儿
剽 piāo（统读）
缥 piāo ～缈（飘渺）
撇 piē ～弃
聘 pìn（统读）
乒 pīng（统读）
颇 pō（统读）
剖 pōu（统读）
仆（一）pū 前～后继
（二）pú ～从
扑 pū（统读）
朴（一）pǔ
俭～ ～素 ～质
（二）pō ～刀
（三）pò ～硝 厚～
蹼 pǔ（统读）
瀑 pù ～布
曝（一）pù 一～十寒
（二）bào ～光（摄影术
语）

Q

栖 qī 两～
戚 qī（统读）
漆 qī（统读）
期 qī（统读）
蹊 qī ～跷
蛴 qí（统读）
眭 qí（统读）
其 qí（统读）

骑 qí（统读）
企 qǐ（统读）
绮 qǐ（统读）
杞 qǐ（统读）
械 qì（统读）
洽 qià（统读）
签 qiān（统读）
潜 qián（统读）
荨（一）qián（文）～麻
（二）xún（语）～麻疹
嵌 qiàn（统读）
欠 qian 打哈～
戕 qiāng（统读）
锖 qiāng ～水
强（一）qiáng ～渡 ～取豪
夺 ～制 博闻～识
（二）qiǎng 勉～ 牵～
～词夺理 ～迫 ～
颜为笑
（三）jiàng 倔～
襁 qiǎng（统读）
跄 qiàng（统读）
悄（一）qiāo ～～儿的
（二）qiǎo ～默声儿的
橇 qiāo（统读）
翘（一）qiào（语）～尾巴
（二）qiáo（文）
～首 ～楚 连～
怯 qiè（统读）
挈 qiè（统读）
趄 qie 趔～
侵 qīn（统读）
衾 qīn（统读）
噙 qín（统读）
倾 qīng（统读）
亲 qìng ～家
穹 qióng（统读）
駸 qū（统读）

曲（麯）qū 大～ 红～ 神～
渠 qú（统读）
瞿 qú（统读）
蠼 qú（统读）
苣 qǔ ～荬菜
龋 qǔ（统读）
趣 qù（统读）
雀 què ～斑 ～盲症
R
髯 rán（统读）
攘 rǎng（统读）
桡 ráo（统读）
绕 rào（统读）
任 rén〔姓，地名〕
妊 rèn（统读）
扔 rēng（统读）
容 róng（统读）
糅 róu（统读）
茹 rú（统读）
儒 rú（统读）
蠕 rú（统读）
辱 rǔ（统读）
挼 ruó（统读）
S
靸 sǎ（统读）
噻 sāi（统读）
散（一）sǎn
　　懒～ 零零～～ ～漫
（二）san 零～
丧 sang 哭～着脸
扫（一）sǎo ～兴
（二）sào ～帚
埽 sào（统读）
色（一）sè（文）
（二）shǎi（语）
塞（一）sè（文）动作义。
（二）sāi（语）名物义，

如："活～"、"瓶～"；动作义，如："把洞～住"。
森 sēn（统读）
煞（一）shā～尾 收～
（二）shà～白
啥 shá（统读）
厦（一）shà（语）
（二）xià（文）
～门 噶～
杉（一）shān（文）
　　紫～ 红～ 水～
（二）shā（语）
　　～篙 ～木
衫 shān（统读）
姗 shān（统读）
苫（一）shàn（动作义，如"～布"）
（二）shān（名物义，如"草～子"）
墒 shāng（统读）
猞 shē（统读）
舍 shè 宿～
慑 shè（统读）
摄 shè（统读）
射 shè（统读）
谁 shéi，又音 shuí
娠 shēn（统读）
什（甚）shén ～么
蜃 shèn（统读）
葚（一）shèn（文）桑～
（二）rèn（语）桑～儿
胜 shèng（统读）
识 shí 常～ ～货 ～字
似 shì ～的
室 shì（统读）
螫（一）shì（文）
（二）zhē（语）

匙 shi 钥～
殊 shū（统读）
蔬 shū（统读）
疏 shū（统读）
叔 shū（统读）
淑 shū（统读）
菽 shū（统读）
熟（一）shú（文）
（二）shóu（语）
署 shǔ（统读）
曙 shǔ（统读）
漱 shù（统读）
戍 shù（统读）
蟀 shuài（统读）
孀 shuāng（统读）
说 shuì 游～
数 shuò ～见不鲜
硕 shuò（统读）
蒴 shuò（统读）
艘 sōu（统读）
嗾 sǒu（统读）
速 sù（统读）
塑 sù（统读）
虽 suī（统读）
绥 suí（统读）
髓 suǐ（统读）
遂（一）suì
　　不～ 毛～自荐
（二）suí 半身不～
隧 suì（统读）
隼 sǔn（统读）
莎 suō ～草
缩（一）suō 收～
（二）sù～砂密（一种植物）
唆 suō（统读）
索 suǒ（统读）
T

跶 tā（统读）

鳎 tǎ（统读）

獭 tǎ（统读）

沓（一）tà 重～

（二）ta 疲～

（三）dá 一～纸

苔（一）tái（文）

（二）tāi（语）

探 tàn（统读）

涛 tāo（统读）

悌 tì（统读）

佻 tiāo（统读）

调 tiáo ～皮

帖（一）tiē 妥～ 伏伏～～

俯首～耳

（二）tiě 请～ 字～儿

（三）tiè 字～ 碑～

听 tīng（统读）

庭 tíng（统读）

骰 tóu（统读）

凸 tū（统读）

突 tū（统读）

颓 tuí（统读）

蜕 tuì（统读）

臀 tún（统读）

唾 tuò（统读）

W

娲 wā（统读）

挖 wā（统读）

瓦 wà ～刀口

喝 wāi（统读）

蜿 wān（统读）

玩 wán（统读）

惋 wǎn（统读）

脘 wǎn（统读）

往 wǎng（统读）

忘 wàng（统读）

微 wēi（统读）

巍 wēi（统读）

薇 wēi（统读）

危 wēi（统读）

韦 wéi（统读）

违 wéi（统读）

唯 wéi（统读）

圩（一）wéi ～子

（二）xū～（墟）场

纬 wěi（统读）

委 wěi ～靡

伪 wěi（统读）

萎 wěi（统读）

尾（一）wěi ～巴

（二）yǐ 马～儿

尉 wèi ～官

文 wén（统读）

闻 wén（统读）

紊 wěn（统读）

喔 wō（统读）

蜗 wō（统读）

硪 wò（统读）

诬 wū（统读）

梧 wú（统读）

牾 wǔ（统读）

乌 wù

～拉（也作"靰鞡"）

～拉草

杌 wù（统读）

鹜 wù（统读）

X

夕 xī（统读）

汐 xī（统读）

晰 xī（统读）

析 xī（统读）

皙 xī（统读）

昔 xī（统读）

溪 xī（统读）

悉 xī（统读）

熄 xī（统读）

蜥 xī（统读）

螅 xī（统读）

惜 xī（统读）

锡 xī（统读）

樨 xī（统读）

袭 xí（统读）

檄 xí（统读）

峡 xiá（统读）

暇 xiá（统读）

吓 xià 杀鸡～猴

鲜 xiān

屡见不～ 数见不～

锨 xiān（统读）

纤 xiān ～维

涎 xián（统读）

弦 xián（统读）

陷 xiàn（统读）

霰 xiàn（统读）

向 xiàng（统读）

相 xiàng ～机行事

淆 xiáo（统读）

哮 xiào（统读）

些 xiē（统读）

颉 xié ～颃

携 xié（统读）

偕 xié（统读）

挟 xié（统读）

械 xiè（统读）

馨 xīn（统读）

囟 xìn（统读）

行 xíng

操～ 德～ 发～ 品

～

省 xǐng 内～ 反～ ～亲 不

～人事

芎 xiōng（统读）

朽 xiǔ（统读）

宿 xiù 星～ 二十八～
煦 xù（统读）
蓿 xu 苜～
癣 xuǎn（统读）
削（一）xuē（文）
　　　剥～ ～减 瘦～
（二）xiāo（语）
　　　切～ ～铅笔 ～球
穴 xué（统读）
学 xué（统读）
雪 xuě（统读）
血（一）xuè（文）
　　　用于复音词及成语，
　　　如"贫～"、"心～"、
　　　"呕心沥～"、"～泪
　　　史"、"狗～喷头"
　　　等。
（二）xiě（语）
　　　口语多单用，如
　　　"流了点儿～"及几
　　　个口语常用词，如：
　　　"鸡～"、"～晕"、
　　　"～块子"等。
谑 xuè（统读）
寻 xún（统读）
驯 xùn（统读）
逊 xùn（统读）
熏 xùn 煤气～着了
徇 xùn（统读）
殉 xùn（统读）
蕈 xùn（统读）

Y

押 yā（统读）
崖 yá（统读）
哑 yǎ ～然失笑
亚 yà（统读）
殷 yān ～红
芫 yán ～荽

筵 yán（统读）
沿 yán（统读）
焰 yàn（统读）
夭 yāo（统读）
肴 yáo（统读）
杳 yǎo（统读）
舀 yǎo（统读）
钥（一）yào（语）～匙
（二）yuè（文）锁～
曜 yào（统读）
耀 yào（统读）
椰 yē（统读）
噎 yē（统读）
叶 yè ～公好龙
曳 yè 弃甲～兵 摇～ ～
　　光弹
屹 yì（统读）
轶 yì（统读）
谊 yì（统读）
懿 yì（统读）
诣 yì（统读）
艾 yì 自怨自～
荫（一）yīn "树～"、"林～
　　　道"应作"树阴"、
　　　"林阴道"
（二）yìn ～庇 ～凉
应（一）yīng ～届 ～名 ～
　　　许 提出的条件他都
　　　～了 是我～下来的
　　　任务
（二）yìng ～承 ～付 ～
　　　声 ～时 ～验 ～邀
　　　～用 ～运 ～征 里
　　　～外合
萦 yíng（统读）
映 yìng（统读）
佣 yōng ～工
庸 yōng（统读）

臃 yōng（统读）
壅 yōng（统读）
拥 yōng（统读）
踊 yǒng（统读）
咏 yǒng（统读）
泳 yǒng（统读）
莠 yǒu（统读）
愚 yú（统读）
娱 yú（统读）
愉 yú（统读）
伛 yǔ（统读）
屿 yǔ（统读）
吁 yù 呼～
跃 yuè（统读）
晕（一）yūn ～倒 头～
（二）yùn 月～ 血～ ～车
酝 yùn（统读）

Z

匝 zā（统读）
杂 zá（统读）
载（一）zǎi 登～ 记～
（二）zài 搭～ 怨声～道
　　　重～ 装～ ～歌
　　　～舞
簪 zān（统读）
咱 zán（统读）
暂 zàn（统读）
凿 záo（统读）
择（一）zé 选～
（二）zhái ～不开 ～菜
　　　～席
贼 zéi（统读）
憎 zēng（统读）
甑 zèng（统读）
喳 zhā 唧唧～～
轧（除"～钢"、"～辊"念
　　zhá 外，其他都念 yà）
　　（gá 为方言，不审）

摘 zhāi（统读）

粘 zhān ～贴

涨 zhǎng ～落 高～

着（一）zháo

    ～慌 ～急 ～家 ～

    凉 ～忙 ～迷 ～水

    ～雨

   （二）zhuó

    ～落 ～手 ～眼 ～

    意 ～重 不～边际

   （三）zhāo 失～

沼 zhǎo（统读）

召 zhào（统读）

遮 zhē（统读）

蜇 zhé（统读）

辙 zhé（统读）

贞 zhēn（统读）

侦 zhēn（统读）

帧 zhēn（统读）

胗 zhēn（统读）

枕 zhěn（统读）

诊 zhěn（统读）

振 zhèn（统读）

知 zhī（统读）

织 zhī（统读）

脂 zhī（统读）

植 zhí（统读）

殖（一）zhí

    繁～ 生～ ～民

  （二）shi 骨～

指 zhǐ（统读）

掷 zhì（统读）

质 zhì（统读）

蛭 zhì（统读）

秩 zhì（统读）

栉 zhì（统读）

炙 zhì（统读）

中 zhōng

    人～（人口上唇当中处）

种 zhòng

    点～（义同"点播"。动

    宾结构念 diǎnzhǒng,

    义为点播种子）

诌 zhōu（统读）

骤 zhòu（统读）

轴 zhòu

    大～子戏 压～子

碡 zhou 碌～

烛 zhú（统读）

逐 zhú（统读）

属 zhǔ～望

筑 zhù（统读）

著 zhù 土～

转 zhuǎn 运～

撞 zhuàng（统读）

幢（一）zhuàng 一～楼房

   （二）chuáng

    经～（佛教所设刻

    有经咒的石柱）

拙 zhuō（统读）

茁 zhuó（统读）

灼 zhuó（统读）

卓 zhuó（统读）

综 zōng ～合

纵 zòng（统读）

粽 zòng（统读）

镞 zú（统读）

组 zǔ（统读）

钻（一）zuān～探 ～孔

   （二）zuàn ～床 ～杆

    ～具

佐 zuǒ（统读）

唑 zuò（统读）

柞（一）zuò～蚕 ～绸

   （二）zhà ～水（在陕西）

做 zuò（统读）

作（除"～坊"读 zuō 外，

   其余都读 zuò）

▶第二章 ▶▶▶

方言语音辨正篇

本章针对普通话教学、培训和测试中遇到的一些方言语音偏误现象,有针对性地介绍一些辨正的方法,以大连地区为主,适当兼顾其他。此处的着力点不在于对各地方言语音的系统分析和研究,而在于依照普通话的标准去矫正方言语音,所以所涉问题没有按方言区归类,而是按问题的性质和普遍性程度排列,并提出具体的解决办法。

本章内容具有较强的针对性,不同学习者可根据需要分别在以下两个层次上达成各自的学习目标:一般学习者,通过学习和对照,应能正确认识自己的发音问题,学习使用适合自己方言语音辨正的基本方法。教师学习者,则应该在矫正自己发音的基础上,认识和了解更多常见的方言语音问题及解决办法,并能据此指导学生的普通话学习。

本章的重点、难点会因人而异,有的是 zh、ch、sh,有的是 n 和 l,也有的是 f 和 h、en 和 eng 等。可参阅《普通话水平测试等级标准》中有关"难点音"的内容,并在教师的指导下自行确定。

教学建议:首先一定要找准问题,这跟疾病诊疗前的确诊一样意义重大。二是针对不同的问题"对症下药",选取第四章中相应的训练内容进行训练。应注意由易到难,循序渐进。

第一节　声母的辨正

对于不同方言区的人来说,学好普通话的主要障碍来自方言语音和普通话的差异。以下就部分较有代表性的方言语音问题略作分析,提出解决思路,为学好普通话扫清障碍。

一、zh、ch、sh 和 z、c、s 的辨正

zh、ch、sh 也叫翘舌音或卷舌音,z、c、s 也叫平舌音。分不清这两组音通常就叫平翘不分。

zh、ch、sh 是许多方言区的人们学习普通话的难点,也是普通话测试的重点之一。在全国各地的方言区里,有的有这组音,有的没有。在有 zh、ch、sh 的方言中,其分布也与其在普通话中的分布不尽一致。在没有 zh、ch、sh 的方言中,与其对应的声母更是五花八门。方言区的人们应找准对应规律,进行有针对性的学习和训练。

各地 zh、ch、sh 和 z、c、s 不分的情况有两种:一是部分不分,就是方言中有 zh、ch、sh 这组音,但其分布和普通话中的 zh、ch、sh 不一致。二是完全不分,其中大多数是只有 z、c、s,

没有 zh、ch、sh，也有个别正好相反，只有 zh、ch、sh，没有 z、c、s。

此外，也有把普通话的 zh、ch、sh 声母读作 j、q、x 的，如大连的一部分县区，把"zhu"发成"ju"，把"che"发成"qie"，把"shi"发成"xi"等。

区分平翘舌要解决的问题主要有两个：一是找不准发音的位置，主要表现为发不好翘舌音；二是会发音，但区分不出 zh、ch、sh 和 z、c、s 做声母的字各有哪些。这两方面的问题可以分别称为"发不准音"和"分不清字"。

（一）如何发音

在平翘舌完全不分的方言区，人们往往发不好 zh、ch、sh 这组音，对于这些人来说，首先是要学会发音。

zh、ch、sh 是舌尖后音，发音时舌尖要抵住或接近硬腭前部形成对气流的阻碍。现实中这组音的发音偏误主要有两种表现：一是部位偏前，一是部位偏后。发音部位偏前是舌尖翘起的角度不够，没有抵到硬腭，发出的音接近于英语的舌叶音[dʒ][tʃ][ʃ]，听起来有些"哆"，而发音部位偏后则是舌尖翘起的角度过大，超过了硬腭部位，听起来就会比较生硬。

有这类发音问题的学习者，一是要掌握发音要领，二是要多听多练。如果是积习难改，就需要在专业人员的帮助指导下固正纠偏，逐渐克服不正确的发音习惯。

（二）如何区分平翘舌字

前面提到的这一类学习者，学会了发音后，第二步要解决的就是分不清字的问题。

另一类学习者，他们的方言里有 zh、ch、sh，只是跟普通话的 zh、ch、sh 对应的字不一样，所以他们是会发 zh、ch、sh 这组音的，需要解决的也是分不清字的问题。

1. 掌握语音规律

首先，普通话声母和韵母的拼合是有规律可循的，掌握并运用这些规律，可以提高语言学习的效率，达到事半功倍的效果。

比如，在普通话的语音系统中 ua、uai、uang 只能跟 zh、ch、sh 相拼，不能跟 z、c、s 相拼。掌握了这个规律后，当遇到"抓、爪、刷、耍、拽、揣、踹、摔、甩、蟀、帅、率、庄、妆、撞、幢、状、壮、床、窗、疮、闯、怆、双、霜、爽"这些常用字时，就可以清楚地知道它们的声母只能是 zh、ch、sh，而不可能是 z、c、s，不需要一个一个地单独去分辨它们的声母。这样以少驭多，就可以大大提高普通话学习的效率。

再比如，韵母 ong 在普通话语音系统里只跟声母 s 相拼，不跟声母 sh 相拼。了解了这一规律，就知道"嵩、松、淞、悚、怂、耸、颂、送、宋、诵、讼"这些字的声母都是平舌音。

同时，了解方言语音跟普通话语音的差异和对应规律也很重要。比如"追、吹、水、专、转、赚、砖、穿、船、川、喘、串、涮、准、春、椿、鹑、纯、唇、顺"这些韵母分别是 uei、uan、uen 的字普通话声母都是 zh、ch、sh，而在大连方言里却都是 z、c、s。

仔细研究还会发现，在这一类字的读音上，大连的方言语音系统跟普通话的语音系统有着非常严整的对应规律。具体说就是：普通话音系里 zh、ch、sh 和 uei、uan、uen 相拼的字，在大连方言里声母都是 z、c、s，而普通话里 z、c、s 和 uei、uan、uen 相拼的字，比如"最、脆、碎、钻、蹿、酸、尊、村、孙"在大连方言里却都是丢失了声母后的介音"u"，使韵母变成了 ei、an、en。

2.利用汉字的偏旁类推

因为现行汉字中的绝大多数都是形声字,而每个形声字中都有一个构件是表音的,虽然由于受古今语音演变等因素的影响,形声字的很多声旁表音并不十分准确,但这并不影响我们将形声字的声旁作为区分平翘舌的重要依据。因为对这些字来说,在大多数情况下,声旁相同就意味着声母的发音部位相同,比如,**澡**(藻、燥、噪、躁、操、臊),**则**(侧、测、厕、恻),**宗**(综、棕、踪、鬃、粽、淙),**卒**(醉、猝、翠、萃、粹、瘁、悴),**此**(龇、紫、嘴、疵、雌),**酸**(皴、梭、唆)声母为平舌音,而**召**(招、昭、照、诏、超、绍、邵、韶),**出**(础、绌、黜、拙、茁),**勺**(芍、灼、酌)声母为翘舌音。

使用偏旁类推的方法需要注意以下两个问题:

一是与代表字(加粗斜体字)声旁相同的类推字(括号中的字)根据代表字所能推出的只是相同的发音部位,它们与代表字声母的发音方法并不一定相同。比如以"澡"为代表字的一组,声母都是平舌音,这是发音部位相同;而"藻、操、臊"的声母分别是 z、c、s,这就是发音方法不同。

二是还要同时记一些例外字。比如,以"则"为代表字的一组,就有"铡"字例外;以"宗"为代表字的一组,就有"崇"字例外;以"此"为代表字的一组中,也有"柴"字例外。

3.记少不记多

比如,当韵母 en 跟声母 z、c、s 相拼时,只能拼出"怎、参(在'参差不齐'中的读音)、岑、森"等很少的几个常用字;而当 en 跟声母 zh、ch、sh 相拼时,却能拼出很多的常用字:针、枕、真、镇、阵、震、振、珍、尘、陈、晨、趁、沉、衬、神、审、慎、深、身、伸……

在这种情况下,采用记 z、c、s,不记 zh、ch、sh 的方法,就能轻松解决韵母 en 常用字的平翘舌问题,可以明显提高声母辨正的效率。

二、n 和 l 的辨正方法

n 和 l 在普通话中具有区别意义的作用:"牛"不同于"留","女"不同于"吕","恼怒"也不同于"老路"。但是在许多方言区里它们却并不区别意义,常常被混读。这种现象通常被叫做"鼻边不分",就是分不清鼻音 n 和边音 l。

在"鼻边不分"的方言中,又以将鼻音和边音一律读成边音的现象较为常见,而与之相反一律读成鼻音的则相对少一些。比如,将"牛腩"说成"liúlán","胶囊"说成"jiāoláng","钙奶"说成"gàilǎi",将"那不可能"说成"là bù kěléng"。

普通话以 n 和 l 做声母的字,在有些方言区里部分混淆,也有些方言区是全部混淆。

要解决这个问题也同样面临两方面的困难:发不准音和分不清字。

要发准 n 和 l,关键在于控制软腭的升降。n 和 l 都是舌尖抵住上齿龈发出的音,它们的不同主要在于有没有鼻音,气流是从鼻腔出来,还是从舌头的两边出来。有一个简单方便的办法可以一试:捏住鼻孔发音,如果觉得有困难,甚至根本发不出,同时伴有耳鸣的现象,那就是 n 音,如果捏住鼻子后发音也不受影响,那就是 l 音了。

要分清哪些字是 n 做声母,哪些字是 l 做声母,同样可以采用汉字偏旁类推的方法。比如:

n 做声母:南——楠、喃;脑——恼、瑙;宁——拧、柠、咛、泞、狞……

l 做声母：兰——栏、拦、烂；良——粮、郎、狼、廊、螂、朗、浪……

也可以采用"记少不记多"的方法：对于声母 n 和 l 来说，n 拼出的常用字较少（有"那、乃、奈、南、脑、挠、内、尼、倪、你、念、娘、鸟、捏、聂、孽、宁、妞、牛、钮、纽、农、奴、努、怒、诺、懦、虐"等），而 l 拼出的常用字较多。虽然这里的"少"和"多"并不如之前的 en 韵母平翘舌字的数量差异那么大，但对于某些"n、l"不分的学习者来说，"记少不记多"（也就是记 n 不记 l），仍然可以减轻一些学习的负担。

三、其他声母的辨正方法

1. r 声母

r 也是翘舌音。虽然在普通话中，它与 zh、ch、sh 的发音部位和拼合规律都十分接近，但在方言中，与 r 对应的声母却跟与 zh、ch、sh 对应的声母大不相同，甚至有时在同一个方言区里，就有多个声母与普通话中的 r 相对应。在东北地区，对 r 声母的字就既有发成零声母的，如"人、肉、热"说成"yín、yòu、yè"；也有发成 l 声母的，如"乳、扔"说成"lǔ、lēng"。南方的一些方言区又会把 r 发成 z，比如把"饶"读成"záo"，把"肉"读成"zòu"，而另一些地方也会把 r 发成 l，比如把"人"读成"lén"，把"让"读成"làng"。

r 的发音感觉可以通过发 zh、ch、sh 来寻找，尤其是其中的 sh，跟 r 的区别只在于清和浊，即声带的震动与否。sh 是清擦音，发本音时声带不震动，r 是浊音，发本音时声带震动。所以，先发 zh、ch、sh 或只发 sh，在找准发音部位的前提下，再改变发音方法发出 r 音。纯粹的语音训练难免枯燥，以下方法可以一试：

（知 迟）是 shì——日 rì

（哲 车）舍 shě——惹 rě　　　社 shè——热 rè

（找 超）勺 sháo——饶 ráo　　少 shǎo——扰 rǎo　　　少 shào——绕 rào

（洲 愁）熟 shóu——柔 róu　　瘦 shòu——肉 ròu

（站 产）闪 shǎn——染 rǎn

（震 晨）神 shén——人 rén　　肾 shèn——认 rèn

（张 唱）伤 shāng——嚷 rāng　赏 shǎng——壤 rǎng　　上 shàng——让 ràng

（证 城）生 shēng——扔 rēng　绳 shéng——仍 réng

（注 出）熟 shú——如 rú　　　属 shǔ——乳 rǔ　　　树 shù——入 rù

（卓 戳）硕 shuò——弱 ruò

（准 唇）顺 shùn——润 rùn

（追 锤）水 shuǐ——蕊 ruǐ　　睡 shuì——瑞 ruì

再通过练习"仍然 réngrán、柔软 róuruǎn、柔弱 róuruò、软弱 ruǎnruò"等一些由 r 声母字组成的词语来巩固发音。

另外，各方言区所有分不清 r 声母字的普通话学习者，都可以识记 r 声母常用字，好在并不算多：

日 惹 热 饶 娆 扰 绕 柔 揉 蹂 肉 然 燃 髯 冉 染 人 任 仁 忍 稔 认 刃 韧 仞 妊 嚷 瓤 壤 攘 让 容 荣 融 溶 蓉 绒 茸 榕 如 茹 儒 濡 蠕 孺 乳 汝 辱 入 褥 若 弱 软 阮 闰 润 蕊 锐 芮 瑞 扔 仍。

而对于另一些人(多为年轻人)来说,r声母或许不成问题,却需要识记像"允 yǔn"这样误读率较高的零声母字,正确读出"允许"、"不允许"这样的常用词语。

2. f和h

这是两个发音部位不同,发音方法相同的音。它们都是清擦音,区别在于f的发音部位是上齿和下唇,h的发音部位是舌根和软腭。

在汉语方言中也有将二者混淆的现象,而且在不同的方言区里,f与h的对应情况也比较复杂。有部分混淆的,比如客家方言只在单元音韵母u的前面把h读为f,比如把"狐"读为"福","虎"读为"府"。也有完全混淆,只有h没有f的,比如把"罚"读作"华",把"飞"读作"灰"。

在掌握发音要领反复练习的基础上,可以利用声旁类推和趣味绕口令来巩固正确的发音,区分f做声母和h做声母的字。简单的如"粉红凤凰飞";复杂一些的如"化肥会挥发。黑化肥发灰,灰化肥发黑……"。这后一条绕口令里不仅包含更多"飞、肥、挥、灰、黑"以及"发、花"等容易混淆的音的组合与转换,而且也明显体现了从易到难的阶梯式排列,还有人饶有兴致地为以上各部分练习依次评定了"初入江湖级,小有名气级,名动一方级,天下闻名级……"等"专业级别",让不同的学习者自行选择、自由练习和自我评价。

第二节　韵母的辨正

一、方言韵母和普通话韵母的主要差异

与声母一样,不同方言区的语音系统跟普通话的语音系统在韵母方面也有很多的差异。

比如从全国范围来看,南京话、长沙话会有 en、in、an、ian、uan 跟 eng、ing、ang、iang、uang 的混同,会把上述鼻韵母的韵尾都读成前鼻音韵尾 n;上海话、昆明话、兰州话、桂林话等也会把 en 和 eng,in 和 ing 的韵尾都读成前鼻音韵尾 n;而在西北地区,又有些方言,比如宁夏话、新疆话和陕西话会把 en、in、uen、ün 的前鼻音韵尾 n 读成后鼻音韵尾 ng。辽宁乃至整个东北,有许多地区会把 o 韵母的一些字,比如"播、波、坡、婆、破、抹、摸、膜、佛"的韵母读成 e。

在大连地区,则有丢失韵头 u,把一些合口呼(u行)的韵母读成开口呼的现象,比如对(duì)读成 dèi,断(duàn)读成 dàn,顿(dùn)读成 dèn。有 ei、i 混同的现象,如雷和离、磊和里、累和力不分。还有将某些复韵母读成单韵母的现象,比如"孩"和"海"都是复韵母 ɑi,大连话往往读成单韵母[e]或[æ],"豪"和"好"都是复韵母 ɑo,大连话却往往读成单韵母[ɒ]。

二、圆唇音和不圆唇音的辨正

普通话语音系统中有两组"圆唇"和"不圆唇"成对的舌面元音,一是 i 和 ü,二是 o 和 e。从发音情况看。前一组 i 和 ü 的发音问题较少,后一组 o 和 e 的发音问题较多。

1. o和e

从发不准音的情况看,o 的主要问题表现在,找不准 o 的舌位和唇形,甚至将本来是单元音的 o 发成复元音 uo。从分不清字的混用情况看,主要是将圆唇元音 o 韵母的常用字误

读为不圆唇元音 e 韵母的字。这在东北地区是比较普遍的。比如：播、波、坡、婆、破、抹、摸、膜、佛。

记错了这些字的韵母，像 pògé（破格）、móhé（磨合）、gēbo（胳膊）、bòhe（薄荷）这些词语读起来韵母就都成了 e，没有区别了。其实它们中都有一个圆唇元音 o。

o 的发音问题不难解决，只要先发一个"e"，保持舌位不变，再将嘴唇拢圆至开口度比汉语的"u"略大，比英语的[ɒ]略小就行了。因为"o"和"e"的发音部位完全相同，区别只在于前者嘴唇拢圆，而后者嘴唇是自然展开的。

分不清字的问题，可以利用普通话的声韵拼合规律来解决：唇音声母 b、p、m、f 只跟圆唇的 o 相拼，不跟不圆唇的 e 相拼，而且这样的字并不多，常用和次常用的加起来也不足 30 个，有这方面问题的学习者重点记一记就行了。

当然，还要记住，这里有一个例外字"么"，它的韵母是 e。

2. i 和 ü

有些方言如昆明话、部分地区的客家话、广西钦州的一些方言，只有齐齿呼的 i，没有撮口呼的 ü，把 ü 都念成 i。以英语为母语的外国留学生也常常发不准 ü 这个音，因为英语的语音系统中也没有这个音。但是他们多半会把 ü 发成类似 u 的音，特别是跟 j、q、x 相拼的时候，听起来比较怪异，完全不像中国人发出的音。

要解决 ü 的发音问题，可以用唇形变化的方式来练习：先展开嘴唇发 i，舌位不动，慢慢把嘴唇拢圆，就可以发出 ü 音了。因为从发音原理上来看，两个音的相似度很高：它们都属于舌面前、高元音。不同之处只在于唇形的圆展——"i"是不圆唇元音，而"ü"是圆唇元音。也就是说，决定舌面元音发音的三个要素（舌位的前后、舌位的高低和唇形的圆展）中，它们有两个要素相同，只有一个要素不同。所以，先发"i"音，在舌位不动的情况下慢慢将唇形拢圆，发出"ü"音的练习方法是切实有效的。

要解决分不清字的问题，就要参考普通话的同韵字表，并且把其中最常用的 ü 韵母字筛选出来重点记忆。

还可以借助常用词语的对比训练 i 和 ü 的发音，体会二者的异同。比如：

小姨——小鱼　一块——愉快　以后——雨后　一席——预习
奇数——拘束　前面——全面　潜水——泉水　有戏——有序

三、前鼻韵母和后鼻韵母的辨正

要分清前后鼻韵母，首先必须掌握好 n 和 ng 的发音。这可以通过发 in 和 ing 两个音来练习和感受。

发 in 的时候，要注意 i 的舌位不能靠后。先发 i，声音不能拖得太长，然后舌身保持不动，舌尖迅速抬起，点触上齿龈，同时发出鼻音。而发 ing 时，是先发 i 音，然后舌头隆起部位由前向后迅速移动，舌根上抬抵住软腭，同时发出鼻音。因为发 n 和 ng 时形成阻碍的部位一个在前，一个在后，也可以通过对比发音来感受二者的区别。

学会发音后，可以用前面已经学过的方法来分清两组韵母字。

利用声韵拼合规律：普通话声母 d、t、n、l 跟前鼻韵母 en 相拼的只有一个"扽 dèn"字。除此之外，它们只跟后鼻韵母 eng 相拼。所以，"灯、登、等、瞪、凳、疼、腾、藤、滕、誊、能、冷、楞、愣、棱"等一大批常用字韵母都是 eng。

利用汉字声旁类推:"丁"的韵母是 ing,据此可推知"丁、顶、订、盯、叮、钉、酊、疔、厅、汀"等字韵母也是 ing;"朋"的韵母是 eng,便可以推知"崩、绷、嘣、蹦、鹏、棚、硼"等字的韵母也是 eng。

记少不记多:与前鼻韵母和后鼻韵母相对应的两组字中,往往也是一组字多些,一组字少些,我们仍然只需要记住较少的那一组字就行了。比如 z 声母前鼻韵母常用字只有一个"zen""怎",记住它,其余的"曾、憎、增、赠、锃"等都是后鼻韵母"zeng",就不需要记了。

四、有韵头韵母和无韵头韵母的辨正

汉语音节中介于声母和主要元音(即第一章中讲到的那些发音响亮、通常用来标注声调的元音)之间的音被称为"韵头"或"介音",如"liao"中的"i","gua"中的"u"和"que"中的"ü"。在一些方言区里,有丢失韵头的现象,而在另一些方言区里又有给无韵头的韵母添加韵头的现象。丢失韵头的比如把"uei"读成"ei",把"uan"读成"an",把"uen"读成"en"。大连地区就有这种情况。添加韵头的比如西北地区将普通话"内、擂、累"等韵母为"ei"的字读成韵母是"uei"的字,多加了一个韵头"u"。

1. uei 和 ei 的辨正

一部分声母是 d、t、z、c、s,韵母是 uei 的字,大连等地却把韵母读成 ei,丢失了韵头"u",如把"堆、腿、醉、脆、碎"分别念成"dēi、těi、zèi、cèi、sèi"。因为普通话中跟这些声母相拼的字除了"贼、鲗"两字韵母是"ei"外,其余的韵母都是"uei",所以"记少不记多"就行了。

2. uan 和 an

大连等地把"乱"读成"烂",把"端水"读成"担水"把"酸"读成"三"。普通话应分别归入"uan"和"an"两组韵母的字,这些地方的方言都归于"an"韵一组。与此相关的声母是 d、t、n、l、z、c、s。这一问题的解决比前面一个稍显复杂,它们不能把韵母一律改成"uan",因为普通话里跟这些声母相拼的既有 uan 也有 an。这就只能采用个别识记的办法,把其中的一部分韵母改为 uan,其余保留韵母 an。这里涉及的 uan 组的常用字只有三十几个:

d 端 短 断 段 锻 煅 椴 缎

t 湍 抟 团 疃

n 暖

l 娈 孪 栾 滦 峦 挛 鸾 卵 乱

z 钻 纂 攥

c 揣 踹 汆 攒 窜 篡

s 酸 蒜 算

而 an 组的常用字就比较多,共有将近 100 个。记少不记多,记住 uan 组的字,an 组的就不用记了。

3. uen 和 en

普通话"蹲、吞、村"大连方言读"dēn、tēn、cēn",这是大连方言丢失 u 韵头的第三种情况,涉及的声母是 d、t、z、c、s。这与前面两种情况又有不同,情况也比较复杂一些,简单点说,可以用以下两种方法来解决。

普通话语音系统中与声母 d、t 相拼的韵母除了"扥 dèn"外没有 en,只有 uen,所以大连方言遇有声母 d、t 与 en 相拼的字如"蹾"、"吞"等,要一律把韵母 en 改成 uen。

另外,普通话语音系统中韵母 en 跟 z、c、s 相拼的字也极少,只有"怎、参、岑、森"几个,只要记住这几个字,把其余跟 z、c、s 相拼的韵母 en 都一律改成 uen 就行了。

4."li"和"lei"的辨正

在大连方言里,每当遇到韵母"i"和声母"l"相拼,就会把"i"读成"ei"或接近于"ei"的音,也就是说大连人说"梨"的时候,听起来像"雷";说"里"的时候,听起来像"磊",说"力"就像说"类"。

要解决这个问题,首先可以利用偏旁类推:

里——理 厘 鲤 狸

利——莉 梨 俐 犁

雷——蕾 镭 擂

代表字韵母是"i"的"里"和"利",类推出的两组字韵母也都是"i",代表字韵母是"ei"的"雷"字,类推出的一组字韵母也是"ei"。

还可以"记少不记多":

通过现代汉语词典中的常用字对比,我们就会发现,"i"韵母拼"l"的常用字较多,而"ei"韵母拼"l"的常用字较少,只有"勒、雷、镭、擂、蕾、磊、累、泪、类、肋、垒、酹"这么十几个。要解决大连方言中"i"和"ei"不分或者说将"li"误读为"lei"的问题,可以重点识记这十几个字。

当然,如果能将上述两种方法有机结合,那效果就会更好。

第三节　声调的辨正

一、读准普通话四声的调值

就像学唱歌要先能唱准基础的音阶,对它们各自的音高以及它们之间的各种排列组合关系有灵敏的感觉和精准的把握,再学习由它们谱出的一首首歌曲或乐曲才能不"跑调",学习普通话的声调也要首先读准四声的调值。

为了做到这一点,人们经常使用这样几种方法。

1. 元音带调法

元音带调法就是用同一个元音添加不同的声调,以此体会四声的特点和区别,比如:ā—á—ǎ—à,ū—ú—ǔ—ù。

2. 同声同韵四声法

同声同韵四声法就是在声母和韵母都相同的音节上添加不同的声调,如:mā—má—mǎ—mà(妈—麻—马—骂),shēn—shén—shěn—shèn(深—神—审—慎)。

3. 异声异韵四声法

异声异韵四声法就是声母和韵母都不同的成语或其他四个音节的词语,它们的声调都恰好包含了汉语的四声,很适合用来做声调练习。四个音节的声调排列可以是顺序的,如:huā—tuán—jǐn—cù(花—团—锦—簇),gāo—péng—mǎn—zuò(高—朋—满—座);可以是逆序的,如:kè—gǔ—míng—xīn(刻—骨—铭—心);也可以是无序的,如:dé—xīn—yìng—shǒu(得—心—应—手),yǔ—zhòng—xīn—cháng(语—重—心—长)。

4.数字四声法

近年来有对外汉语教师为帮助外国留学生学好汉语四声而尝试的用数字训练四声发音的方法,效果也很好。比如:读"1—3—7—8"练习阴平调,读"0"和"10"练习阳平调,读"5"和"9"练习上声调,读"2—4—6"练习去声调。

使用这种方法的好处是:第一,从"0"到"9"包含了汉语的四种声调,既可以单独练习,又可以进行从双音节到多音节的任意组合,使练习变得轻松又方便。第二,现今人们每天的生活都离不开数字——房间号、车牌号、电话号、身份证号、QQ 号、教材页码……这就为原本枯燥乏味的声调练习增加了跟日常生活密切相关的意义要素,使练习远离枯燥,充满乐趣,又很容易获得随时练习巩固的机会。

可以说,如果准确熟练地掌握了数字的发音,就等于随身携带了一套汉语四声自我矫正的工具,再遇到任何词语,无论音节多少,声调如何排列组合,都可以像学会了识谱的人学习新歌一样无师自通。如,房间——"03",洗手盆——"950",糖醋排骨——"0605",春眠不觉晓——"70409"。

二、了解方言声调和普通话声调的对应关系

方言声调跟普通话声调的差异通常有两种表现:

一是调值上的差异,就是某些字在方言和普通话的语音系统中同属某一种声调,但实际的读法却有差异。比如,"猫、天、新、高"等普通话的一声(阴平)字,在东北各方言区里的声调也属于一声,但读法却与普通话不一样,具体说就是,普通话一声是"55"调,高而且平,东北有些地方却读得偏低,是"44"调,还有些地方读得不平稳,带拐弯儿,调值为"312",是曲折调。

二是调类上的差异,就是有一些字在方言和普通话的语音系统中是分属于不同的调类的。比如,"级、囚、填、雄、邮"几个字,在普通话语音系统中都属于阳平调,而在东北的很多方言里却属于阴平调;"逼、插、吃、出、虽、缩、压、肤、黑、湿、叔、刷、踢、秃、哭、桌"普通话是阴平调,但在东北的很多地方却都不读阴平,比如,其中的"逼、吃、出、虽、叔、刷、踢、哭、桌"有的地方读阳平,有的地方读上声。"插、肤"也有的地方读上声。再比如,"而"和"档",普通话分别归属阳平和去声,在东北却常被读成了上声。

声调的辨正是一个复杂艰苦的学习过程,读准四声是基础,掌握方言和普通话声调的差异则可以更有针对性地重点辨正那些容易误读的字。同时,还需要勤查工具书,并且多听多练,才能把每个常用字所属的调类记牢。

另外,方言语音跟普通话的差异在"音变"的习惯上也有所表现。

普通话以北京的语音为标准音,但是北京的语音也会有共时性的内部分歧(如前面讲过的"异读")和历时性的发展变化。比如,在老北京的方言里,除了"一、不"有变调外,"七、八"也有与之类似的变调现象。20 世纪 80 年代以前编辑出版的高校《现代汉语》教科书,在"音变"部分就会讲"一、七、八、不"的变调。但是不久后的研究成果显示,随着语言的演变,在当今的北京话里,"七、八"的变调已逐渐弱化并趋于消失。那么作为"以北京的语音为标准音"

的普通话,当然就要在语音规范的过程中充分考虑到这一点。于是,此后的汉语教材在谈到"音变"问题时,便不再提"七、八",而只讲"一、不"的变调了。现在,即使是北京人,如若还保留"七、八"的变调,也要将其视为方言习惯而加以改正了。

另外在东北的许多地区,"三"也有着跟"一、七、八、不"类似的变调,也就是当后面是去声字时,"三"也会变成阳平。一位 20 世纪 60 年代出生、在东北长大、后来考取电影学院的著名女演员就曾经说过,刚入学时她会把 13 岁说成"shísán 岁"。这种"音变"在东北地区很常见。但这种"三"的变调纯属东北的方言语音现象,在普通话语音里是根本不存在的。有这样习惯的东北人,在学习普通话语音时一定要注意这种差异。

最后,轻声和儿化也是普通话中两种常见的音变现象,但是在哪些词语或句子成分该读轻声和儿化的问题上,却呈现了较大的南北差异。总体来说,北方大部分地区的方言中关于轻声和儿化的习惯跟普通话的语音标准较为接近,而北京话中的轻声和儿化就偏多,南方的轻声和儿化又偏少。比如"图书馆"中的"馆",在普通话音系中不读儿化音,北京话却常读儿化;"衣服"、"车子"在普通话中都属于轻声词语,末尾的音节要读轻声,而南方人往往不读轻声;"小孩儿"普通话属儿化词语,而南方却有不少地区读"小孩",并不儿化。

对于这一类情况,在日常的言语交往中,只要不影响意义的表达,南北各地的人们大都可以相互宽容。普通话水平测试的评分标准,也充分尊重了这样的语言现实,比如对于轻声,只要求将必读轻声的词语或句子成分读成轻声,另外一些两可的情况,读不读轻声都不算错。

◎ 本章小结

方言语音问题基本都表现在"发不准音"或"分不清字"两个方面。要解决"发不准音"的问题,除了掌握正确的发音方法,还应该利用在发音上有相同点的其他音作参照,求同辨异。"分不清字"的问题可以利用普通话的声韵拼合规律和汉字声旁类推的方法解决,还可以"记少不记多"。没有规律可循的就要多听、多练、多记。

❓ 思考与练习

尝试用本章介绍的方法解决自己存在的"发不准音"或"分不清字"的问题。

第三章 ▶▶▶

应试篇

本章是全书的重点内容之一,可以作为普通话水平测试的应试指南。包括测试的对象、测试的形式和内容、评分标准、具体要求以及应试技巧和注意事项等。

通过学习,可以了解普通话水平测试的各种相关问题,准确评估自己的普通话水平,按照工作岗位的要求确定个性化的普通话学习与应试策略。

重点:测试的内容、形式和评分标准。

难点:命题说话。

教学建议:可以利用本章相关链接中的样题,或选取第四章中的模拟试题,指导学生在试读和试说的过程中了解测试的标准和要求。

第一节　普通话水平测试的意义和要求

一、普通话水平测试的性质和意义

1. 开展普通话水平测试的意义

学习和使用普通话,已经被写进了《中华人民共和国宪法》和《中华人民共和国国家通用语言文字法》,从法律的层面确定了普通话在我们语言生活中的重要地位。也就是说,每一位中国公民,都有责任和义务学习普通话,在公共场所自觉说普通话。

但是,我国人口众多,方言复杂,要普及普通话绝非一日之功。在这种情况下,采取相应的措施,有计划、有步骤、有重点地推广和普及普通话就显得十分重要了。

1994年10月30日,国家语言文字工作委员会、国家教育委员会(现为教育部)、广播电影电视部(现为国家新闻出版广播电影电视总局)联合颁布了《关于开展普通话水平测试工作的决定》。《决定》第一条说:掌握并使用一定水平的普通话是社会各行各业人员,特别是教师、播音员、节目主持人、演员等专业人员必备的职业素质。第三条要求:对播音员、节目主持人、教师等岗位人员,从1995年起逐步实行持普通话等级证书上岗制度。1997年,国家语言文字工作委员会颁布了《普通话水平测试等级标准》。

2004年1月出版的《普通话水平测试实施纲要》(国家语言文字工作委员会普通话培训测试中心编制,中华人民共和国教育部语言文字应用管理司组织审定)指出:"普通话水平测试是推广普通话工作的重要组成部分,是使推广普通话工作逐步走向制度化、科学化、规范化的重要举措。推广普通话,促进语言规范化,是汉语发展的总趋势。普通话水平测试工作的健康开展必将对社会的语言生活产生深远的影响。"

2. 普通话水平测试的性质

宋欣桥先生是普通话测试项目专家组的重要成员。他在国家语委从事普通话教学和推广工作二十多年,并亲身参与普通话水平测试等级标准的课题研究和《普通话水平测试大纲》的研究与编写。自1994年起,多次在国家级普通话水平测试员资格考试培训班上担任主讲教师,撰写过多篇关于普通话水平测试的研究文章。关于测试的性质,他是这样说的:

普通话水平测试是母语标准语水平测试,是语言运用能力的测试,而且主要侧重在语言形式规范程度的测试,不是语言知识的测试,也不是表达技巧的测试,更不是文化考试,尽管这种测试与知识、表达技巧、文化水平都有一定关系。而且,应试人都是有一定文化的成年人,一般都已经掌握全国统一的普通话书面语。因此,所要测试的语言能力主要是指从方言到标准语的口语运用能力,即应试人按照普通话语音、词汇、语法规范说话的能力,而不是指通常所说的包括听说读写全部内容的语文能力。掌握知识或培养能力的过程是一个从极端生疏到完全熟练的连续体,一个人的成就水平总是落在这个连续体的某一点上,并显示在他完成某种测试的行为中。为了评定他的成就水平,只有通过测试来确定他的成就与所期望的目标之间的接近程度。普通话水平测试的直接目的,就是以我们所期望的普通话语音、词汇、语法规范(即普通话水平等级标准的一级甲等)为参照标准,通过测试评定应试人普通话口语水平接近这一标准的程度,即评定他所达到的水平等级。也就是说,普通话水平测试实际上也是一种资格证书考试。

所以,普通话水平测试是对应试人掌握和运用普通话所达到的规范程度的检测。是要确定应试人中谁已经达到普通话等级的哪一级哪一等,从而确定他是否达到工作岗位所要求的最低标准,而不是要通过测试分清应试人相互之间水平等级的差别。因此,普通话水平测试基本上属于标准参照性或者说达标性测试的范围,而不是选拔性的测试。

二、普通话水平测试的等级标准

1997年12月5日,国家语言文字工作委员会颁布了《普通话水平测试等级标准》,规定普通话水平测试共分三级六等,其具体要求是:

一 级

甲等 朗读和自由交谈时,语音标准,词汇、语法正确无误,语调自然,表达流畅。测试总失分率在3%以内。

乙等 朗读和自由交谈时,语音标准,词汇、语法正确无误,语调自然,表达流畅。偶然有字音、字调失误。测试总失分率在8%以内。

二 级

甲等 朗读和自由交谈时,声韵调发音基本标准,语调自然,表达流畅。少数难点音(平翘舌音、前后鼻尾音、边鼻音等)有时出现失误。词汇、语法极少有误。测试总失分率在13%以内。

乙等 朗读和自由交谈时,个别调值不准,声韵调发音有不到位现象。难点音(平翘舌音、前后鼻尾音、边鼻音、fu—hu、z—zh—j、送气不送气、i—ü不分、保留浊塞音和浊塞擦音、丢介音、复韵母单音化等)失误较多。方言语调不明显。有使用方言词、方言语法的情况。测试总失分率在20%以内。

<h2 style="text-align:center">三 级</h2>

甲等 朗读和自由交谈时,声韵调发音失误较多,难点音超出常见范围,声调调值多不准。方言语调较明显。词汇、语法有失误。测试总失分率在30%以内。

乙等 朗读和自由交谈时,声韵调发音失误多,方言语调明显。词汇、语法失误较多。外地人听其谈话有听不懂情况。测试总失分率在40%以内。

2003年,又根据这个标准制定了《普通话水平测试大纲》,规定,普通话水平划分为三级六等。分别为:

一级甲等 97分及其以上;

一级乙等 92分及其以上但不足97分;

二级甲等 87分及其以上但不足92分;

二级乙等 80分及其以上但不足87分;

三级甲等 70分及其以上但不足80分;

三级乙等 60分及其以上但不足70分。

三、普通话水平测试的对象和要求

(一)应接受测试的人员

根据《中华人民共和国国家通用语言文字法》和国家《普通话水平测试管理规定》,下列人员应接受测试:

1.教师和申请教师资格的人员;

2.广播电台、电视台的播音员、节目主持人;

3.影视话剧演员;

4.国家机关工作人员;

5.师范类专业、播音与主持艺术专业、影视话剧表演专业以及其他与口语表达密切相关专业的学生;

6.行业主管部门规定的其他应该接受测试的人员。

社会其他人员可自愿申请接受测试。

在高等学校注册的港澳台学生和外国留学生可随所在校学生接受测试。

(二)对参试人员的水平等级要求

教师和申请教师资格的人员,一般不低于二级乙等;语文科教师不低于二级甲等;教授现代汉语语音课(含对外汉语)的教师不低于一级乙等。

广播电台、电视台的播音员、节目主持人,省级(及其以上)台达到一级甲等;市级台不低于一级乙等;县级台不低于二级甲等。

影视话剧演员(含配音演员),不低于一级乙等。

国家机关工作人员,不低于三级甲等。

师范类专业学生以及其他与口语表达密切相关专业的学生,一般不低于二级乙等;中文专业不低于二级甲等。

播音与主持艺术专业、影视话剧表演专业的学生,不低于一级乙等。

行业主管部门规定的其他应该接受测试的人员,执行行业主管部门的规定要求(如铁路系统的站、车广播员不低于二级甲等)。

四、普通话水平测试的范围、内容和形式

《普通话水平测试大纲》规定,普通话水平测试的内容包括普通话语音、词汇和语法。测试的范围是国家测试机构编制的《普通话水平测试用普通话词语表》《普通话水平测试用普通话与方言词语对照表》《普通话水平测试用普通话与方言常见语法差异对照表》《普通话水平测试用朗读作品》《普通话水平测试用话题》。

普通话水平测试的试卷包括 5 个组成部分,满分为 100 分。

第一题:读单音节字词(100 个音节,不含轻声、儿化音节),限时 3.5 分钟,共 10 分。测查应试人声母、韵母、声调读音的标准程度。

第二题:读多音节词语(100 个音节),限时 2.5 分钟,共 20 分。测查应试人声母、韵母、声调和变调、轻声、儿化读音的标准程度。

第三题:选择判断,限时 3 分钟,共 10 分。

包括:词语判断(10 组),测查应试人掌握普通话词语的规范程度;量词、名词搭配(10 组),测查应试人掌握普通话量词和名词搭配的规范程度;语序或表达形式判断(5 组),测查应试人掌握普通话语法的规范程度。

第四题:朗读短文(1 篇,400 个音节),限时 4 分钟,共 30 分。测查应试人使用普通话朗读书面作品的水平。在测查声母、韵母、声调读音标准程度的同时,重点测查连读音变、停连、语调以及流畅程度。

第五题:命题说话,限时 3 分钟,共 30 分。测查应试人在无文字凭借的情况下说普通话的水平,重点测查语音标准程度、词汇语法规范程度和自然流畅程度。

以上形式的试卷,可以说是普通话测试的标准模式或完整版模式,有时也被称作“五项测试”。

大纲同时说明:各省、自治区、直辖市语言文字工作部门可以根据测试对象或本地区的实际情况,决定是否免测“选择判断”测试项。如果免测此项,“命题说话”测试项的分值由 30 分调整为 40 分。相对于“五项测试”的标准模式,这种简化模式也被称为“四项测试”。

辽宁省属于北方方言区,已根据本地区的情况决定免测“选择判断”测试项。

大连市的普通话测试也采用“四项测试”的模式,免测“选择判断”,“命题说话”占 40 分。所有在大连市参加测试的人员,都按此标准执行。

作为一项正规的测试,它有着严格的时间要求。由于不同测试项的性质和测试目的不同,它们在时间上的要求也不尽相同。

我们从大纲中可以看出,前三题都是限时,分别要求在 3.5 分钟、2.5 分钟和 4 分钟内完成,否则要按“超时”扣分。第四题却是要求说满 3 分钟,否则要按“缺时”扣分。

因为前三题都是读指定的语料,只要在规定的时间内完成,并且确保每个字词的发音都清晰到位就行。而最后一题,是自己组织材料说话,所以必须说够一定的时间和一定量的语料,才足以准确反映应试人“说”普通话的真实水平,如果时间太短,说话太少,就无法测查出

真实水平。3分钟,是经过反复实验、论证后确定的普通话"说话"测试项所必需的时间长度。

五、测试用试卷

自开展普通话水平测试至今,测试所使用的试卷也经历了一个不断改进和逐步完善的过程。

早期测试所使用的试卷,跟改进后的试卷特别是现在使用的机测试卷相比,有这样几个特点:第一,每份试卷只使用一次,测试结束时将考生试卷和测试员现场打分的试卷一同收回存档。第二,朗读的作品没有出现在试卷上,而是独立印制成册,测试时单独提供。第三,对测试的第一题"读单音节字词"中出现的多音字词,用提供构词要素的形式限定其读音,如"哄(骗)""(放)假"。第四,因为是人工测试,要现场打分,所以扣分的标准也以表格的形式直接印在试卷上。

后来经过改进的试卷有了明显的变化:一是对第一题中出现的多音字词不再提供限定要素,应试人可以自行选择多音字词的任意一个读音。二是朗读的作品也被印制在试卷上,试卷由原来的1页变为2页(正反面)。跟改进前相比,改进后的试卷有两个明显的优点:一是避免了测试中从试卷外的作品集里查找朗读作品的麻烦;二是试卷由1页扩展为2页,行间距明显加宽,可以有效避免之前读第一题时经常出现的串行、漏行现象。

最新的试卷(见本章相关链接2)是大连市自2009年至今一直在使用的机器测试的试卷样式。跟之前的试卷相比,它的变化也十分明显。首先,从形式上,每份试卷都加了塑封,由一次使用变为可以多次使用;其次,第一题中已尽可能避免出现多音字词;第三,由于是机器测试,前三题由电脑在后台自动打分,第四题由电脑录音,后期由测试员人工评分,所以原来的评分表不再出现在试卷上。而且,为了进一步增强第一题字词的辨识度,避免漏行、串行,机测时相邻两行的字词都使用不同颜色显示,更加方便了应试人。

六、试题的客观公平性

任何内容、任何形式的测试,都很难完全避免偶然性因素对应试人成绩的影响,普通话的测试也不例外。比如:一个发不好 zh、ch、sh 的人,如果遇到的试题中含 zh、ch、sh 声母的字词较多,就会有些"吃亏",相反如果含 zh、ch、sh 声母的字词较少,他自然就比较"幸运"。

为了最大限度地避免上述情况的发生,以确保测试的公平性和有效性,普通话测试题的编制就要尽量做到:如果一个人在一段时间里自身的普通话水平没有改变,那他用不同的试题经过多次测试所得到的结果也就不会有很大的差异。所以,在每一套测试题的前两题,特别是第一题中,都要让21个辅音声母、39个韵母和4个声调拥有同等的出现概率。这样就基本可以保证在这两个题目的测试中,把偶然因素的影响控制在最低限度。

试题的编制者对命题过程有过十分详尽的介绍:

先制一张大的表格,左面列出包括零声母在内的22个声母,零声母放在最后一行;最上面横行列出38个韵母(单韵母 ê 实际没有常用字词,除外)……表格画好后,可以把声韵没有拼合关系的格子用斜线划掉,使有拼合关系的音节位置更清晰,也可以减少干扰。当每个横行(即每个声母)中出现3个字词(零声母则应出现12次左右)时,这个声母的覆盖率已经符合要求了。当每个竖行(即每个韵母)中出现 2 个字词时,这个韵母的覆盖率已经符合要求了。

不仅如此,第二题中的变调、轻声和儿化等考点,也要保证各自的覆盖率。上声变调的词语上上相连不少于 2 次,上声与其他声调相连不少于 4 次,轻声不少于 3 次,儿化韵不少于 4 次。

第三题"朗读短文",因为测试的重点已不再是单个的字词,而更多考查的是语流中的音变、句子和语段朗读的准确性与流畅性等,而这些要素在不同作品中的出现频率也大致按常态分布。而且,60 篇作品的测试范围是确定的,只要认真准备,同一个人读不同作品时的表现,差异也不会很大。

应该承认,在第四题"命题说话"中,"运气"成分对测试成绩的影响会比前几题大一些。因为人们在说自己熟悉、喜欢的题目时明显会比说不熟悉、不喜欢的题目时表现得好一些。所以,备考时,对给定的 30 个谈话题目逐一作充分的准备,让所有不熟悉的题目变得熟悉或比较熟悉,就可以把风险降到最低。而且,每一套测试题中都准备了两个谈话题目,应试人在抽签之后仍然可以二选一。

这样从总体上看,普通话水平测试在命题环节,已努力做到客观和公平,"运气"的好坏对每个应试人成绩的影响可以说是微乎其微。

第二节　普通话水平测试的实施

一、五项测试和四项测试

"五项测试"是指大纲规定的测试内容共有五项。如果免测"选择判断"项,就变为"四项测试"。由于"四项测试"的"命题说话"由 30 分增加至 40 分,该测试项的评分细则便也需要作相应的调整。2003 年版大纲明确规定:如果采用"四项测试","命题说话"测试项的评分档次不变,分值具体调整如下:

调整内容	五项测试	四项测试
命题说话项总分	30 分	40 分
语音标准程度的分值	20 分	25 分
语音标准程度"一档"	扣 0 分、0.5 分、1 分	扣 0 分、1 分、2 分
语音标准程度"二档"	扣 1.5 分、2 分	扣 3 分、4 分
语音标准程度"三档"	扣 3 分、4 分	扣 5 分、6 分
语音标准程度"四档"	扣 5 分、6 分	扣 7 分、8 分
语音标准程度"五档"	扣 7 分、8 分、9 分	扣 9 分、10 分、11 分
语音标准程度"六档"	扣 10 分、11 分、12 分	扣 12 分、13 分、14 分
词汇、语法规范程度的分值	5 分	10 分
词汇、语法规范程度"二档"	扣 0.5 分、1 分	扣 1 分、2 分
词汇、语法规范程度"三档"	扣 2 分、3 分	扣 3 分、4 分

采用"四项测试",因为增加了"命题说话"测试项的分值,对应试者来说,等于提高了普

通话口语水平的要求,增加了口语测试的难度。

二、人工测试和机器测试

现代信息技术在普通话水平测试领域中的运用是时代发展的必然,越来越多的人,无论是测试员还是应试人都逐渐接受了这一新事物。经过反复的实践、论证,许多省市都逐渐由机器测试取代了人工测试。

关于人工测试和机器测试的优缺点,上海曾分别对测试员和应试人做过问卷调查。接受调查者普遍认为,机器测试相对于人工测试来说,更具客观性和科学性,评分差异会更小,测试的效率也会更高。虽然对应试人来说,机器测试明显缺少交流感,出现失误也没人能提示,但是机器测试更具公平公正性。所以多数的应试人,尤其是年轻人,更乐于接受机器测试。

大连市也于2009年起在前三个测试项上全面采用了机器测试。几年的测试实践表明,测试的结果跟人工测试时相比差别很小。

在测试形式改进的同时,测试内容和评分标准也有适时的修改和补充,比如,第四题"命题说话"的评分标准中关于"缺时"扣分的更加严格以及对"雷同"扣分项目的增加等。这些都表明普通话水平测试正逐步走向成熟。

三、与测试及管理相关的规程

根据国家制定的《普通话水平测试管理规定》和《普通话水平测试规程》,想要参加普通话水平测试的人员对下列情况应该有所了解:

1.申请接受普通话水平测试的人员,持有效身份证件在指定测试机关报名,也可以由所在单位集体报名。接受报名的测试机构负责安排测试的时间和地点。

2.测试机构负责安排考场。每个考场有专人负责。考场一般包括测试室、备测室、候测室以及必要的工作条件,整洁肃静。

3.试卷由国家语言文字工作部门指定的测试题库提供。

4.应试人需持准考证和有效身份证件按时到达指定考场,经查验无误后,按顺序抽取考题备测。应试人备测时间应不少于10分钟。

5.测试的一级甲等成绩由国家测试机构复审,一级乙等成绩由省级测试机构复审。

6.测试等级证书由国家语言文字工作部门统一印制,由省级语言文字工作办事机构编号并加盖印章后颁发。

7.应试人再次申请接受测试同前次接受测试的间隔应不少于3个月。

8.应试人违反测试规定的,取消其测试成绩,情节严重的提请其所在单位给予行政处分。

四、考前培训的意义

参加任何一种测试,要想取得好的成绩,除了靠平时的学习和积累外,还需要掌握一定的应试技巧,普通话测试也不例外。因此,在参加普通话水平测试之前,接受相关的培训,对应试人顺利通过测试会有直接的帮助。

考前培训的作用大致有以下几个方面：

第一，可以了解测试的性质特点、命题思路、每道题的评分标准及不同要求等，对自身的现有水平和预期的成绩做出客观准确的评估，并据此确定好个性化的应试策略，确保已有的水平能在测试中正常地发挥出来。

第二，可以学习普通话的相关知识、技能和方法，在专业教师的指导下纠正以往不正确的发音习惯，辨正方言语音，扩大自己掌握字、词的数量，在确保顺利通过测试的同时，还能使原有的水平得到一定的提高，为日后的学习、工作和生活增加文化上的积累。

第三，在机器测试的条件下，需要通过培训了解机器测试的某些特殊要求，熟悉和掌握测试过程中电脑操作的程序和方法，确保每一项信息输入的准确、有效，学会恰当控制音量，准确把握测试的时间等，最大限度地避免紧张和失误对测试造成不利影响。

第三节　普通话水平测试的应试策略与方法

一、读单音节字词和读多音节词语

这是测试的第一题和第二题，是对字词和词语的读音标准程度的测查，两个测试项的内容和要求有较大的相关性，所以在这里一并说明。

（一）测查重点及评分

1. 测查重点

第一题"读单音节字词"测查的重点在于常用单音节字词声母、韵母和声调的准确发音。所以，测试材料的绝大多数取自汉语的"常用字表"，试题中较少有生僻字。也就是说，此题并不测查应试人的识字量，不是文化水平的测试，它只是对汉语常用字读音的测试，而这些字是所有接受过基础教育的人都应该掌握的。所以，应试人对待此题的应试策略应该是熟练掌握普通话的 21 个辅音声母，39 个韵母，以及阴、阳、上、去四种声调，掌握汉语普通话测试范围内的 3795 个汉字（见本章相关链接 3）和由此组成的常用词语的正确读音。

第二题"读多音节词语"测查的是正确读词语的能力和水平。测查的重点除了第一题中包含的声母、韵母、声调的读音标准程度之外，还包括变调、轻声和儿化音节的读音。所以，应对这个测试项的学习备考重点应放在上声的变调，"一"、"不"的变调，轻声词语的范围，儿化音节及儿化词语等方面。

2. 测试的评分

普通话评分采用扣分的方式。第一、二两题的扣分以音节为单位，第一题，每个读音错误的音节扣 0.1 分，读音有缺陷的音节扣 0.05 分；第二题，每个读音错误的音节扣 0.2 分，读音有缺陷的音节扣 0.1 分。此外还有"超时"扣分。具体的扣分细则可查看本章相关链接 1《普通话水平测试大纲》。

在目前大连市所采用的机器测试形式中，第一、二两题"读单音节字词"和"读多音节词语"都由机器测试、机器自动打分。因为它们都属于客观型试题，在把测试用的字、词等语料输入电脑的同时，所有语料的语音数据也都同时被输入，电脑会自动地判别正误。

（二）应试须知

1.发音的清晰与完整

接受过培训和测试的人都会发现，测试中所要求的"字词"和"词语"的读法，跟我们平时朗读或说话时的发音确实有些不一样。

这是因为，平时阅读和说话时，遇到的大都是句子和语段这样比较大的语言单位，也叫语言的使用单位，就像是一件件语言的"成品"，是音与音的组合。在这种情况下，由于前后音之间的相互影响，多数音节的发音都会有不同程度的变化，像我们前面讲的那些"音变"，就是语音组合时发生的比较明显的变化，此外还有一些不那么明显的变化是我们平时不太注意也不需要注意的。总之是读出或说出的很多字词的音都并不那么标准和完整，常有语音要素的弱化甚至"丢失"。比如"豆腐 dòufu"弱化为"dòuf"，"丢失"了 u。

而测试的第一题，因为测查的就是声母、韵母、声调在没有任何影响、不发生任何音变的情况下的标准读音，要求每一个音节都要读得清晰而且完整。所以，任何由于"音变"而带来的影响和发音习惯，都有可能被视为"语音缺陷"而影响到该题目的得分。举一个最常见的例子：上声音节本来是 214 的调值，音高变化形式是先降后升，而在语流中却经常被弱化为211 调值的"半上"，音高变化只有前半段的降，没有后半段的升。

在测试的第一题中，要读 214 调值的完整的上声调，比如，"好、躺、水、冷"。

在第二题中，虽然组合后词语中某些音节的发音有了变化，但是，当上声音节出现在词语最末的一个音节时，仍然要读出完整的上声。比如，"经理"中的"理"、"广场"中的"场"和"差点儿"中的"点儿"。

2.消除多音字的困扰

在备考阶段，为第一题"读单音节字词"而编排的模拟练习中，经常会有一些多音字让大家感到困扰，不知道该怎么读。以下这两点，当可帮助大家消除这种困扰。

第一，如果在第一题中遇到多音字，可以任选其中的一个音来读。比如，"只"，读 zhī 和 zhǐ 都行。因为每个字的语音数据都已经被输入电脑，只要是这个字本身有的读音，测试中机器都会准确识别。

第二，跟早期测试时第一题所包含的多音字词的数量相比，经过调整改进后的试题，已经尽量避免让多音字出现在第一题。所以，虽然现在的模拟练习中仍不能完全将多音字排除在外，但它们出现在正式考题中的概率已经大大减少。因为在测试实施后不久，就有专家研究指出，第一题中如果出现较多的多音字，即使允许考生自主选择其中的任意一个读音，也会分散注意力，耽误答题的时间，这在以秒计时的考试中对考生是不公平的。既然第一题只测查声韵调，就该最大限度地排除多音字的干扰。考虑到专家意见的合理性，这一测试项的用字已经有了明显的改变。

3.恰当应对变调、轻声和儿化等"音变"现象

在普通话测试中，第一题因为读的是单音节字词，每个音节相对独立，没有互相之间的影响，而且不出现轻声和儿化音节，所以每个音节都可以并且应该读得清晰完整，不存在"音变"现象。

普通话测试中可以确定的、需要提前准备的"音变"现象主要出现在第二题"读多音节词语"和第三题"朗读短文"中。

第二题"读多音节词语",因为每个词语都包含了两个以上的音节,这些音节相互之间就会产生某些影响,所以除了语气词"啊"的音变外,音节组合中可能出现的其他"音变"如上声,"一"、"不",轻声和儿化等都会在第二题中遇到。

此外,普通话测试题的第二部分里还有这样一些比较特殊的词:"爆肚儿、差点儿、春卷儿、大伙儿、打盹儿、豆角儿、够本儿、快板儿、墨水儿、奶嘴儿 ……"它们跟其他儿化词语的不同之处在于,它们的儿化音节是上声调。平时读书说话遇到这样的词语,多半会把末尾音节语音表现的重点放在儿化上,上声则通常在语流中被弱化为半上。可是在普通话水平的单项测试中,却应该读成"全上+儿化",如按平时说话的习惯读,则有可能被视为语音缺陷。

二、朗读短文

(一)测查重点及评分

1. 测查重点

在"四项测试"中,第三题是"朗读短文",测查作品朗读中的语音标准程度以及自然流畅程度。由前两项单纯对字词和词语的测查升级至对句子和语段的测查。

从词语的层面说,除了每个音节的声韵调要正确,轻声、儿化和变调等要恰当之外,还要特别注意掌握语气词"啊"的音变规律和书写习惯,因为它在前两题中还没有机会出现。

从句子和语段的层面说,这里要求体现出正确恰当的停顿和连接,要保证书面语言转化为有声语言的自然流畅,要了解普通话的"朗读"和作为艺术表演与艺术再创作活动的"朗诵"的区别,要能根据作品的不同文体和风格特点自然而有节制地表达感情。还要尽量地避免回读。

2. 测试的评分

在大连市目前的测试条件下,第三题也跟前两题一样由机器测试和打分。当应试人对着录音话筒依次朗读完字词、词语和短文后,机器不仅在后台自动完成了每道题目的评分,还将三道题的得分相加后传输到后台工作人员的电脑上。工作人员可以通过这个过程了解考场中每一位应试人的测试进程是否正常、顺利以及有无机器故障等。

(二)应试须知

1. 注意语音的"系统性缺陷"

《普通话水平测试大纲》在第三题"朗读短文"的评分标准中,除了"错误"和"增读漏读"按每个音节 0.1 分的标准扣分外,还有一项"声母或韵母的系统性缺陷"的扣分项目,这是前两题所没有的。这一扣分项目是指应试人的语音错误或缺陷如果不是个别现象,而是呈现出明显的类型化特点,就不再以音节为单位单个扣分,而是根据严重程度整体扣分。比如,每当遇到 zh、ch、sh 声母字发音都不够标准,这就是声母的系统性缺陷;每当遇到 ai 或 ao 这样的复元音都读得像单元音,这就是韵母的系统性缺陷。这时就要根据缺陷的严重程度一次性扣 0.5 分或 1 分。"语调偏误"的扣分也是如此,视严重程度扣 0.5 分、1 分或 2 分。

2. 谨慎"回读"

在第一题"读单音节字词"和第二题"读多音节词语"的测试中,如果应试人读错了某个字或词语,可以马上回读一遍,这时机器会以第二次的读音为准来为应试人打分。但是,如果第二次读错,再读第三次时,机器便给这个字词记零分。

在第三题"朗读短文"的测试中，也不是不可以回读，但是要读懂规则，权衡利弊。从该题目的评分标准来看，错读和增读、漏读，都是每个音节扣0.1分，而"不流畅（包括回读）"的扣分却是最少0.5分。也就是说，即使读错（包括增读、漏读）了4个音节，也仅仅丢失0.4分，如果回过头来纠正，虽然能挽回这0.4分的损失，可是回读一次扣的"不流畅"分却是0.5分，这显然得不偿失。

但"知错就改"似乎是一种本能，我们在朗读作品时往往表现出超出寻常的纠错自觉性，对于哪怕是极微小的失误，也会"自动"地回读纠正。而根据短文朗读的评分标准，这是不必要也不应该的。

建议：平日练习的时候使用录音设备进行自我监控，每一次都把一篇短文读完整，如果不满意再整体地重新来读。这样做既可以把握好朗读的时间，也可以养成不回读的习惯。

总之，在为前三项内容做应试准备时，应该了解机器测试的特点，熟知机测评分的具体要求和特殊规定，用好用足评分标准，这样才能减少不必要的损失。

3. 朗读不是朗诵

朗读和朗诵都是把书面作品转化为有声语言，都要以正确理解作品为基础，用普通话把静止的文字转化为动态的声音。但是二者仍有明显的区别。

朗读承担的任务主要是传递信息，把"沉默"的字、词、句、章转换成有声语言，能正确、清晰、完整地完成这一转换过程就是成功的朗读。所以一般的文字材料都可以作为朗读的材料。朗读强调忠实于原文的再现，包括对文字内容、标点符号、行文格式等的准确再现。因此，朗读除了要求普通话语音标准，还要求正确处理好停顿、语调、语气。要读准声韵调，不添字漏字，不回读，不颠倒语序，语调平稳自然。

朗诵则属于艺术表演的范畴，可以在忠实于原文的基础上进行艺术再加工，用丰富多彩的语言及音乐等辅助手段，创造优美动人的意境和形象。所以，艺术再创作的成功与否常常成为评价朗诵成功与否的关键。朗诵文本的选择范围比朗读要小，一般来说，抒情色彩较浓的文学作品才比较适宜。而且，朗诵的文本还要在内容和风格上跟朗诵者的性别、年龄、音色及个性特点等相匹配。

总之，朗读是每一个正常人都能胜任的语言实践活动，完成朗读任务并不需要特殊的才能，即使是不擅长朗诵的人，经过一定的训练，也可以顺利通过普通话的朗读测试。

三、命题说话

（一）测查重点及评分

1. 测查重点

最后一个测试项"命题说话"，测查的是应试人在没有文字凭借的情况下说普通话的水平，重点测查语音标准程度、词汇语法规范程度和自然流畅程度。

语音标准是贯穿整个普通话水平测试的一个基本要求，在"命题说话"中也不例外，语音面貌仍是测查的重点，它比篇章结构和用词造句等其他要素更应该受到重视。只有语音标准了，其他方面的努力和追求才有意义。如果语音不规范，错误百出，即使内容再吸引人，辞藻再华丽，成绩也不可能好。

由于说话没有文字依托，用到的词语和句子就不可能像朗读那样事先确定，所以更容易受方言语音的影响。说话测试难就难在既要言之有物,又要语音标准、规范,对于普通话水平不高的人来说,这两个要求常常难以兼顾,容易顾此失彼。

"命题说话"是整个测试中占分值比例最高的一项,也是最能反映应试人普通话真实水平的一部分内容。这部分因为没有文字凭借,较难像前三题一样通过短期的强化培训快速提高成绩,这也正是应试的难点所在,每位应试人都应该充分重视这部分内容,在备考时认真学习,反复操练。

2.测试的评分

因为是主观型测试题目,说话的语料由应试人自己组织输入,所以在目前的测试条件下还不能由机器自动打分。也就是说,这部分内容仍由人工评分。在前三题的测试、评分和分数相加都由电脑自动完成后,电脑也会将第四题的说话内容录音存储,再由市级语言文字工作部门一同上报给省级语言文字工作部门,由他们指定普通话测试员进行人工评分,全部完成后,再最终确定应试人的普通话水平等级。

(二)应试须知

1.说话跟书面表达不同

语音、词汇和语法是语言的三个基本要素。说话在这几个方面都和书面表达有所不同。

语音方面,在"命题说话"这一测试项中,没必要、也不可能像前几项测试一样追求字正腔圆,追求字音上的完整到位,否则会显得做作,像朗读而不像说话。在说话的过程中,轻声词、儿化韵出现的频率也相对较高。轻声可使语言的节奏轻重有致,富于美感,儿化可以增添语音韵味,增强话语的表现力。说话时,还可以根据不同的心境灵活运用不同的语调,使说话显得更加丰富和生动。

词汇方面,一般来说,口语多用双音节词语、多音节词语,并且较多使用语气词,给人一种浅显、易懂、自然、朴素和富有生活气息的感觉。所以说话时,应多用口语词,少用或不用书面语词和文言词。

语法方面,由于说话具有思维的连贯性、表述形式的简约性和表达过程的现场性等特点,多用口语化的句式,一般比较简略,句子较为短小、简洁,较少使用长句、整句和多重复句。必要时,可把长句化短,整句化散,使用追加和插说的方法,少用关联词语。

所以,即使是有充裕的备考时间,也不要把每一个话题都写成一篇文章。写好的东西往往会缺少口语表达的特点,每一句都事先设计好,说话就会显得刻板、生硬,缺乏说话应有的生动性和现场性,结果往往并不理想。

2.说话会受思维和心理因素的影响

有些方言习惯比较深厚的人常习惯于用方言思维,当测试中需要用普通话进行口语表达时,他们就会比别人多一个语言转化的环节,就像学习外语的初级阶段那无法摆脱的"翻译"过程。对于普通话不够标准、口语表达能力不够强的人来说,这个过程是不容易在一瞬间准确完成的,而测试时又没有充足的时间让应试人想好再说。这就要靠平时多说多练,养成用普通话思维的习惯,说话便会自然流畅些。

有的应试人在"命题说话"的测试中紧张、怯场,甚至出现思维混乱、词不达意的现象,有的应试人则因为前面出了一点差错就阵脚大乱,结果越慌越错,恶性循环。所以,要注意消除心理障碍,把握测试重心,沉着应变。

3. 说话应该自然平和

说话重在一个"说"字,既不是朗读,也不是背书,更不是演讲。"说话"应该是日常口语表达时最自然的状态。所以,说话时情绪的控制以及内容和表达方式的选择都很重要。

在以往的教学、培训和测试中,曾不止一次地遇到过这样的情况,在说"我尊敬的人"、"童年的记忆"和"我的成长之路"甚至是"我喜爱的动物"时,提到某位逝去的亲人,某段伤心的往事,甚至是某个自己曾精心喂养却意外死亡的小动物,某处被严重毁坏的优美环境,有的应试人情绪就会非常激动,甚至泣不成声。

普通话测试不是考表演,任由感情无节制地宣泄,不仅不会为自己加分,反而会影响正常的表达,致使发音变形,吐字不清,或思维不畅,有的甚至因激动而中断谈话,这都会影响到测试的成绩。所以,在准备某些谈话题目时,要尽量避开有可能让自己情绪激动的内容,这样测试时才有可能从容、平和,正常发挥。

还有人一开口就是一副吟诗作赋的文学腔调,或者是一种慷慨激昂的演讲姿态,这都不是正常说话应有的感觉。事实也证明,这种"高端"的说话方式往往坚持不了多久。

(三)测试的准备

"命题说话"不纯粹是语言知识的测试,也不是表达技巧、口才的测试,但它与它们却不无关系。《普通话水平测试实施纲要》为普通话水平测试提供了 30 个话题,测试时抽签决定。30 个话题在测试之前都应该有所准备,因为普通话水平测试的"命题说话"属于有准备的说话,准备是否充分,对说话的效果会有直接的影响。

1. 分析和把握话题的类型特点

准备可以分为平时积累与临场准备两种。在平时的积累过程中,应该对 30 个话题进行简单归类。归类之后,可对每一类话题的形式、风格等方面进行整体把握,不必逐一去死记硬背。这样,临场准备时,才能迅速根据话题的主要风格和主要线索,理清思路,组织表述的具体内容。

如果分析研究 30 个话题就会发现,它们大致归属于叙事、说明、议论三大类。

像"我的愿望(理想)"、"我尊敬的人"、"童年的记忆"、"难忘的旅行"、"我的朋友"、"我的假日生活"、"我的成长之路"、"我的家乡(或熟悉的地方)"等可归为叙事类。这一类话题应该是最容易说的,因为话题所涉及的范围都可以是亲身经历或感受,应试人只需要按事情发展的时间顺序往下说就可以。比如说"难忘的旅行",可以先介绍那是一次何时、与何人一起、前往何处的旅行,再列举几件印象深刻的事,说明它为什么难忘。

"我喜爱的职业"、"我知道的风俗"、"我喜欢的节日"、"我喜爱的文学(或其他)艺术形式"、"我喜欢的季节(或天气)"等可归为说明类。这一类话题也应该比较容易说。因为我们可以选择自己熟悉的方面来展开阐述。在设计思路时,可以从一种事物的几个方面来进行说明或介绍。以"我喜欢的季节"为例,可以从"是哪个季节、简单描述这个季节的特点、说明这个季节与其他季节相比的优点"等几个方面来展开说明和介绍。

"学习普通话的体会"、"谈谈卫生与健康"、"谈谈服饰"、"谈谈个人修养"、"谈谈对环境保护的认识"、"谈谈美食"、"谈谈科技发展与社会生活"等则可归为议论类。这一类话题与前两类相比略有难度,需要有更强的概括能力和论述能力。首先应十分明确地亮出一个观点,再围绕这个观点言之有理地分层归纳,言之有物地展开评说,也可以用一两个具体事例来支持和证明自己的观点。

当然这只是大致的分类。还应在测试的过程中，根据实际情况调整内容，理清思路，做到言之有物，言之成理。

2. 准备充足的材料

在说话测试的考场上出现的最令人惋惜的事并不是说得不够好，而是根本无话可说。所以材料一定要准备充分，表达才可能游刃有余。

对于不太熟悉的话题，如果自己占有的材料不足以支撑 3 分钟，可以通过读书、上网搜集一些相关的材料，或者三两个好友围绕同一话题一起聊聊，以实现"资源共享"。

即使他人的观点和材料并不能完全为自己所用，也可以从中受到启发，比如通过相似、相关或相反的联想唤醒记忆，激发灵感。

3. 列出有一定灵活性的说话提纲

说话不是背书，备考也不提倡把每一个话题都写成文章，但为了让准备好的材料得到有序安排，适当列出提纲，还是很有必要的。

说话提纲中的主要内容应该是材料使用的先后顺序，它既可以为说话限定一个范围，避免离题，也可以帮助记忆，并使表达有一定的条理。对于 3 分钟的说话，这就足够了。

提纲不宜列得过细和过死，否则无异于画地为牢，自束手脚。

比如"我的愿望"、"我的理想"、"我尊敬的人"、"我的朋友"、"我喜欢的职业"、"难忘的旅行"等，题目没有数量上的限制，从"第一个"、"……之一"说起，就会有较大的回旋余地，当一个说完而时间还有剩余的情况下，可以适时地转入"第二个"。比起自己限定为唯一的一个，显然更具灵活性。

面对议论类话题时也一样，如果没有十足的把握，开始时选用"几点"这样具有一定模糊性的表达方式显然对自己更有利。否则，一开始就说要从"三个方面"谈，就等于切断了自己只谈两点或者再多谈一点的后路，不利于临场发挥。

4. 尝试一下限时自测

一切准备就绪，可以利用录音设备限时自测一下。这样的演练有以下两点好处：

一是有可能注意到一些平时被忽略的不良发音习惯和表达习惯。因为听自己的说话录音，是一种拉开距离后的自我审视，跟平时说话过程中的即时性监听感觉是不一样的。

二是可以对时间、语速和材料这三者之间的关系做到心中有数。

在通常情况下，说话时的语速会比朗读稍快一些，大约 1 分钟能说出 240 个左右的音节，但由于内容、语气、情景和个人习惯的不同，也会有稍快或稍慢的差异。总的来看，3 分钟的说话测试说出 600 到 700 个音节都是比较正常的。过快或过慢都不合适。语速过快，容易丢失某些语音要素而使发音变形，而且在规定时间内所说的音节增多，又来不及多想，出错的概率也会增加，容易丢分。语速过慢，断断续续，是说话不流畅的表现，也会扣分。

（四）测试的最终完成

1. 要先说题目

因为每套试题中都有两个谈话的题目，由应试人任意选择其中的一个完成 3 分钟说话的测试。测试结束后由省级主管部门按照"异地交叉"的原则（每个地区的测试员都只听外地考生而不听本地考生的说话录音）指派相应的普通话测试员听录音为该题评分。

所以,应试人开始说话时一定要先说"我说话的题目是……",让为你评分的测试员在第一时间就知道你选择的题目是哪一个,从而准确判断你的说话质量,特别是有没有"离题"。

2. 要说满 3 分钟

前面的三个测试项都是"限时"完成,只要不超时,分别在 3.5 分钟、2.5 分钟和 4 分钟之内完成,对剩余时间不加限制。在机器测试的条件下,每读完一项内容,就可单击结束按钮,提前进入下一项测试。

"命题说话"却是必须说满 3 分钟,不能提前结束。即使事先准备好的内容提前说完,也要等足 3 分钟(电脑以时间条提示)。人工评分时当然要判断 3 分钟内有多少是有效说话时间,留下的空白如果超过了一定限度,会按大纲规定的评分标准扣分。

◎ **本章小结**

要了解普通话"四项测试"中每一项的具体内容、分值和各测试项的不同要求。要判断出自己现有水平和目标要求之间的差距,知道自己该朝哪个方面努力。

❓ **思考与练习**

选取 1 套模拟试题,按时间要求进行一次自测和自评。

❖❖ **相关链接 1**

普通话水平测试大纲

(教育部 国家语委发教语用〔2003〕2 号文件)

根据教育部、国家语言文字工作委员会发布的《普通话水平测试管理规定》《普通话水平测试等级标准》,制定本大纲。

一、测试的名称、性质、方式

本测试定名为"普通话水平测试"(PUTONGHUA SHUIPING CESHI,缩写为 PSC)。

普通话水平测试测查应试人的普通话规范程度、熟练程度,认定其普通话水平等级,属于标准参照性考试。本大纲规定测试的内容、范围、题型及评分系统。

普通话水平测试以口试方式进行。

二、测试内容和范围

普通话水平测试的内容包括普通话语音、词汇和语法。

普通话水平测试的范围是国家测试机构编制的《普通话水平测试用普通话词语表》《普通话水平测试用普通话与方言词语对照表》《普通话水平测试用普通话与方言常见语法差异对照表》《普通话水平测试用朗读作品》《普通话水平测试用话题》。

三、试卷构成和评分

试卷包括 5 个组成部分,满分为 100 分。

(一)读单音节字词(100 个音节,不含轻声、儿化音节),限时 3.5 分钟,共 10 分。

1. 目的:测查应试人声母、韵母、声调读音的标准程度。

2.要求:

(1)100 个音节中,70％选自《普通话水平测试用普通话词语表》"表一",30％选自"表二"。

(2)100 个音节中,每个声母出现次数一般不少于 3 次,每个韵母出现次数一般不少于 2 次,4 个声调出现次数大致均衡。

(3)音节的排列要避免同一测试要素连续出现。

3.评分:

(1)语音错误,每个音节扣 0.1 分。

(2)语音缺陷,每个音节扣 0.05 分。

(3)超时 1 分钟以内,扣 0.5 分;超时 1 分钟以上(含 1 分钟),扣 1 分。

(二)读多音节词语(100 个音节),限时 2.5 分钟,共 20 分。

1.目的:测查应试人声母、韵母、声调和变调、轻声、儿化读音的标准程度。

2.要求:

(1)词语的 70％选自《普通话水平测试用普通话词语表》"表一",30％选自"表二"。

(2)声母、韵母、声调出现的次数与读单音节字词的要求相同。

(3)上声与上声相连的词语不少于 3 个,上声与非上声相连的词语不少于 4 个,轻声不少于 3 个,儿化不少于 4 个(应为不同的儿化韵母)。

(4)词语的排列要避免同一测试要素连续出现。

3.评分:

(1)语音错误,每个音节扣 0.2 分。

(2)语音缺陷,每个音节扣 0.1 分。

(3)超时 1 分钟以内,扣 0.5 分;超时 1 分钟以上(含 1 分钟),扣 1 分。

(三)选择判断*,限时 3 分钟,共 10 分。

1.词语判断(10 组)

(1)目的:测查应试人掌握普通话词语的规范程度。

(2)要求:根据《普通话水平测试用普通话与方言词语对照表》,列举 10 组普通话与方言意义相对应但说法不同的词语,由应试人判断、并读出普通话的词语。

(3)评分:判断错误,每组扣 0.25 分。

2.量词、名词搭配(10 组)

(1)目的:测查应试人掌握普通话量词和名词搭配的规范程度。

(2)要求:根据《普通话水平测试用普通话与方言常见语法差异对照表》,列举 10 个名词和若干量词,由应试人搭配并读出符合普通话规范的 10 组名量短语。

(3)评分:搭配错误,每组扣 0.5 分。

3.语序或表达形式判断(5 组)

(1)目的:测查应试人掌握普通话语法的规范程度。

(2)要求:根据《普通话水平测试用普通话与方言常见语法差异对照表》,列举 5 组普通话和方言意义相对应,但语序或表达习惯不同的短语或短句,由应试人判断并读出符合普通话语法规范的表达形式。

(3)评分:判断错误,每组扣0.5分。

选择判断合计超时1分钟以内,扣0.5分;超时1分钟以上(含1分钟),扣1分。答题时语音错误,每个错误音节扣0.1分;如判断错误已经扣分,不重复扣分。

(四)朗读短文(1篇,400个音节),限时4分钟,共30分。

1.目的:测查应试人使用普通话朗读书面作品的水平。在测查声母、韵母、声调读音标准程度的同时,重点测查连读音变、停连、语调以及流畅程度。

2.要求:

(1)短文从《普通话水平测试用朗读作品》中选取。

(2)评分以朗读作品的前400个音节(不含标点符号和括注的音节)为限。

3.评分:

(1)每错1个音节,扣0.1分;漏读或增读1个音节,扣0.1分。

(2)声母或韵母的系统性语音缺陷,视程度扣0.5分、1分。

(3)语调偏误,视程度扣0.5分、1分、2分。

(4)停连不当,视程度扣0.5分、1分、2分。

(5)朗读不流畅(包括回读),视程度扣0.5分、1分、2分。

(6)超时扣1分。

(五)命题说话,限时3分钟,共30分。

1.目的:测查应试人在无文字凭借的情况下说普通话的水平,重点测查语音标准程度、词汇语法规范程度和自然流畅程度。

2.要求:

(1)说话话题从《普通话水平测试用话题》中选取,由应试人从给定的两个话题中选定1个话题,连续说一段话。

(2)应试人单向说话。如发现应试人有明显背稿、离题、说话难以继续等表现时,主试人应及时提示或引导。

3.评分:

(1)语音标准程度,共20分。分六档:

一档:语音标准,或极少有失误。扣0分、0.5分、1分。

二档:语音错误在10次以下,有方音但不明显。扣1.5分、2分。

三档:语音错误在10次以下,但方音比较明显;或语音错误在10次~15次之间,有方音但不明显。扣3分、4分。

四档:语音错误在10次~15次之间,方音比较明显。扣5分、6分。

五档:语音错误超过15次,方音明显。扣7分、8分、9分。

六档:语音错误多,方音重。扣10分、11分、12分。

(2)词汇语法规范程度,共5分。分三档:

一档:词汇、语法规范。扣0分。

二档:词汇、语法偶有不规范的情况。扣0.5分、1分。

三档:词汇、语法屡有不规范的情况。扣2分、3分。

(3)自然流畅程度,共5分。分三档:

一档:语言自然流畅。扣 0 分。

二档:语言基本流畅,口语化较差,有背稿子的表现。扣 0.5 分、1 分。

三档:语言不连贯,语调生硬。扣 2 分、3 分。

说话不足 3 分钟,酌情扣分:缺时 1 分钟以内(含 1 分钟),扣 1 分、2 分、3 分;缺时 1 分钟以上,扣 4 分、5 分、6 分;说话不满 30 秒(含 30 秒),本测试项成绩计为 0 分。

四、应试人普通话水平等级的确定

国家语言文字工作部门发布的《普通话水平测试等级标准》是确定应试人普通话水平等级的依据。测试机构根据应试人的测试成绩确定其普通话水平等级,由省、自治区、直辖市以上语言文字工作部门颁发相应的普通话水平测试等级证书。

普通话水平划分为三个级别,每个级别内划分两个等次。其中:

97 分及其以上,为一级甲等;

92 分及其以上但不足 97 分,为一级乙等;

87 分及其以上但不足 92 分,为二级甲等;

80 分及其以上但不足 87 分,为二级乙等;

70 分及其以上但不足 80 分,为三级甲等;

60 分及其以上但不足 70 分,为三级乙等。

* 说明:各省、自治区、直辖市语言文字工作部门可以根据测试对象或本地区的实际情况,决定是否免测"选择判断"测试项。如免测此项,"命题说话"测试项的分值由 30 分调整为 40 分。评分档次不变,具体分值调整如下:

(1)语音标准程度的分值,由 20 分调整为 25 分。

一档:扣 0 分、1 分、2 分。

二档:扣 3 分、4 分。

三档:扣 5 分、6 分。

四档:扣 7 分、8 分。

五档:扣 9 分、10 分、11 分。

六档:扣 12 分、13 分、14 分。

(2)词汇语法规范程度的分值,由 5 分调整为 10 分。

一档:扣 0 分。

二档:扣 1 分、2 分。

三档:扣 3 分、4 分。

(3)自然流畅程度,仍为 5 分,各档分值不变。

❖ 相关链接 2

国家普通话水平测试试卷(样卷)

编号:1—20071248

一、读单音节字词(100 个音节,共 10 分,限时 3.5 分钟)

码	瀑	神	特	喘	浓	鸥	独	讲	幸
熔	下	厅	渠	箭	贼	训	德	顺	表
盆	氧	志	膜	妆	圆	耕	虎	搓	袄
歪	碳	疯	雄	寡	穷	我	四	绔	抻
你	屯	脸	获	裁	党	凿	康	自	萍
捆	稻	花	铝	杀	拂	津	管	端	仿
而	秆	磷	宗	脖	睁	候	捐	纳	挥
改	云	写	前	桂	筛	闰	吹	越	彼
廊	宾	怯	久	贝	拢	涩	椎	镭	吃
洒	端	牙	眯	惨	飘	却	汪	疼	庙

二、读多音节词语(100 个音节,共 20 分,限时 2.5 分钟)

明年	窘迫	算账	女婿	群众	爱国	全部	伴随	赔偿	痛快
亏损	柔美	体贴	心眼儿	佛经	主人公	伤害	小腿	石子儿	学术
军阀	卫生	吆喝	从此	侵略	牛顿	婴儿	玩耍	拥戴	大娘
咱们	创立	成分	给予	逗乐儿	撒开	浪费	馒头	挎包	难怪
乞讨	恰好	工作日	个别	灯泡	物价	旋转	荒谬	测量	

三、朗读短文(400 个音节,共 30 分,限时 4 分钟)

　　在一次名人访问中,被问及上个世纪最重要的发明是什么时,有人说是电脑,有人说是汽车,等等。但新加坡的一位知名人士却说是冷气机。他解释,如果没有冷气,热带地区如东南亚国家,就不可能有很高的生产力,就不可能达到今天的生活水准。他的回答实事求是,有理有据。

　　看了上述报道,我突发奇想:为什么没有记者问:"二十世纪最糟糕的发明是什么?"其实二〇〇二年十月中旬,英国的一家报纸就评出了"人类最糟糕的发明"。获此"殊荣"的,就是人们每天大量使用的塑料袋。

　　诞生于上个世纪三十年代的塑料袋,其家族包括用塑料制成的快餐饭盒、包装纸、餐用杯盘、饮料瓶、酸奶杯、雪糕杯等等。这些废弃物形成的垃圾,数量多、体积大、重量轻、不降解,给治理工作带来很多技术难题和社会问题。

　　比如,散落在田间、路边及草丛中的塑料餐盒,一旦被牲畜吞食,就会危及健康甚至导致死亡。填埋废弃塑料袋、塑料餐盒的土地,不能生长庄稼和树木,造成土地板结,而焚烧处理这些塑料垃圾,则会释放出多种有毒化学气体,其中一种称为二噁英的化合物,毒性极大。

　　此外,在生产塑料袋、塑料餐盒的//过程中使用的氟利昂,………

四、命题说话(请在下列话题中任选一个,共 40 分,说满 3 分钟)

　　1.谈谈服饰

　　2.我知道的风俗

❖❖ 相关链接 3

普通话水平测试用字统计表

说　明

本表根据《普通话水平测试用普通话词语表》统计编制，按汉语拼音字母顺序排列。

ā	āi	āi	ái	ái	ái	ǎi	ǎi	ài	ài	ài	ài	ān	ān	ān	àn	àn	àn	àn	àn	áng	àng	āo	áo	áo
阿	哀	埃	挨	皑	癌	矮	蔼	艾	爱	隘	碍	安	氨	庵	岸	按	案	暗	黯	昂	盎	凹	遨	熬

áo	áo	ǎo	ào	ào	ào	ào	ào	ào
翱	鳌	袄	拗	坳	傲	奥	澳	懊

bā	bā	bā	bā	ba	bā	bā	bā	bá	bá	bǎ	bǎ	bà	bà	bà	bà	bāi	bái	bǎi	bǎi	bǎi	bài	bài	bān	bān
八	巴	叭	扒	吧	芭	疤	笆	拔	跋	把	靶	坝	爸	罢	霸	掰	白	百	柏	摆	败	拜	扳	班

bān	bān	bān	bān	bǎn	bǎn	bàn	bàn	bàn	bàn	bàn	bàn	bàn	bāng	bāng	bāng	bǎng	bǎng	bǎng
般	颁	斑	搬	板	版	办	半	伴	扮	拌	绊	瓣	邦	帮	梆	绑	榜	膀

bàng	bàng	bàng	bàng	bàng	bàng	bāo	bāo	bāo	bāo	bāo	báo	bǎo	bǎo	bǎo	bǎo	bǎo	bào	bào	bào
蚌	傍	棒	谤	磅	镑	包	孢	苞	胞	褒	雹	宝	饱	保	堡	报	抱	豹

bào	bào	bào	bēi	bēi	bēi	bēi	běi	bèi	bèi	bèi	bèi	bèi	bèi	bèi	bèi	bèi	bèi	bēn	běn	běn	bèn	bēng
鲍	暴	爆	卑	杯	悲	碑	北	贝	狈	备	背	钡	倍	被	惫	辈	奔	本	苯	笨	崩

bēng	bèng	bèng	bèng	bī	bí	bǐ	bǐ	bǐ	bǐ	bǐ	bǐ	bì	bì	bì	bì	bì	bì	bì	bì	pí	bì
绷	泵	迸	蹦	逼	鼻	匕	比	彼	笔	鄙	币	必	毕	闭	庇	陛	毙	婢	敝	痹	辟	弊	碧

bì	bì	bì	bì	bì	biān	biān	biān	biǎn	biǎn	biǎn	biàn	biàn	biàn	biàn	biàn	biàn	biāo	biāo	biǎo
蔽	壁	避	臂	璧	边	编	鞭	贬	扁	匾	便	变	遍	辨	辩	辫	标	膘	表

biē	biē	bié	biě	bīn	bīn	bīn	bìn	bìn	bīng	bīng	bǐng	bǐng	bǐng	bǐng	bìng	bìng	bō	bō	bō
憋	鳖	别	瘪	宾	滨	濒	摈	鬓	冰	兵	丙	柄	饼	禀	并	病	摒	拨	波	玻

bāo	bō	bō	bō	bó	bó	bó	bó	bó	bó	bó	bó	bó	bó	bó	bó	bó	bó	bǒ	bò	bo	bǔ	bǔ	bǔ	bù	bù
剥	钵	菠	播	伯	驳	帛	泊	勃	铂	舶	脖	博	搏	箔	膊	薄	礴	跛	簸	卜	补	哺	捕	不	布

bù	bù	bù	bù	bù
步	怖	部	埠	簿

cā	cāi	cái	cái	cái	cái	cǎi	cǎi	cǎi	cǎi	cài	cài	cān	cān	cán	cán	cán	cǎn	càn	càn	cāng	cāng
擦	猜	才	材	财	裁	采	彩	睬	踩	莱	蔡	参	餐	残	蚕	惭	惨	灿	璨	仓	沧

cāng	cāng	cáng	cāo	cāo	cáo	cáo	cáo	cǎo	cè	cè	cè	cè	cè	céng	cèng	chā	chā	chā	chá	chá
苍	舱	藏	操	糙	曹	嘈	槽	草	册	侧	厕	测	策	层	蹭	叉	杈	插	查	茬

chá	chá	chà	chà	chà	chāi	chái	chān	chān	chán	chán	chán	chán	chán	chán	chǎn	chǎn	chǎn
茶	察	岔	诧	差	拆	柴	掺	搀	禅	馋	缠	蝉	潺	蟾	产	铲	阐

chàn	chàn	chāng	chāng	chāng	cháng	cháng	cháng	cháng	cháng	chǎng	chǎng	chǎng	chàng
忏	颤	昌	猖	娼	长	肠	尝	偿	常	厂	场	敞	怅

chàng	chàng	chàng	chāo	chāo	chāo	cháo	cháo	cháo	cháo	chǎo	chǎo	chē	chě	chè	chè	chè
畅	倡	唱	抄	钞	超	巢	朝	嘲	潮	吵	炒	车	扯	彻	掣	撤

chè	chēn	chén	chén	chén	chén	chén	chén	chén	chuǎng	chèn	chèn	chèn	chēng	chéng	chéng
澈	抻	尘	臣	忱	沉	辰	陈	晨	闯	衬	称	趁	撑	丞	成

chéng	chéng	chéng	chéng	chéng	chéng	chéng	chéng	chéng	chěng	chěng	chèng	chī	chī	chī	chí
呈	承	诚	城	乘	惩	程	澄	橙	逞	骋	秤	吃	嗤	痴	池

chí	chí	chí	chí	chǐ	chǐ	chǐ	chǐ	chì	chì	chì	chì	chì	chì	chōng	chōng	chōng	chōng	chóng	chóng
驰	迟	持	匙	尺	侈	齿	耻	斥	赤	炽	翅	啻	充	冲	春	憧	虫	崇

chǒng　chōu　chóu　chóu　chóu　chóu　chóu　chóu　chóu　chóu　chóu　chǒu　chòu　chū　chū　chú　chú　chú
宠　抽　仇　惆　绸　畴　愁　稠　筹　酬　踌　丑　臭　出　初　刍　除　厨

chú　chú　chú　chú　chú　chǔ　chǔ　chǔ　chù　chù　chù　chù　chuāi　chuò　chuài　chuān　chuān　chuán　chuán
锄　蜍　雏　橱　躇　础　储　楚　处　搐　触　矗　揣　啜　踹　川　穿　传　船

chuǎn　chuàn　chuāng　chuāng　chuáng　chuàng　chuī　chuī　chuí　chuí　chuí　chuí　chuí　chūn　chún　chún
喘　串　疮　窗　床　创　吹　炊　垂　陲　捶　槌　锤　春　纯　唇

chún　chún　chǔn　chuō　chuò　cí　cí　cí　cí　cí　cí　cí　cì　cì　cì　cì　cōng　cōng　cōng　cōng　cóng
淳　醇　蠢　戳　绰　词　祠　瓷　慈　辞　磁　雌　此　次　刺　赐　匆　囱　葱　聪　从

cóng　còu　cū　cù　cù　cù　cuān　cuàn　cuàn　cuī　cuī　cuī　cuǐ　cuì　cuì　cuì　cuì　cuì　cuì　cuì　cūn　cūn
丛　凑　粗　促　醋　簇　蹿　窜　篡　崔　催　摧　璀　脆　啐　淬　萃　瘁　粹　翠　村　皴

cún　cǔn　cùn　cuō　cuō　cuō　cuò　cuò　cuò　cuò
存　忖　寸　搓　磋　撮　挫　措　锉　错

dā　dā　dá　dá　dá　dǎ　dà　dāi　dǎi　dài　dài　dài　dài　dài　dài　dài　dài　dài　dài　dān　dān　dān　dān　dǎn
耷　搭　达　答　瘩　打　大　呆　歹　代　带　待　怠　玳　贷　袋　逮　戴　丹　单　担　耽　胆

dǎn　dǎn　dàn　dàn　dàn　dàn　dàn　dàn　dàn　dàn　dāng　dāng　dǎng　dǎng　dàng　dàng　dāo　dāo　dǎo
疸　掸　旦　但　诞　弹　惮　淡　蛋　氮　当　裆　挡　党　荡　档　刀　叨　导

dǎo　dǎo　dǎo　dǎo　dǎo　dào　dào　dào　dào　dào　dé　dé　de　dēng　dēng　dēng　děng　dèng　dèng
岛　倒　捣　祷　蹈　到　悼　盗　道　稻　得　德　的　灯　登　蹬　等　邓　凳

dèng　dī　dī　dī　dí　dí　dí　dí　dí　dǐ　dǐ　dǐ　dì　dì　dì　dì　dì　dì　dì　dì　diān　diān　diān　diān
瞪　低　堤　滴　迪　敌　涤　笛　嫡　诋　底　抵　地　弟　帝　递　第　谛　缔　蒂　掂　滇　颠　巅

diǎn　diǎn　diǎn　diàn　diàn　diàn　diàn　diàn　diàn　diàn　diàn　diāo　diāo　diāo　diāo　diāo　diào　diào
典　点　碘　电　佃　店　垫　惦　淀　奠　殿　刁　叼　貂　碉　雕　吊　钓

diào　diào　diē　diē　dié　dié　dié　dié　dié　dīng　dīng　dīng　dǐng　dǐng　dǐng　dìng　dìng　dìng　diū　dōng
调　掉　爹　跌　迭　谍　叠　碟　蝶　丁　叮　盯　钉　顶　鼎　订　定　锭　丢　东

dōng　dǒng　dǒng　dòng　dòng　dòng　dòng　dōu　dōu　dǒu　dǒu　dǒu　dǒu　dòu　dòu　dòu　dòu　dū　dū
冬　董　懂　动　冻　栋　洞　都　兜　斗　抖　陡　蚪　豆　逗　痘　窦　嘟　督

dú　dú　dú　dú　dú　dǔ　dǔ　dǔ　dǔ　dù　dù　dù　dù　dù　dù　duān　duǎn　duàn　duàn　duàn　duàn　duàn　duàn
毒　读　渎　犊　独　笃　堵　赌　睹　妒　杜　肚　度　渡　镀　端　短　段　断　缎　煅　锻

duī　duì　duì　duì　dūn　dūn　dūn　dūn　dǔn　dùn　dùn　dùn　dùn　dùn　dùn　duō　duō　duó　duó　duǒ　duǒ
堆　队　对　兑　吨　敦　墩　蹲　盹　囤　沌　炖　盾　钝　顿　多　掇　夺　踱　朵　垛

duǒ　duǒ　duǒ　duò　duò　duò
躲　剁　堕　舵　惰　跺

é　é　é　é　é　è　è　è　è　è　è　è　è　ēn　ér　ér　ěr　ěr　ěr　èr
俄　峨　鹅　蛾　额　厄　扼　恶　饿　鄂　愕　萼　遏　颚　恩　儿　而　尔　耳　饵　二

fā　fá　fá　fá　fá　fá　fǎ　fān　fān　fān　fān　fán　fán　fán　fán　fǎn　fǎn　fàn　fàn　fàn　fàn　fàn　fàn　fāng
发　乏　伐　罚　阀　筏　法　帆　番　翻　藩　凡　矾　烦　繁　反　返　犯　泛　饭　范　贩　梵　方

fāng　fāng　fáng　fáng　fáng　fáng　fǎng　fǎng　fǎng　fàng　fēi　fēi　fēi　fēi　fēi　féi　fěi　fěi　fěi　fèi　fèi　fèi
坊　芳　防　妨　房　肪　仿　访　纺　放　飞　妃　非　啡　绯　肥　匪　诽　翡　吠　废　沸

fèi　fèi　fēn　fēn　fēn　fēn　fēn　fén　fén　fěn　fèn　fèn　fèn　fèn　fēng　fēng　fēng　fēng　fēng　fēng　fēng　fēng
肺　费　分　纷　芬　氛　酚　坟　焚　粉　份　奋　愤　粪　丰　风　枫　封　疯　峰　烽

fēng　fēng　féng　féng　féng　fěng　fèng　fèng　fó　fǒu　fū　fū　fū　fū　fú　fú　fú　fú　fú　fú　fú　fú　fú
锋　蜂　冯　逢　缝　讽　凤　奉　佛　否　夫　肤　孵　敷　弗　伏　扶　芙　拂　服　俘　氟　浮

fú　fú　fú　fú　fú　fú　fǔ　fǔ　fǔ　fǔ　fǔ　fǔ　fǔ　fù　fù　fù　fù　fù　fù　fù　fù　fù
匐　符　袱　幅　福　辐　抚　甫　府　斧　俯　脯　辅　腑　腐　父　付　妇　负　附　咐　复　赴　副　傅　富

fù fù fù fù
赋 缚 腹 覆

gāi gǎi gài gài gài gài gài gān gān gān gān gān gān gān gǎn gǎn gǎn gǎn gǎn gǎn gàn
该 改 丐 钙 盖 溉 概 干 甘 杆 肝 柑 柑 竿 秆 赶 敢 感 橄 擀 赣

gāng gāng gāng gāng gāng gāng gǎng gàng gāo gāo gāo gāo gāo gǎo gǎo gǎo gào gē gē
刚 岗 纲 肛 缸 钢 港 杠 羔 高 膏 篙 糕 搞 稿 镐 告 戈 疙

gē gē gē gē gē gē gé gé gé gé gé gé gé gé gè gè gěi gēn gēn gèn gèng gēng gēng
哥 胳 鸽 割 搁 歌 阁 革 格 蛤 葛 隔 膈 骼 个 各 给 根 跟 亘 更 庚 耕

gēng gěng gěng gěng gěng gōng gōng gōng gōng gōng gōng gōng gōng gōng gōng gōng gǒng
羹 哽 埂 耿 梗 工 弓 公 功 攻 供 宫 恭 躬 龚 巩

gǒng gǒng gòng gòng gōu gōu gōu gōu gǒu gǒu gòu gòu gòu gòu gū gū gū gū gū gǔ gǔ
汞 拱 共 贡 勾 沟 钩 篝 狗 苟 构 购 垢 够 估 姑 孤 菇 辜 古 谷

gǔ gǔ gǔ gù gù gù gù gù guā guā guǎ guà guà guà guà guāi guǎi guài guān guān guān
股 骨 鼓 固 故 顾 梏 雇 锢 瓜 刮 寡 卦 挂 褂 乖 拐 怪 关 观 官

guàn guǎn guǎn guàn guàn guàn guàn guāng guāng guǎng guǎng guàng guī guī guī guī guī
冠 馆 管 贯 惯 灌 罐 光 胱 广 犷 逛 归 龟 规 皈 闺

guī guī guǐ guǐ guǐ guì guì guì guì gǔn gùn guō guō guō guó guǒ guǒ guò
硅 瑰 轨 诡 鬼 柜 贵 桂 跪 滚 棍 埚 郭 锅 国 果 裹 过

hā hái hǎi hài hài hài hān hān hān hān hán hán hán hán hán hǎn hǎn hàn hàn hàn hàn hàn
哈 孩 海 骇 害 氦 蚶 酣 憨 鼾 含 函 涵 寒 韩 罕 喊 汉 汗 旱 悍 捍

hàn hàn hàn háng háng háo háo háo háo hǎo hǎo hào hào hào hē hē hé hé hé hé hé hé
焊 憾 撼 杭 航 毫 豪 嚎 壕 好 郝 号 浩 耗 呵 喝 禾 合 何 劾 和 河

hé hé hé hé hé hé hè hè hè hè hè hēi hén hěn hěn hèn héng héng héng hōng hǒng hōng
阂 核 荷 涸 盒 颌 贺 褐 赫 鹤 壑 黑 痕 很 狠 恨 恒 横 衡 轰 哄 烘

hóng hóng hóng hóng hóng hóng hóu hóu hóu hǒu hòu hòu hòu hū hū hū hū hú hú hú hú
弘 红 宏 洪 虹 鸿 侯 喉 猴 吼 后 厚 候 乎 呼 忽 惚 弧 狐 胡 壶

hú hú hú hú hǔ hǔ hù hù hù hù huā huá huá huá huá huà huá huà huà huà huái huái huái
湖 瑚 糊 蝴 虎 唬 互 户 护 沪 花 华 哗 滑 猾 化 划 画 话 桦 怀 淮 槐

huài huān hái huán huǎn huàn huàn huàn huàn huàn huàn huàn huàn huàn huāng huāng huáng
坏 欢 还 环 缓 幻 宦 唤 换 涣 患 焕 痪 豢 荒 慌 皇

huáng huáng huáng huáng huáng huáng huáng huáng huǎng huǎng huǎng huǎng huī huī huī huī
凰 黄 惶 煌 潢 蝗 磺 簧 恍 晃 谎 幌 灰 诙 恢 挥

huī huī huí huí huí huí huì huì huì huì huì huì huì huì huì huì huì huì hūn hūn hūn
辉 徽 回 洄 蛔 悔 卉 汇 会 讳 绘 荟 海 贿 彗 晦 秽 喙 惠 毁 慧 昏 荤 婚

hún hún hún huō huó huǒ huǒ huò huò huò huò huò huò
浑 魂 混 豁 活 火 伙 或 货 获 祸 惑 霍

jī jī jī jī jī jī jì jī jī jī jī jī jī jī jī jí jí jí jí jí jí jí jí jí
讥 击 饥 机 肌 鸡 迹 姬 积 基 绩 畸 箕 稽 激 羁 及 吉 汲 级 即 极 急 疾 棘 集

jí jí jí jí jǐ jǐ jǐ jǐ jǐ jì jì jì jì jì jì jì jì jì jì jì jì jì
嫉 辑 瘠 籍 几 己 挤 脊 戟 麂 计 记 伎 纪 妓 忌 技 际 剂 季 既 济 继 寂 寄 悸

jì jì jì jì jiā jiā jiā jiā jiā jiā jiā jiá jiá jiǎ jiǎ jiǎ jiǎ jià jià jià jiǎ jià jià jiān jiān
祭 暨 冀 髻 加 夹 佳 枷 浃 家 嘉 荚 颊 甲 胛 贾 钾 价 驾 架 假 嫁 稼 奸 尖

jiān jiān jiān jiān jiān jiān jiān jiān jiān jiǎn jiǎn jiǎn jiǎn jiǎn jiǎn jiǎn jiǎn jiǎn jiàn
坚 歼 间 肩 艰 兼 监 缄 煎 拣 俭 柬 茧 捡 减 剪 检 睑 简 碱 见

jiàn jiàn jiàn jiàn jiàn jiàn jiàn jiàn jiàn jiàn jiàn jiàn jiàn jiàn jiàn jiàn jiàn jiàn jiāng jiāng
件 建 剑 荐 贱 健 涧 舰 渐 谏 键 溅 腱 践 鉴 键 槛 箭 江 姜

jiāng jiāng jiāng jiāng jiāng jiǎng jiǎng jiǎng jiǎng jiàng jiàng jiàng jiàng jiào jiāo jiāo
将 浆 僵 缰 疆 讲 奖 桨 蒋 匠 降 绛 酱 翠 交 郊 娇

jiāo jiāo jiāo jiāo jiāo jiāo jiāo jiāo jiāo jiǎo jiǎo jiǎo jiǎo jiǎo jiǎo jiǎo jiǎo jiǎo jiào jiào
浇 骄 胶 椒 焦 跤 蕉 礁 角 狡 绞 饺 皎 矫 脚 搅 剿 缴 叫 轿

jiào jiào jiào jiào jiē jiē jiē jiē jiē jiē jié jié jié jié jié jié jié jié jiě jiě jiè jiè jiè jiè
较 教 窖 酵 阶 皆 接 秸 揭 街 节 劫 杰 洁 结 捷 睫 截 竭 姐 解 介 戒 届 界

jiè jiè jiè jīn jīn jīn jīn jīn jīn jīn jǐn jǐn jǐn jǐn jǐn jìn jìn jìn jìn jìn jìn jìn jìn jīng
诚 借 藉 巾 今 斤 金 津 矜 筋 襟 仅 紧 谨 锦 尽 劲 近 进 晋 浸 烬 禁 靳 噤 京

jīng jīng jīng jīng jīng jīng jīng jīng jǐng jǐng jǐng jǐng jǐng jǐng jìng jìng jìng jìng jìng jìng jìng
经 茎 荆 惊 晶 睛 精 鲸 井 阱 颈 景 憬 警 净 径 胫 竞 竟 敬 境

jìng jìng jiǒng jiǒng jiū jiū jiū jiǔ jiǔ jiǔ jiǔ jiù jiù jiù jiù jiù jiù jiù jiū jū jū jū jú
静 镜 炯 窘 纠 究 揪 九 久 灸 韭 酒 旧 臼 疚 厩 救 就 舅 居 拘 驹 鞠 局

jú jú jú jǔ jǔ jǔ jǔ jǔ jù jù jù jù jù jù jù jù jù jù jù jù juān juān juǎn
桔 菊 橘 咀 沮 举 矩 句 巨 拒 具 炬 俱 剧 惧 据 距 锯 聚 踞 遽 捐 鹃 卷

juàn juàn juàn juē jué jué jué jué jiào juè jué jué jué jué jué jué jiáo jué jūn jūn jūn jūn jūn
倦 绢 眷 撅 决 诀 抉 绝 觉 倔 崛 掘 厥 獗 蕨 爵 嚼 攫 军 君 均 钧 菌

jùn jùn jùn jùn jùn
俊 郡 峻 骏 竣

kā kǎ kāi kāi kǎi kǎi kǎi kān kān kān kān kǎn kǎn kàn kàn kāng kāng kāng káng kàng
咖 卡 开 揩 凯 慨 楷 刊 勘 龛 堪 坎 砍 看 瞰 康 慷 糠 扛 亢

kàng kàng kǎo kǎo kào kào kě kē kē kē kē kē kē kē ké ké kě kě kè kè kè kè
抗 炕 考 烤 铐 靠 坷 苛 柯 科 棵 稞 颗 瞌 磕 蝌 壳 咳 可 渴 克 刻 客 恪

kè kěn kěn kěn kěn kēng kēng kēng kōng kǒng kǒng kòng kōu kǒu kòu kòu kòu kū kū kū
课 肯 垦 恳 啃 吭 坑 铿 空 孔 恐 控 抠 口 叩 扣 寇 枯 哭 窟

kǔ kù kù kù kuā kuǎ kuà kuà kuài kuài kuài kuài kuān kuǎn kuāng kuáng kuàng kuàng
苦 库 裤 酷 夸 垮 挎 跨 块 快 脍 筷 宽 款 筐 狂 况 旷

kuàng kuàng kuàng kuī kuī kuī kuí kuí kuí kuǐ kuì kuì kuì kuì kūn kūn kǔn kùn kuò kuò
矿 框 眶 亏 盔 窥 奎 葵 魁 傀 匮 愧 溃 馈 坤 昆 捆 困 扩 括

kuò kuò
阔 廓

lā lǎ là là là lái lái lài lài lài lán lán lán lán lán lán lán lán lǎn lǎn lǎn lǎn lǎn làn
拉 喇 腊 蜡 辣 来 徕 睐 赖 癞 兰 拦 栏 婪 蓝 澜 斓 篮 览 揽 缆 榄 懒 烂

làn láng láng láng láng láng lǎng làng lāo láo láo lǎo lǎo liáo lào lào lè lè léi léi lěi lěi
滥 郎 狼 廊 琅 螂 朗 浪 捞 劳 牢 老 姥 潦 涝 烙 乐 勒 雷 镭 垒 蕾

lěi lèi lèi lèi lèi lèi léng lěng lèng lí lí lí lí lí lí lí lí lí lǐ lǐ lǐ lǐ lǐ lì
儡 肋 泪 类 累 擂 棱 冷 愣 厘 梨 狸 离 犁 漓 璃 黎 篱 礼 李 里 理 锂 鲤 力

lì lì lì lì lì lì lì lì lì lì lì lì lì lì lì lì lì lì lì liǎ lián lián lián lián lián
历 厉 立 吏 丽 利 励 沥 例 隶 俐 荔 栗 砾 笠 粒 蛎 痢 雳 俩 连 帘 怜 涟 莲

lián lián lián liǎn liǎn liàn liàn liàn liàn liáng liáng liáng liáng liáng liǎng liàng liàng liàng
联 廉 镰 敛 脸 练 炼 恋 链 良 凉 梁 粮 粱 两 踉 亮 谅

liàng liàng liàng liáo liáo liáo liáo liáo liáo liáo liáo le liào liào liào liào liě liè liè liè liè
辆 晾 量 辽 疗 聊 僚 嘹 撩 缭 燎 了 廖 料 撂 瞭 咧 列 劣 烈 猎

liè lín lín lín lín lín lín lín lín lín lìn lìn lìn līn líng líng lǐng líng líng líng líng líng líng
裂 邻 林 临 淋 琳 嶙 霖 磷 鳞 吝 赁 躏 拎 伶 灵 岭 玲 凌 铃 陵 绫 羚

líng líng líng líng líng líng lǐng lìng lìng liū liú liú liú liú liú liú liú liú liú liǔ liǔ liù liù lo
翎 聆 菱 零 龄 领 令 另 溜 刘 浏 流 留 琉 硫 馏 榴 瘤 柳 绺 六 蹓 咯

lóng lóng lóng lóng lóng lóng lóng lǒng lǒng lǒng lóu lǒu lǒu lòu lòu lù lú lú lú lú lǔ lǔ
龙 咙 珑 笼 聋 隆 窿 陇 垄 拢 楼 搂 篓 陋 漏 露 卢 芦 炉 颅 卤 虏

lǔ lǔ lù lù lù lù lù lù lù lù lù lù lù lù lǜ lǜ lǜ lǜ lǜ lǜ lǜ lǜ
掳 鲁 陆 录 赂 鹿 禄 碌 路 戮 麓 驴 桐 吕 侣 旅 铝 屡 缕 履 律 虑 率 绿 氯 滤

luán luán luǎn luàn lüè lüè lūn lún lún lún lún lùn lǔ luó luó luó luó luó luó luó luǒ luò luò
李 峦 卵 乱 掠 略 抡 伦 沦 纶 轮 论 捋 罗 萝 逻 锣 箩 骡 螺 裸 洛 络

luò luò luò
骆 落 摞

mā má ma mǎ mǎ mǎ mǎ mà ma mái mái mǎi mài mài mài mài mán mán mán mán mǎn
妈 麻 蟆 马 玛 码 蚂 骂 嘛 埋 霾 买 迈 麦 卖 脉 蛮 馒 鳗 满

mǎn màn màn màn màn màn màn máng máng máng máng máng mǎng mǎng māo máo máo
螨 曼 谩 幔 慢 漫 蔓 忙 芒 盲 茫 氓 莽 蟒 猫 毛 矛

máo máo máo mǎo mǎo mào mào mào mào mào mào mào me méi méi méi méi méi méi méi
茅 锚 髦 卯 铆 茂 冒 贸 袤 帽 瑁 貌 么 没 枚 玫 眉 莓 梅 媒

méi méi méi měi měi měi mèi mèi mèi mèi mèi mén mèn men méng méng měng měng měng
煤 酶 霉 每 美 镁 妹 昧 媚 寐 魅 门 闷 们 萌 盟 猛 蒙 锰

měng mèng mèng mí mí mī mí mí mí mí mǐ mì mì mì mì mì mì mì mián mián mián miǎn
蜢 孟 梦 弥 迷 眯 猕 谜 糜 靡 米 泌 觅 秘 密 幂 谧 蜜 眠 绵 棉 免

miǎn miǎn miǎn miàn miáo miáo miáo miǎo miǎo miǎo miào miào miào miè miè mín mǐn mǐn
勉 娩 缅 面 苗 描 瞄 秒 渺 藐 妙 庙 灭 蔑 篾 民 皿 抿

mǐn mǐn mǐn mǐn míng míng míng míng míng mìng miù mō mó mó mó mó mó mó mó mǒ mò
泯 闽 悯 敏 名 明 鸣 冥 铭 命 谬 摸 摹 模 膜 摩 磨 蘑 魔 抹 末

mò mò mò mò mò mò mò mò móu móu mǒu mǔ mǔ mǔ mǔ mǔ mù mù mù mù mù mù mù
沫 陌 莫 寞 漠 蓦 墨 默 眸 谋 某 母 亩 牡 姆 拇 木 目 沐 牧 募 墓 幕

mù mù mù mù
睦 慕 暮 穆

ná nǎ nà nà nà nà nà nǎi nǎi nǎi nài nài nán nán nán nāng náng náo nǎo nǎo nǎo nào
拿 哪 那 纳 娜 钠 捺 乃 奶 氖 奈 耐 男 南 难 囔 囊 挠 恼 脑 瑙 闹

ne něi nèi nèn néng ní ní ní ní nǐ nǐ nì nì nì nì niān nián nián niǎn niǎn niǎn niàn
呢 馁 内 嫩 能 尼 泥 倪 霓 你 拟 昵 逆 溺 腻 拈 年 黏 捻 撵 碾 廿

niàn niáng niàng niǎo niǎo niào niē niè niè niè niè niè niè niè nín níng níng nǐng níng níng
念 娘 酿 鸟 袅 尿 捏 涅 聂 啮 镊 镍 孽 蘖 您 宁 咛 拧 狞 凝

nìng niú niǔ niǔ niǔ nóng nóng nóng nòng nú nǔ nù nǚ nüè nüè nuǎn nuó nuò nuò nuò
泞 牛 扭 纽 钮 农 浓 脓 弄 奴 努 怒 女 疟 虐 暖 挪 诺 懦 糯

ōu ōu ōu ōu ǒu ǒu ǒu
讴 欧 殴 鸥 呕 偶 藕

pā pá pá pá pà pà pāi pái pái pài pān pān pán pán pàn pàn pàn pàn pāng páng páng
趴 爬 耙 琶 帕 怕 拍 排 牌 派 潘 攀 盘 槃 判 叛 盼 畔 乓 庞 旁

pàng pāo páo páo páo pào páo pǎo pào pēi péi péi péi péi pèi pèi pèi pēn pén pēng pēng
胖 抛 刨 咆 狍 炮 袍 跑 泡 胚 陪 培 赔 裴 沛 佩 配 喷 盆 抨 烹

péng péng péng péng péng péng péng pěng pèng pī pī pī pī pī pí pí pí pí pí pí pǐ
朋 彭 棚 硼 蓬 篷 膨 捧 碰 批 坯 披 劈 霹 皮 毗 疲 啤 琵 脾 匹

pǐ pǐ pì pì pì pì piàn piān piān piàn piāo piāo piáo piǎo piào piē piē pīn pín pín pǐn pìn
痞 癖 屁 媲 僻 譬 片 偏 篇 骗 漂 飘 瓢 瞟 票 撇 瞥 拼 贫 频 品 聘

pīng píng píng píng píng píng píng píng píng pō pō pō pó pò pò pò pò pōu pú pū pū pú
乒 平 评 凭 坪 苹 屏 瓶 萍 坡 泼 颇 婆 迫 破 粕 魄 剖 仆 扑 铺 匍

pú pú pú pǔ pǔ pǔ pǔ pǔ pù
菩 葡 蒲 朴 圃 浦 普 谱 瀑

qī qī qī qī qī qī qī qī qī qí qí qí qí qí qí qí qí qí qí qí qǐ qǐ qǐ qǐ qǐ qǐ
七 沏 妻 凄 栖 戚 期 欺 漆 齐 其 奇 歧 祈 崎 畦 骑 棋 旗 鳍 乞 企 岂 启 起 绮

qì qì qì qì qì qì qì qì qiā qià qià qiān qiān qiān qiān qiān qiān qiān qián qián qián
气 迄 弃 汽 泣 契 砌 器 掐 恰 洽 千 扦 迁 牵 铅 谦 签 前 虔 钱

qián qián qián qián qiǎn qiǎn qiǎn qiàn qiàn qiàn qiàng qiāng qiàng qiāng qiáng
钳 乾 潜 黔 浅 遣 谴 欠 嵌 歉 呛 枪 跄 腔 锵 强

qiáng qiǎng qiāo qiāo qiāo qiāo qiáo qiáo qiáo qiáo qiǎo qiào qiào qiào qiào qiào qiào qiē
墙 抢 悄 跷 敲 锹 乔 侨 桥 瞧 巧 俏 峭 窍 翘 撬 鞘 切

qié qiě qiè qiè qiè qiè qiè qīn qīn qīn qín qín qín qín qín qín qìn qīng qīng qīng qīng qīng
茄 且 妾 怯 窃 惬 亲 侵 钦 秦 琴 禽 勤 噙 擒 寝 沁 青 氢 轻 倾 卿

qīng qīng qíng qíng qíng qǐng qǐng qìng qìng qióng qióng qióng qiū qiū qiū qiū qiú qiú qiú
清 蜻 情 晴 擎 顷 请 庆 馨 穷 穹 琼 丘 邱 秋 鳅 囚 求 酋

qiú qiú qū qǔ qū qū qū qū qū qū qū qú qǔ qǔ qù qù quān quán quán quán quán quán
球 裘 区 曲 岖 驱 屈 祛 蛆 躯 趋 渠 取 娶 去 趣 圈 全 权 泉 拳 痊

quán quǎn quàn quàn quē qué què què què què què què qún qún
蜷 犬 劝 券 缺 瘸 却 雀 确 阙 鹊 榷 裙 群

rán rán rǎn rǎn rǎng rǎng ràng ráo rǎo rào rě rè rén rén rěn rèn rèn rèn rèn rèn rèn
然 燃 冉 染 嚷 壤 让 饶 扰 绕 惹 热 人 仁 忍 刃 认 任 纫 妊 韧 饪

rēng réng rì róng róng róng róng róng róng róng rǒng róu róu róu ròu rú rú rú rǔ rǔ rǔ
扔 仍 日 绒 荣 容 溶 蓉 熔 融 冗 柔 揉 蹂 肉 如 儒 蠕 汝 乳 辱

rù rù ruǎn ruǐ ruì ruì rùn rùn ruò ruò
入 褥 软 蕊 锐 瑞 闰 润 若 弱

sā sǎ sǎ sà sà sāi sāi sāi sài sān sǎn sàn sāng sǎng sàng sāo sāo sāo sào sǎo sǎo sè
仨 撒 洒 卅 萨 塞 腮 鳃 赛 三 伞 散 桑 嗓 丧 搔 骚 缫 臊 扫 嫂 色

sè sè sè sēn sēng shā shā shā shā shā shǎ shà shà shāi shài shān shān shān shān shān
涩 啬 瑟 森 僧 杀 沙 纱 刹 砂 傻 煞 霎 筛 晒 山 杉 衫 珊 煸

shǎn shǎn shàn shàn shàn shàn shàn shàn shàn shāng shāng shang shǎng shǎng shàng shàng
闪 陕 讪 扇 善 缮 擅 膳 赡 伤 商 裳 晌 赏 上 尚

shāo shāo shāo shāo sháo shǎo shào shào shē shé shé shě shè shè shè shè shè shè shè shēn
捎 梢 烧 稍 勺 少 绍 哨 奢 舌 蛇 舍 设 社 射 涉 赦 摄 麝 申

shēn shēn shēn shēn shēn shēn shēn shén shěn shěn shěn shèn shèn shèn shèn shèn shēng
伸 身 呻 绅 娠 砷 深 神 沈 审 婶 肾 甚 渗 慎 蜃 升

shēng shēng shēng shèng shēng shéng shěng shèng shèng shèng shī shī shī shī shī shī shī shī
生 声 牲 胜 笙 绳 省 圣 盛 剩 尸 失 师 虱 诗 施 狮 湿

shí shén shí shí shí shí shí shí shí shí shǐ shǐ shǐ shǐ shǐ shì shì shì shì shì shì shì shì
十 什 石 时 识 实 拾 蚀 食 史 矢 使 始 驶 屎 士 氏 世 仕 市 示 式 事 侍 势

shì shì shì shì shì shì shì shì shì shì shì shì shì shì shì shì shōu shǒu shǒu shǒu shòu shòu
视 试 饰 室 恃 拭 是 柿 适 舐 逝 释 嗜 誓 噬 螫 收 手 守 首 寿 受

shòu shòu shòu shòu shòu shū shū shū shū shū shū shū shū shū shū shū shú shú shú shú shǔ
狩 兽 售 授 瘦 书 抒 叔 枢 倏 殊 梳 疏 舒 输 蔬 熟 赎 塾 熟 暑

shǔ shǔ shǔ shǔ shǔ shù shù shù shù shù shù shù shù shù shuā shuǎ shuāi shuāi shuǎi shuài
署 鼠 蜀 薯 曙 术 束 述 树 竖 恕 庶 数 墅 刷 耍 衰 摔 甩 帅

shuān shuān shuàn shuāng shuāng shuǎng shuí shuǐ shuì shuì shuǐ shùn shùn shùn shuō shuò
拴 栓 涮 双 霜 爽 谁 水 税 睡 吮 顺 舜 瞬 说 烁

shuò sòu sī sī sī sī sī sī sī sī sǐ sì sì sì sì sì sì sì sì sì sōng sǒng sǒng
硕 嗽 丝 司 私 思 斯 厮 嘶 撕 死 四 寺 伺 似 祀 饲 俟 嗣 肆 松 忪 悚

sǒng sòng sòng sòng sòng sòng sōu sōu sǒu sū sū sū sú sù sù sù sù xiǔ sù sù sù suān
耸 讼 宋 诵 送 颂 搜 艘 擞 苏 酥 稣 俗 诉 肃 素 速 宿 粟 塑 溯 酸

suàn suàn suī suí suí suí suǐ suì suì suì suì suì suì suì sūn sǔn sǔn suō suō suō suǒ suǒ
蒜 算 虽 绥 隋 随 髓 岁 祟 遂 碎 隧 穗 邃 孙 损 笋 唆 梭 蓑 缩 所 索

suǒ suǒ
琐 锁

tā tā tā tǎ tǎ tà tà tà tāi tái tái tái tài tài tài tài tài tān tān tān tān tān tán tán tán
他 它 塌 塔 獭 榻 踏 蹋 胎 台 抬 苔 太 汰 态 钛 泰 坍 贪 摊 滩 瘫 坛 谈 痰

tán tán tǎn tǎn tàn tàn tàn tàn tāng táng táng táng táng táng táng táng táng tǎng tǎng
谭 潭 坦 毯 叹 炭 探 碳 汤 唐 堂 棠 塘 搪 膛 糖 螳 倘 淌

lǎng tàng tàng tāo tao tao tāo táo táo táo táo táo táo tǎo tào tè téng téng téng téng tī
躺 烫 趟 涛 绦 掏 滔 逃 桃 陶 啕 淘 萄 讨 套 特 疼 腾 滕 藤 剔

tī tī tí tí tí tí tǐ tì tì tì tì tì tì tiān tiān tián tián tián tián tiǎn tiāo tiáo tiǎo
梯 踢 啼 提 题 蹄 体 屉 剃 涕 惕 替 嚏 天 添 田 恬 甜 填 舔 挑 条 窕

tiào tiào tiē tiě tiē tīng tīng tíng tíng tíng tíng tíng tǐng tǐng tōng tóng tóng tóng tóng tóng
眺 跳 贴 铁 帖 厅 听 廷 亭 庭 停 蜓 挺 艇 通 同 佟 桐 铜 童

tóng tǒng tǒng tǒng tǒng tòng tòng tōu tóu tóu tòu tū tū tū tú tú tú tú tú tú tǔ tǔ tù tuān
瞳 统 捅 桶 筒 痛 偷 头 投 透 凸 秃 突 图 徒 涂 途 屠 上 吐 兔 湍

tuán tuī tuí tuǐ tuì tuì tuì tūn tún tún tún tuō tuō tuō tuó tuó tuó tuǒ tuǒ tuò tuò
团 推 颓 腿 退 蜕 褪 吞 屯 豚 臀 托 拖 脱 驮 陀 驼 妥 椭 拓 唾

wā wā wā wá wǎ wà wāi wài wān wān wān wán wán wán wán wǎn wǎn wǎn wǎn wǎn
挖 洼 蛙 娃 瓦 袜 歪 外 弯 剜 湾 丸 完 玩 顽 宛 挽 晚 婉 惋

wǎn wǎn wàn wàn wāng wáng wáng wǎng wǎng wǎng wǎng wàng wàng wàng wēi wēi
皖 碗 万 腕 汪 亡 王 网 往 枉 惘 妄 忘 旺 望 危 威

wēi wēi wēi wéi wéi wéi wéi wéi wéi wéi wéi wéi wěi wěi wěi wěi wěi wěi wěi wèi wèi wèi
偎 微 巍 为 韦 围 违 桅 唯 帷 惟 维 伟 伪 尾 纬 苇 委 萎 卫 未 位

wèi wèi wèi wèi wèi wèi wèi wèi wèi wēn wēn wén wén wén wěn wěn wěn wèn wēng
味 畏 胃 谓 喂 猬 蔚 慰 魏 温 瘟 文 纹 闻 蚊 吻 紊 稳 问 翁

wèng wō wō wō wǒ wò wò wò wū wū wū wū wū wū wú wú wú wú wú wú wǔ wǔ wǔ wǔ
瓮 涡 窝 蜗 我 沃 卧 握 乌 污 呜 巫 屋 诬 无 毋 吴 吾 芜 梧 五 午 伍 武

wǔ wǔ wǔ wǔ wù wù wù wù wù wù wù
侮 捂 鹉 舞 勿 务 物 误 悟 晤 雾

xī xī xī xī xī xī xī xī xī xī xī xī xī xī xī xī xī xī xī xī xī xī xī xī xí
夕 兮 汐 西 吸 希 昔 析 唏 奚 息 牺 悉 惜 晰 犀 稀 溪 皙 锡 熄 蜥 嬉 膝 曦 习

xí	xí	xí	xǐ	xǐ	xǐ	xì	xì	xì	xì	xiā	xiā	xiá	xiá	xiá	xiá	xiá	xiá	xiá	xià	xià	xià	shà	xiān
席	袭	媳	洗	铣	喜	戏	系	细	隙	虾	瞎	匣	峡	狭	遐	暇	辖	霞	下	吓	夏	厦	仙

xiān	xiān	xiān	xiān	xiān	xián	xián	xián	xián	xián	xián	xián	xián	xián	xián	xiǎn	xiǎn	xiàn	xiàn
先	纤	掀	锨	鲜	闲	弦	贤	咸	涎	娴	舷	衔	嫌	显	险	县	现

xiàn	xiàn	xiàn	xiàn	xiàn	xiàn	xiàn	xiàn	xiàn	xiāng	xiāng	xiāng	xiāng	xiāng	xiāng	xiāng	xiáng
线	限	宪	陷	馅	羡	献	腺	霰	乡	相	香	厢	湘	箱	镶	详

xiáng	xiáng	xiǎng	xiǎng	xiǎng	xiǎng	xiàng	xiàng	xiàng	xiàng	xiàng	xiàng	xiàng	xuē	xiāo	xiāo	xiāo
祥	翔	享	响	饷	想	向	巷	项	象	像	橡	削	宵	消	逍

xiāo	xiāo	xiāo	xiāo	xiāo	xiāo	xiáo	xiǎo	xiǎo	xiào	xiāo	xiào	xiào	xiào	xiào	xiào	xiē	xiē	xiē
萧	硝	销	潇	箫	嚣	淆	小	晓	孝	肖	哮	效	校	笑	啸	些	楔	歇

xié	xié	xié	xié	xié	xié	xié	xié	xié	xiě	xiè	xiè	xiè	xiè	xiè	xiè	xiè	xiè	xīn	xīn	xīn	xīn	xīn
协	邪	胁	挟	偕	斜	谐	携	鞋	写	泄	泻	卸	屑	械	亵	谢	懈	蟹	心	芯	辛	欣	锌

xīn	xīn	xīn	xìn	xìn	xīn	xīng	xīng	xíng	háng	xíng	xíng	xíng	xǐng	xìng	xìng	xìng	xìng
新	薪	馨	信	衅	兴	星	猩	腥	刑	行	邢	形	型	醒	杏	姓	幸	性

xiōng	xiōng	xiōng	xiōng	xiōng	xióng	xióng	xiū	xiū	xiū	xiǔ	xiù	xiù	xiù	xiù	xiù	xū	xū	xū	xū
凶	兄	匈	汹	胸	雄	熊	休	修	羞	朽	秀	绣	嗅	袖	锈	戌	须	虚	嘘

xū	xú	xǔ	xù	xù	xù	xù	xù	xù	xù	xù	xù	xuān	xuān	xuān	xuán	xuán	xuán	xuǎn	xuǎn	xuàn
需	徐	许	旭	序	叙	畜	绪	续	婿	絮	蓄	宣	喧	暄	玄	悬	旋	选	癣	炫

xuàn	xuàn	xuàn	xuē	xuē	xué	xué	xuě	xuè	xuè	xūn	xūn	xūn	xún	xún	xún	xùn	xún	xún	xún	xùn
绚	眩	渲	靴	薛	穴	学	雪	血	谑	勋	熏	薰	寻	巡	旬	驯	询	峋	循	训

xùn	xùn	xùn	xùn
讯	汛	迅	逊

yā	yā	yā	yā	yā	yá	yá	yá	yá	yá	yá	yǎ	yǎ	yà	yà	yān	yān	yān	yān	yān	yān	yān	niān	yán
丫	压	押	鸦	鸭	牙	芽	蚜	崖	涯	衙	哑	雅	亚	讶	咽	烟	胭	淹	焉	湮	腌	蔫	延

yán	yán	yán	yán	yán	yán	yán	yán	yán	yán	yán	yǎn	yǎn	yǎn	yǎn	yǎn	yàn	yàn	yàn	yàn
严	言	岩	沿	炎	研	盐	阎	筵	颜	檐	俨	衍	掩	眼	演	厌	砚	宴	艳	验

yàn	yàn	yàn	yàn	yàn	yāng	yāng	yāng	yāng	yāng	yáng	yáng	yáng	yáng	yáng	yáng	yáng	yǎng
谚	堰	焰	雁	燕	央	殃	秧	鸯	扬	羊	阳	杨	佯	疡	洋	仰

yǎng	yǎng	yǎng	yàng	yàng	yāo	yāo	yāo	yāo	yāo	yáo	yáo	yáo	yáo	yáo	yáo	yáo	yáo	yáo
养	氧	痒	样	漾	夭	吆	妖	腰	邀	尧	肴	姚	窑	谣	徭	摇	遥	瑶

yǎo	yǎo	yǎo	yào	yào	yào	yē	yē	yé	yē	yě	yě	yě	yè	yè	yè	yè	yè	yè	yì	yī	yī	yī
咬	窈	舀	药	要	耀	椰	噎	爷	耶	也	冶	野	业	叶	曳	页	夜	掖	液	腋	一	伊	衣

yī	yī	yī	yí	yí	yí	yí	yí	yí	yí	yí	yí	yí	yǐ	yǐ	yǐ	yǐ	yǐ	yì	yì	yì	yì	yì
医	依	漪	仪	夷	宜	怡	姨	贻	胰	移	遗	疑	乙	已	以	矣	蚁	倚	椅	义	亿	忆	艺	议	亦

yì	yì	yì	yì	yì	yì	yì	yì	yì	yì	yì	yì	yì	yì	yì	yì	yì	yì	yì	yì	yì	yì	yīn	yīn
屹	异	呓	役	抑	译	邑	易	绎	诣	驿	疫	益	谊	翌	逸	意	溢	裔	蜴	毅	熠	翼	臆	因	阴

yīn	yìn	yīn	yīn	yín	yín	yín	yín	yín	yín	yín	yǐn	yǐn	yǐn	yìn	yìng	yīng	yīng	yīng
姻	荫	音	殷	吟	垠	寅	淫	银	龈	尹	引	饮	隐	瘾	印	应	英	莺	婴	樱	鹦

yīng	yīng	yíng	yíng	yíng	yíng	yíng	yíng	yíng	yíng	yíng	yǐng	yǐng	yìng	yìng	yōng	yōng	yōng
膺	鹰	迎	盈	荧	莹	萤	营	萦	蝇	赢	颖	影	映	硬	佣	拥	痈

yōng	yōng	yōng	yǒng	yǒng	yǒng	yǒng	yǒng	yǒng	yǒng	yǒng	yǒng	yòng	yōu	yōu	yōu	yōu	yóu
庸	雍	臃	永	甬	咏	泳	勇	涌	恿	蛹	踊	用	优	忧	幽	悠	尤

yóu	yóu	yóu	yóu	yóu	yóu	yǒu	yǒu	yǒu	yǒu	yòu	yòu	yòu	yòu	yòu	yòu	yū	yū	yú	yǔ	yú
由	犹	邮	油	铀	游	友	有	酉	黝	又	右	幼	佑	诱	釉	柚	迂	淤	于	予	余

yú yú yú yú yú yú yú yú yú yú yú yú yú yǔ yǔ yǔ yǔ yǔ yǔ yǔ yù yù yù yù yù yù
臾 鱼 俞 娱 渔 隅 愉 腴 逾 愚 榆 虞 舆 与 宇 屿 羽 雨 禹 语 玉 驭 吁 育 郁 狱

yù yù yù yù yù yù yù yù yù yù yù yù yù yuān yuān yuān yuán yuán yuán yuán yuán
浴 预 域 欲 谕 喻 寓 御 裕 遇 愈 誉 豫 冤 鸳 渊 元 员 园 垣 原

yuán yuán yuán yuán yuán yuán yuǎn yuàn yuàn yuàn yuàn yuē yuē yuè yuè yào yuè yuè
圆 袁 援 缘 源 猿 远 苑 怨 院 愿 曰 约 月 岳 钥 悦 阅

yuè yuè yuè yún yún yún yún yǔn yǔn yùn yùn yūn yùn yùn yùn
跃 粤 越 云 匀 纭 耘 允 陨 孕 运 晕 酝 韵 蕴

zā zá zá zāi zāi zāi zǎi zǎi zǎi zài zài zán zǎn zàn zàn zāng zàng zāo záo zǎo zǎo zǎo
咂 杂 砸 灾 哉 栽 宰 载 崽 再 在 咱 攒 暂 赞 脏 葬 遭 凿 早 枣 蚤

zǎo zǎo zào zào zào zào zào zé zé zé zé zé zè zéi zěn céng zēng zēng zèng zhā
澡 藻 灶 皂 造 噪 燥 躁 则 择 泽 责 啧 仄 贼 怎 曾 增 憎 赠 渣

zhā zhā zhá zhá zhá zhǎ zhà zhà zhà zhà zhà zhà zhāi zhāi zhái zhǎi zhài zhài zhān zhān
楂 扎 轧 闸 铡 眨 乍 诈 栅 炸 蚱 榨 斋 摘 宅 窄 债 寨 沾 毡

zhān zhān zhǎn zhǎn zhǎn zhǎn zhǎn zhàn zhàn zhàn zhàn zhàn zhàn zhāng zhāng zhāng
粘 瞻 斩 展 盏 崭 辗 占 战 站 绽 湛 蘸 张 章 彰

zhāng zhǎng zhǎng zhàng zhàng zhàng zhàng zhàng zhàng zhàng zhāo zhāo zhǎo zhǎo zhào
樟 涨 掌 丈 仗 帐 杖 胀 账 障 招 昭 找 沼 召

zhào zhào zhào zhào zhào zhào zhē zhē zhé zhé zhé zhé zhě zhě zhè zhè zhè zhēn zhēn zhēn
兆 诏 赵 照 罩 肇 蜇 遮 折 哲 辄 辙 者 褶 这 浙 蔗 贞 针 侦

zhēn zhēn zhēn zhēn zhēn zhēn zhèn zhèn zhèn zhèn zhèn zhēng zhēng zhèng zhēng
珍 真 砧 斟 臻 诊 枕 疹 阵 振 朕 镇 震 争 征 挣 睁

zhēng zhēng zhěng zhěng zhèng zhèng zhèng zhèng zhèng zhī zhī zhī zhī zhī zhī zhī zhī zhī
筝 蒸 拯 整 正 证 郑 政 症 之 支 汁 芝 枝 知 织 肢 脂

zhí zhí zhí zhí zhí zhí zhǐ zhǐ zhǐ zhǐ zhǐ zhǐ zhǐ zhì zhì zhì zhì zhì zhì zhì zhì zhì zhì zhì
执 侄 直 值 职 植 殖 止 只 旨 址 纸 指 趾 至 志 制 帜 治 炙 质 峙 挚 桎 秩

zhì zhì zhì zhì zhì zhì zhì zhōng zhōng zhōng zhōng zhōng zhōng zhǒng zhǒng zhǒng zhòng
致 掷 窒 智 滞 稚 置 中 忠 终 盅 钟 衷 肿 种 冢 仲

zhòng zhòng zhōu zhōu zhōu zhōu zhōu zhóu zhǒu zhǒu zhòu zhòu zhòu zhòu zhòu zhū zhū zhū
众 重 州 舟 周 洲 粥 轴 肘 帚 咒 宙 昼 皱 骤 朱 诛 株

zhū zhū zhū zhū zhú zhú zhú zhǔ zhǔ zhǔ zhǔ zhǔ zhù zhù zhù zhù zhù zhù zhù zhù zhù zhù zhù
珠 诸 猪 蛛 竹 烛 逐 主 拄 属 煮 嘱 瞩 伫 住 助 注 贮 驻 柱 祝 著

zhù zhù zhù zhuā zhuǎ zhuài zhuān zhuān zhuǎn zhuàn zhuàn zhuàn zhuāng zhuāng zhuāng
蛀 筑 铸 抓 爪 拽 专 砖 转 赚 撰 篆 妆 庄 桩

zhuāng zhuàng zhuàng zhuàng zhuàng zhuàng zhuī zhuī zhuī zhuì zhuì zhuì zhǔn zhuō zhuō zhuō zhuó
装 壮 状 幢 撞 追 椎 锥 坠 缀 赘 准 拙 捉 桌 灼

zhuó zhuó zhuó zhuó zhuó zhe zhuó zǎi zī zī zī zī zī zǐ zǐ zǐ zǐ zǐ zì zì zì zōng
茁 卓 浊 酌 啄 着 琢 仔 兹 咨 姿 资 滋 籽 子 姊 紫 滓 字 自 渍 宗

zōng zōng zōng zōng zǒng zòng zòng zǒu zòu zòu zū zú zú zú zǔ zǔ zǔ zǔ zuǎn zuàn
综 棕 踪 鬃 总 纵 粽 走 奏 揍 租 足 卒 族 诅 阻 组 祖 纂 钻

zuàn zuǐ zuì zuì zuì zūn zūn zuó zuǒ zuǒ zuò zuò zuò zuò
攥 嘴 最 罪 醉 尊 遵 昨 左 佐 作 坐 座 做

（本表源自《普通话水平测试实施纲要》。为方便教学和训练，重新编排后加注了拼音。
多音字只标注一个较常用的读音。）

❖❖❖ **相关链接4**

普通话水平测试用必读轻声词语表
说明

1.本表根据《普通话水平测试用普通话词语表》编制,供普通话水平测试第二项——读多音节词语(100个音节)测试使用。

2.本表共收词546条,按汉语拼音字母顺序排列。条目中的非轻声音节只标本调,不标变调;条目中的轻声音节不标调号,如:"明白 míngbai"。

爱人	案子									
巴掌	把子	把子	爸爸	白净	班子	板子	帮手	梆子	膀子	棒槌
棒子	包袱	包涵	包子	豹子	杯子	被子	本事	本子	鼻子	比方
鞭子	扁担	辫子	别扭	饼子	拨弄	脖子	簸箕	补丁	不由得	不在乎
步子	部分									
财主	裁缝	苍蝇	差事	柴火	肠子	厂子	场子	车子	称呼	池子
尺子	虫子	绸子	除了	锄头	畜生	窗户	窗子	锤子	刺猬	凑合
村子										
耷拉	答应	打扮	打点	打发	打量	打算	打听	大方	大爷	大夫
带子	袋子	单子	耽搁	耽误	胆子	担子	刀子	道士	稻子	灯笼
凳子	提防	笛子	底下	地道	地方	弟弟	弟兄	点心	调子	钉子
东家	东西	动静	动弹	豆腐	豆子	嘟囔	肚子	肚子	缎子	队伍
对付	对头	多么								
蛾子	儿子	耳朵								
贩子	房子	废物	份子	风筝	疯子	福气	斧子			
盖子	甘蔗	杆子	杆子	干事	杠子	高粱	膏药	稿子	告诉	疙瘩
哥哥	胳膊	鸽子	格子	个子	根子	跟头	工夫	弓子	公公	功夫
钩子	姑姑	姑娘	谷子	骨头	故事	寡妇	褂子	怪物	关系	官司
罐头	罐子	规矩	闺女	鬼子	柜子	棍子	锅子	果子		
蛤蟆	孩子	含糊	汉子	行当	合同	和尚	核桃	盒子	红火	猴子
后头	厚道	狐狸	胡萝卜	胡琴	糊涂	护士	皇上	幌子	活泼	火候
伙计										
机灵	脊梁	记号	记性	夹子	家伙	架势	架子	嫁妆	尖子	茧子
剪子	见识	毽子	将就	交情	饺子	叫唤	轿子	结实	街坊	姐夫
姐姐	戒指	金子	精神	镜子	舅舅	橘子	句子	卷子		
咳嗽	客气	空子	口袋	口子	扣子	窟窿	裤子	快活	筷子	框子
阔气										
喇叭	喇嘛	篮子	懒得	浪头	老婆	老实	老太太	老头子	老爷	老子
姥姥	累赘	篱笆	里头	力气	厉害	利落	利索	例子	栗子	痢疾
连累	帘子	凉快	粮食	两口子	料子	林子	翎子	领子	溜达	聋子

笼子	炉子	路子	轮子	萝卜	骡子	骆驼				
妈妈	麻烦	麻利	麻子	马虎	码头	买卖	麦子	馒头	忙活	冒失
帽子	眉毛	媒人	妹妹	门道	眯缝	迷糊	面子	苗条	苗头	名堂
名字	明白	模糊	蘑菇	木匠	木头					
那么	奶奶	难为	脑袋	脑子	能耐	你们	念叨	念头	娘家	镊子
奴才	女婿	暖和	疟疾							
拍子	牌楼	牌子	盘算	盘子	胖子	狍子	盆子	朋友	棚子	脾气
皮子	痞子	屁股	片子	便宜	骗子	票子	漂亮	瓶子	婆家	婆婆
铺盖										
欺负	旗子	前头	钳子	茄子	亲戚	勤快	清楚	亲家	曲子	圈子
拳头	裙子									
热闹	人家	人们	认识	日子	褥子					
塞子	嗓子	嫂子	扫帚	沙子	傻子	扇子	商量	晌午	上司	上头
烧饼	勺子	少爷	哨子	舌头	身子	什么	婶子	生意	牲口	绳子
师父	师傅	虱子	狮子	石匠	石榴	石头	时候	实在	拾掇	使唤
世故	似的	事情	柿子	收成	收拾	首饰	叔叔	梳子	舒服	舒坦
疏忽	爽快	思量	算计	岁数	孙子					
他们	它们	她们	台子	太太	摊子	坛子	毯子	桃子	特务	梯子
蹄子	挑剔	挑子	条子	跳蚤	铁匠	亭子	头发	头子	兔子	妥当
唾沫										
挖苦	娃娃	袜子	晚上	尾巴	委屈	为了	位置	位子	蚊子	稳当
我们	屋子									
稀罕	席子	媳妇	喜欢	瞎子	匣子	下巴	吓唬	先生	乡下	箱子
相声	消息	小伙子	小气	小子	笑话	谢谢	心思	星星	猩猩	行李
性子	兄弟	休息	秀才	秀气	袖子	靴子	学生	学问		
丫头	鸭子	衙门	哑巴	胭脂	烟筒	眼睛	燕子	秧歌	养活	样子
吆喝	妖精	钥匙	椰子	爷爷	叶子	一辈子	衣服	衣裳	椅子	意思
银子	影子	应酬	柚子	冤枉	院子	月饼	月亮	云彩	运气	
在乎	咱们	早上	怎么	扎实	眨巴	栅栏	宅子	寨子	张罗	丈夫
帐篷	丈人	帐子	招呼	招牌	折腾	这个	这么	枕头	芝麻	知识
侄子	指甲	指头	种子	珠子	竹子	主意	主子	柱子	爪子	转悠
庄稼	庄子	壮实	状元	锥子	桌子	字号	自在	粽子	祖宗	嘴巴
作坊	琢磨									

（本表内容来自《普通话水平测试实施纲要》。为方便教学和训练，作了重新编排。）

❖❖❖ 相关链接 5

普通话水平测试用儿化词语表

说 明

1. 本表参照《普通话水平测试用普通话词语表》及《现代汉语词典》编制。其中的"小瓮儿"和"小熊儿"是以上二者未收,根据测试需要而酌增的条目。

2. 本表仅供普通话水平测试第二项——读多音节词语(100 个音节)测试使用。本表儿化音节,在书面上一律加"儿",但并不表明所列词语在任何语用场合都必须儿化。

3. 本表共收词 189 条,按儿化音节的汉语拼音声母顺序排列。

4. 本表中儿化音节的注音,只在基本形式后加 r,如"一会儿 yīhuìr",不标语音上的实际变化。

刀把儿	号码儿	戏法儿	在哪儿	找茬儿	打杂儿	板擦儿	名牌儿
鞋带儿	壶盖儿	小孩儿	加塞儿	快板儿	老伴儿	蒜瓣儿	脸盘儿
脸蛋儿	收摊儿	栅栏儿	包干儿	笔杆儿	门槛儿	药方儿	赶趟儿
香肠儿	瓜瓢儿	掉价儿	一下儿	豆芽儿	小辫儿	照片儿	扇面儿
差点儿	一点儿	雨点儿	聊天儿	拉链儿	冒尖儿	坎肩儿	牙签儿
露馅儿	心眼儿	鼻梁儿	透亮儿	花样儿	脑瓜儿	大褂儿	麻花儿
笑话儿	牙刷儿	一块儿	茶馆儿	饭馆儿	火罐儿	落款儿	打转儿
拐弯儿	好玩儿	大腕儿	蛋黄儿	打晃儿	天窗儿	烟卷儿	手绢儿
出圈儿	包圆儿	人缘儿	绕远儿	杂院儿	刀背儿	摸黑儿	老本儿
花盆儿	嗓门儿	把门儿	哥们儿	纳闷儿	后跟儿	高跟儿鞋	别针儿
一阵儿	走神儿	大婶儿	小人儿书	杏仁儿	刀刃儿	钢镚儿	夹缝儿
脖颈儿	提成儿	半截儿	小鞋儿	旦角儿	主角儿	跑腿儿	一会儿
耳垂儿	墨水儿	围嘴儿	走味儿	打盹儿	胖墩儿	砂轮儿	冰棍儿
没准儿	开春儿	小瓮儿	瓜子儿	石子儿	没词儿	挑刺儿	墨汁儿
锯齿儿	记事儿	针鼻儿	垫底儿	肚脐儿	玩意儿	有劲儿	送信儿
脚印儿	花瓶儿	打鸣儿	图钉儿	门铃儿	眼镜儿	蛋清儿	火星儿
人影儿	毛驴儿	小曲儿	痰盂儿	合群儿	模特儿	逗乐儿	唱歌儿
挨个儿	打嗝儿	饭盒儿	在这儿	碎步儿	没谱儿	儿媳妇儿	梨核儿
泪珠儿	有数儿	果冻儿	门洞儿	胡同儿	抽空儿	酒盅儿	小葱儿
小熊儿	红包儿	灯泡儿	半道儿	手套儿	跳高儿	叫好儿	口罩儿
绝招儿	口哨儿	蜜枣儿	鱼漂儿	火苗儿	跑调儿	面条儿	豆角儿
开窍儿	衣兜儿	老头儿	年头儿	小偷儿	门口儿	纽扣儿	线轴儿
小丑儿	顶牛儿	抓阄儿	棉球儿	加油儿	火锅儿	做活儿	大伙儿
邮戳儿	小说儿	被窝儿	耳膜儿	粉末儿			

(本表内容源自《普通话水平测试实施纲要》。为方便教学和训练,重排了版面。)

▪ 第四章 ▶▶▶

训练篇

本章是全书重点内容之一。第一章所学的汉语基础语音问题可通过本章的一些语音练习巩固和消化;第二章的方言语音辨正和第三章的应试技巧,也都要通过训练才能收到实效。所以,本章的每一项训练内容的准确、高质量的完成,不仅是本章各节应达到的训练目标,也直接影响前面几章相应内容学习目标的达成。

本章内容独立编排,完整清晰地呈现所有的训练内容及相互关联,便于使用者把握各部分循序渐进的训练目标。教师和自学者可以根据实际需要,配合前面各章节的学习内容,适时、适量、有针对性地选择使用。

第一节　读单音节字词

"读单音节字词"是普通话测试的第一项内容,也是平时说好普通话的基础。而要真正地读准单音节字词,必须首先掌握普通话声母、韵母和声调的正确发音,因为它们是"音节"构成的三个要素。这里选择编排的语音训练材料从普通话的声、韵、调开始,循序渐进,直至普通话测试所要求的在 3.5 分钟内读 100 个音节。

一、普通话声母、韵母和声调的训练

（一）声母的发音训练

1. 基础发音训练

b 巴 步 别	p 怕 盘 扑	m 门 谋 木	f 飞 付 符	
d 低 大 夺	t 太 同 突	n 南 牛 怒		l 来 吕 路
g 哥 甘 共	k 枯 开 狂		h 海 寒 很	
j 即 结 净	q 齐 求 轻		x 西 袖 形	
zh 知 照 铡	ch 茶 产 唇		sh 诗 手 生	r 日 锐 荣
z 资 走 坐	c 慈 蚕 存		s 丝 散 颂	
零声母 安 言 忘 云				

2. 组合发音训练

b——颁布 板报 褒贬 步兵 标本 辨别

p——批评 偏旁 乒乓 匹配 瓢泼 偏僻

m——麦苗 眉目 门面 磨灭 命名 迷茫

f——发奋 反复 方法 仿佛 肺腑 丰富

d——达到 带动 单调 当初 道德 等待

t——谈吐 探讨 淘汰 体贴 团体 妥帖

n——奶牛 男女 恼怒 能耐 泥泞 农奴

l——拉力 利落 流利 履历 罗列 轮流

g——杠杆 高贵 更改 观光 灌溉 光顾

k——开垦 苛刻 刻苦 空旷 宽阔 困苦

h——航海 呼唤 花卉 谎话 挥霍 悔恨

j——积极 家具 坚决 讲解 捷径 军舰

q——齐全 恰巧 亲切 情趣 请求 缺勤

x——喜讯 现象 学习 心胸 行星 选修

zh——战争 真正 政治 支柱 制止 周转

ch——超产 抽查 橱窗 戳穿 驰骋 充斥

sh——赏识 少数 设施 神圣 事实 舒适

r——忍让 仍然 荣辱 如若 软弱 闰日

z——在座 造作 自尊 总则 祖宗 罪责

c——猜测 残存 仓促 从此 催促 措辞

s——洒扫 松散 诉讼 琐碎 思索 速算

零声母——恩爱 偶尔 额外 洋溢 谣言 医药

万物 忘我 威望 永远 踊跃 孕育

3. 辨音训练

zh ch sh 和 z c s

平＋翘 财产 三十 松树 杂志 早晨 组织 丛书 损失 算术 慈善 增长 挫折

翘＋平 追随 出租 手册 山村 称赞 政策 创造 桌子 诗词 职责 除草 沙子

绕口令

四是四,十是十,十四是十四,四十是四十。四十四是四十四。不要把四说成十,不要把十说成四。不要把十四说成四十,也不要把四十说成十四。

四十四个字和词,组成一首子词丝的绕口词。桃子李子梨子栗子橘子柿子槟子榛子,栽满院子村子和寨子。刀子锯子凿子锤子刨子尺子,做出桌子椅子和箱子。名词动词数词量词代词副词助词连词形容词,造成语词诗词和唱词,蚕丝生丝熟丝染丝晒丝纺丝织丝,自制粗丝细丝人造丝。

r 声母

日 惹 热 饶 扰 绕 柔 肉 染 人 认 嚷 壤 让 扔 仍 如 乳 入 弱 润 蕊 瑞

冉冉 忍让 仍然 柔软 容忍 荣辱 柔弱 软弱

n 和 l

(1)牛油流在牛脸上。

(2)牛郎年年恋刘娘,刘娘连连念牛郎。郎恋娘来娘恋郎,恋得泪珠一行行。

(3)蓝教练是女教练,吕教练是男教练。蓝教练不是男教练,吕教练不是女教练。蓝南是男篮主力,吕楠是女篮主力。吕教练在男篮训练蓝南,蓝教练在女篮训练吕楠。

f 和 h

化肥会挥发。

黑化肥发灰,灰化肥发黑。

黑化肥发灰会挥发,灰化肥挥发会发黑。

黑化肥挥发发灰会飞花,灰化肥挥发发黑会花飞。

j q x 和 z c s、zh ch sh

丝瓜(sīguā)——西瓜(xīguā)

稀饭(xīfàn)——师范(shīfàn)

私有制(sīyǒuzhì)——西游记(xīyóujì)

七巷一个锡匠,西巷一个漆匠。七巷锡匠偷了西巷漆匠的漆,西巷漆匠拿了七巷锡匠的锡。七巷锡匠气西巷漆匠偷了锡,西巷漆匠讥七巷锡匠拿了漆。请问锡匠和漆匠,谁偷了谁的漆,谁拿了谁的锡?

b 和 p

八百标兵奔北坡,炮兵并排北边跑。炮兵怕把标兵碰,标兵怕碰炮兵炮。

(二)韵母的发音训练

1.基础发音训练

	i 闭 地 七 益	u 布 亩 竹 出	ü 女 律 局 域
a 巴 打 铡 法	ia 加 佳 瞎 压	ua 瓜 抓 刷 画	
e 哥 社 得 合	ie 爹 界 别 叶		üe 薛 月 略 确
o 波 魄 抹 佛		uo 多 果 若 握	
ai 该 太 白 麦		uai 怪 怀 帅 外	
ei 杯 飞 黑 贼		uei 对 穗 惠 卫	
ao 包 高 茂 勺	iao 标 条 交 药		
ou 头 周 口 肉	iou 牛 秋 九 六		
an 半 担 甘 暗	ian 边 点 减 烟	uan 短 川 关 碗	üan 捐 全 远
en 本 分 枕 根	in 林 巾 心 因	uen 吞 寸 昏 问	ün 军 训 孕
ang 当 方 港 航	iang 良 江 向 样	uang 壮 窗 荒 王	
eng 蓬 灯 能 庚	ing 冰 丁 京 杏	ueng 翁	
		ong 东 龙 冲 公	iong 兄 永 穷

ê 欸

-i(前) 资 此 思

-i(后) 支 赤 湿 日

er 耳 二

2.组合发音训练

a 打靶 大厦 发达 马达 喇叭 哪怕

o 伯伯 婆婆 默默 泼墨

e　隔阂 合格 客车 特色 折射 这个

i　笔记 激励 基地 记忆 霹雳 习题

u　补助 读物 辜负 瀑布 入伍 疏忽

ü　聚居 区域 屈居 须臾 序曲 语序

er　而且 儿歌 耳朵 二胡

-i(前)　私自 此次 次子

-i(后)　实施 支持 知识 制止 值日 试制

ai　爱戴 采摘 海带 开采 拍卖 灾害

ei　肥美 妹妹 配备

ao　懊恼 操劳 高潮 骚扰 逃跑 早操

ou　丑陋 兜售 口头 漏斗 收购 喉头

ia　假牙 恰恰 压价

ie　结业 贴切 铁屑

ua　挂花 耍滑 娃娃

uo　错落 硕果 脱落

üe　雀跃 约略

iao　吊销 疗效 巧妙 调料 逍遥 苗条

iou　久留 求救 绣球 优秀 悠久 牛油

uai　外快 怀揣 乖乖

uei　垂危 归队 悔罪 追悔 荟萃 推诿

an　参战 反感 烂漫 谈判 坦然 赞叹

en　根本 门诊 人参 认真 深沉 振奋

in　临近 拼音 信心 辛勤 引进 濒临

ün　军训 均匀 芸芸 群众 循环 允许

ang　帮忙 苍茫 当场 刚刚 商场 上当

eng　承蒙 丰盛 更正 萌生 声称 升腾

ing　叮咛 经营 命令 评定 清净 姓名

ong　共同 轰动 空洞 隆重 通融 恐龙

ian　艰险 简便 连篇 前天 浅显 田间

uan　贯穿 软缎 酸软 婉转 转款 转换

üan　源泉 轩辕 涓涓

uen　昆仑 温存 温顺 论文 馄饨 谆谆

iang　两样 洋相 响亮

uang　狂妄 双簧 状况

ueng　蕹菜 水瓮 主人翁

iong　炯炯 汹涌 熊熊 汹汹

3. 难点音训练

o 和 e

广播 脉搏 伯伯 活泼 泼墨 婆婆 抚摸 默默

车辙 哥哥 格格 个个 合格 隔热 可乐 客车 特赦 折射

刻薄 磨合 墨盒 破格 薄荷 隔膜

i 和 ei

i 里 厘 理 力 荔 利 梨 黎 莉 李 丽 例 离 立 粒 礼 历 厉 励 栗

ei 勒 赢 雷 镭 擂 蕾 磊 累 泪 类 肋 垒 偏 酹

uan 和 an

端(duan)——单(dan)　湍(tuan)——贪(tan)　暖(nuan)——赧(nan)

乱(luan)——滥(lan)　纂(zuan)——攒(zan)　篡(cuan)——灿(can)

酸(suan)——三(san)　算(suan)——散(san)

i 和 ü

yi—yu　小姨——小鱼　一块——愉快　以后——雨后　一席——预习

ji—ju　奇数——拘束　二级——二局　几粒——举例　际会——聚会

qi—qu　第一期——第一区　一起——一曲　有气——有趣

xi—xu　习习——徐徐　有戏——有序　心细——心绪

ye　yue　一页——一月

jie—jue　杰出——决出　借——倔

qie—que　切一点儿——缺一点儿　茄子——瘸子　切实——确实

xie—xue　修鞋——休学　有血——有雪

yan—yuan　颜色——原色　化验——画院　鸿雁——宏愿

jian—juan　尖的——捐的　捡起——卷起　批件儿——批卷儿

qian—quan　一千——一圈　前部——全部　前头——拳头　潜水——泉水

xian—xuan　羡慕——炫目

yin—yun　白银——白云　大印——大运

jin—jun　今人——军人　平津——平均　金银——均匀　应尽——英俊

qin—qun　勤——群　琴边——裙边

xin—xun　新茶——熏茶　通信——通讯

ni—nü　你的——女的

li—lü　梨子——驴子　理顺——旅顺　栗色——绿色

nie—nüe　镊子——虐待

lie—lüe　烈 列 裂 劣 猎——略 掠

前鼻韵尾和后鼻韵尾

长针(changzhen)——长征(changzheng)　引子(yinzi)——影子(yingzi)

忠臣(zhongchen)——忠诚(zhongcheng)　开饭(kaifan)——开放(kaifang)

人民(renmin)——人名(renming)　鲜花(xianhua)——香花(xianghua)

天坛(tiantan)——天堂(tiantang)　大船(dachuan)——大床(dachuang)

白盐(baiyan)——白羊(baiyang)　　慌惜(wanxi)——往昔(wangxi)

幸福(xingfu)——信服(xinfu)　　明星(mingxing)——民心(minxin)

经营(jingying)——金银(jinyin)　　庆幸(qingxing)——亲信(qinxin)

(三)声调及音节的发音训练

1. 基础发音训练

阴平＋阴平

伤疤 支撑 刮风 拼音 参观 车间 村庄 冲锋 东风 飞机 分工 功勋
关心 交叉 交通 精装 军官 刊登 吸烟 星期 音标 招生 中央 资金

阳平＋阳平

和平 时常 轮流 船头 前途 围棋 黎明 农民 联盟 言行 黄河 陶瓷
麻绳 原则 停留 怀疑 循环 球鞋 同时 重叠 囚徒 仍然 邮局 疲劳

上声＋上声

改选 举手 指导 演讲 本领 首长 总理 保险 勇敢 友好 反省 减少
古典 洗染 辗转 表姐 主讲 广场 简短 矮小 骨髓 总览 剪影 给养

去声＋去声

遍地 扩大 论述 地道 贺信 注意 示范 大会 议案 照相 办事 电报
致谢 互助 自制 竞赛 预告 汉字 陆地 浪费 档案 质量 负疚 义气

阴＋阴＋阴

风萧萧 公积金 机关枪 金沙江 拖拉机 星期天 香喷喷 高山青 收音机 三星堆

阳＋阳＋阳

儿童节 洪泽湖 男同学 牛羊肥 联合国 颐和园 形容词 遗传学 协调员 龙抬头

上＋上＋上

蒙古语 手写体 洗脸水 选举法 展览馆 厂党委 小拇指 孔乙己 老保守 纸老虎

去＋去＋去

对立面 创世纪 破纪录 烈士墓 运动会 备忘录 售票处 办事处 问讯处 促进派

阴＋阴＋阴＋阴

卑躬屈膝 春天花开 江山多娇 居安思危 攀登高峰 息息相关 鲜花飘香 珍惜光阴

阳＋阳＋阳＋阳

儿童文学 轮船前行 豪情昂扬 人民勤劳 牛羊成群 全国文明 民族团结 提前完成

上＋上＋上＋上

厂长领导 理想美好 讲解指导 演讲本领 辗转反省 古典审美 勇敢举手 演讲简短

去＋去＋去＋去

背信弃义 变幻莫测 创造世界 废物利用 过分溺爱 胜利闭幕 意气用事 浴血奋战

2. 组合发音训练

阴平＋阳平　　操劳 充实 初级 单纯 超级 差别 东南 发财 猜疑 帆船 分流 奔驰
阴平＋上声　　安稳 包裹 芭蕾 歌舞 摸索 非法 抄写 灯火 悲惨 班长 批改 签署
阴平＋去声　　安定 称赞 发票 颠覆 搭配 帮助 搬运 悲愤 西部 雕塑 机制 压抑

阳平＋阴平	搏击	财经	诚心	敌军	滑冰	决心	崇高	极端	荷花	曾经	阳光	房间
阳平＋上声	白酒	成本	集体	节省	茶馆	完整	伯母	联想	成果	长跑	烦恼	国产
阳平＋去声	白菜	层次	得病	肥沃	含量	和睦	隔壁	评价	结构	麻雀	驳斥	财富

上声＋阴平	北方	敞开	始终	晚餐	损失	体温	美观	启发	老师	解剖	简称	海滨
上声＋阳平	百合	保留	草原	导航	法庭	赶忙	启蒙	海拔	管辖	考察	祖国	晚霞
上声＋去声	宝贵	草地	肯定	彩色	党派	访问	等待	喊叫	脸色	美丽	考验	渴望

去声＋阴平	办公	构思	汉奸	画家	寄托	客车	冠军	辣椒	特区	细胞	号称	蛋糕
去声＋阳平	伴随	挫折	渡船	沸腾	现实	聚集	话题	季节	价值	到达	富饶	腊梅
去声＋上声	背景	创举	看法	记者	道理	奋勇	刻苦	立场	矿井	课本	颤抖	谅解

四声顺序	$\bar{a}$—á—ǎ—à	屋—无—五—物	深—神—审—慎	7—0—5—6
	风调雨顺	高朋满座	光明磊落	飞禽走兽	千锤百炼
	英雄好汉	优柔寡断	妖魔鬼怪	心直口快	呼朋引伴
四声逆序	背井离乡	大显神通	妙手回春	逆水行舟	四海为家	兔死狐悲
	驷马难追	万古长青	步履维艰	异口同声	过眼云烟	遍体鳞伤
四声混合	班门弄斧	草菅人命	赤手空拳	营私舞弊	万马奔腾	热火朝天
	语重心长	无可非议	神通广大	龙飞凤舞	和风细雨	百炼成钢
	忠言逆耳	举足轻重	虚怀若谷	身体力行	恬不知耻	刻骨铭心
	轻描淡写	狂风怒吼	集思广益	绝对真理	得心应手	鸟尽弓藏

二、高频字读音训练

高频字是指《普通话水平测试用普通话词语表》中出现次数在 10 次以上的单音节字词，它们在测试中出现的概率相对较高。作为第一题"读单音节字词"的一般性训练，应该优先选择这些字词。训练的方法可以灵活多样：顺读，逆读，跳读，随机指读，或针对方言难点音有重点地选读。

A 爱 安 案 暗

B 把 白 百 败 班 板 办 半 伴 包 宝 保 报 暴 悲 北 备 背 奔 本 比 笔 必 边 编 便
  变 标 表 吧 别 冰 兵 并 病 波 博 薄 补 不 布 步 部

C 才 材 财 裁 采 彩 菜 参 残 藏 操 草 测 层 插 查 茶 察 差 产 长 常 场 唱 超 朝
  潮 车 沉 称 成 承 诚 城 程 吃 持 充 冲 虫 抽 筹 出 初 除 处 触 穿 传 船 床 创
  春 词 磁 此 次 刺 从 粗 促 村 存 错

D 达 答 打 大 代 带 待 单 担 胆 弹 淡 当 党 荡 刀 导 倒 到 道 得 灯 登 等 低 敌
  底 抵 地 典 点 电 调 订 定 东 冬 动 洞 斗 毒 读 独 度 端 短 段 断 队 对 多

E 额 恶 儿 而 耳

F 发 法 繁 反 犯 饭 范 方 防 房 放 飞 非 肥 废 费 分 粉 奋 丰 风 夫 服 浮 负 附
  复 副 富

G 改概干赶感高告歌格隔根更工公功攻供共构购古谷骨固故顾
怪关观官馆管光广归规贵国果过

H 海害含寒汉航好号合何和河核黑横红后厚候呼户护花华化画
话怀欢还环缓换荒皇黄灰回汇会毁婚混活火伙货获

J 击机迹积基激及级即极急集计记纪技剂季继加家价架假坚间
监减检简见件建健将讲奖降交角脚叫教接节洁结截解界借今
金紧尽劲近进禁经惊精景警径敬境静镜究久酒旧救就居局举
具剧据聚卷决绝觉军

K 开刊看抗考科可刻客课空恐口苦快宽款狂况矿

L 来浪劳老乐雷类累冷离礼里理力历立利例连联脸练恋良凉两
亮量了料列烈猎裂林临灵领令流留龙楼露陆录路旅律率绿乱
略轮论落

M 麻马卖脉满漫忙毛貌没美门迷密免面苗灭民名明命模磨默谋
母木目幕

N 内纳南难脑能泥年念牛农浓弄怒女

P 排派盘判炮配皮片偏飘票贫品平评迫破普

Q 期其奇起气弃汽器签前钱潜枪强巧切亲侵勤青轻倾清情请求
球区曲取去趣圈全权缺确

R 然染热人认任日容柔肉如人弱

S 塞赛散扫色杀山善伤商上烧少舍设社射身深神审升生声省盛
失师施石时识实食史使士世市示式事势视试室是适收手守首
受书熟术述树数衰水税睡顺说丝私思死四似松送俗诉素速酸
算随损缩所索

T 台太态谈探堂逃讨特腾提题体天田条跳铁听停通同统痛头投
透突图徒途土团推退托脱

W 外完玩晚亡王往望威微为围维委卫位味温文稳问无午武舞务
物误

X 西吸息稀习席袭喜戏系细下先鲜闲显险现线限陷乡相香响想
向象像消销小效校笑协写心新信兴星刑行形型幸性胸雄休虚
许序宣旋选学雪血寻

Y 压烟延严言沿眼演验扬阳养样药要野业叶夜液一衣医依移遗
疑以义艺议异役益意因阴音引隐印应英营影硬用优油游友有
于余雨语育预元员园原圆缘源远院愿约月越云运

Z 杂灾载在赞葬早造责增展占站张章掌招照折者珍真镇争征整
正证政支知执直值职止只纸指至志制治质致置中终种众重周
主属住助注著专转装壮状追准着资子字自宗总纵走奏足阻祖
罪作座做

三、易混字词读音训练

或因为字形相近,或因为偏旁误导,或因为方言语音习惯,它们常被误读。为帮助强化记忆,这里给它们加注了拼音。可以分组练习。

(一)未(wèi)—末(mò) 日(rì)—曰(yuē) 汨(mì)—汩(gǔ) 茶(chá)—荼(tú)
春(chūn)—舂(chōng) 眷(juàn)—豢(huàn) 赢(yíng)—羸(léi) 徒(tú)—徙(xǐ)
揣(chuāi)—惴(zhuì) 旷(kuàng)—犷(guǎng) 脸(liǎn)—睑(jiǎn)

(二)诳(kuáng)—诓(kuāng) 呕(ǒu)—讴(ōu) 履(lǚ)—覆(fù) 摒(bìng)—摈(bìn)
梆(bāng)—郴(chēn) 戮(lù)—戳(chuō) 胚(pēi)—坯(pī)
蕊(ruǐ)—芯(xīn) 鸠(jiū)—鸩(zhèn) 篡(cuàn)—纂(zuǎn)

(三)管(guǎn)—菅(jiān) 赦(shè)—赧(nǎn) 崇(chóng)—祟(suì)
瞻(zhān)—赡(shàn) 膺(yīng)—赝(yàn) 盅(zhōng)—蛊(gǔ)
戈(gē)—弋(yì) 卿(qīng)—唧(jī) 誉(yù)—誊(téng)
蘸(zhàn)—醮(jiào)

(四)瞥(piē) 啮(niè) 苤(piě) 恁(nèn) 吮(shǔn) 剽(piāo)
瞟(piǎo) 蜷(quán) 剜(wān) 侮(wǔ) 粕(pò) 绢(juàn)
缀(zhuì) 掇(duō) 啜(chuò) 辍(chuò)

(五)谙(ān) 濒(bīn) 瞠(cheng) 掣(chè)
霁(jì) 菁(jīng) 淖(nào) 痤(cuó)
圄(yǔ) 迢(tiáo) 谑(xuè)

四、普通话水平测试的模拟训练

请按普通话测试第一项要求:读每组的100个音节用时不超过3.5分钟。

(一)

壁 税 拢 丢 花 尺 二 驯 洼 南 娶 幢 感 躲 坏 臭 银 苤 郁 虐
翁 标 梗 踢 且 收 歪 彻 韵 规 凹 贫 崖 听 抢 省 弯 戳 驳 况
艘 泼 乖 牛 全 热 稳 硕 瓢 酣 肆 霉 垮 女 穷 软 约 儒 屏 贿
裁 嫩 甲 俩 用 紫 段 赃 铭 竭 贼 楞 释 靠 夏 存 房 赐 沸 眷
险 砸 联 天 肯 窄 随 窘 糙 奋 值 若 梁 岛 快 抓 松 襄 厄 苔

(二)

飞 份 丢 喝 装 仲 宽 酸 抽 白 别 田 停 穷 雄 狼 米 可 俩 嘴
加 捆 来 冷 抢 使 庙 面 定 略 统 后 下 矿 借 进 薛 自 刺 而
赶 瞀 刁 均 瓜 播 娘 悬 权 寻 良 欧 池 容 品 女 梢 广 笋 怎
惨 耍 饼 采 毁 泛 挖 恋 就 票 拽 嘣 苔 雷 苏 懦 襄 槛 肖 靠
朱 揣 呐 羹 尼 泞 舌 徐 脑 梯 哑 褶 蚌 纳 胞 臊 涩 拓 纫 郑

(三)

踹 石 病 骗 坡 美 份 副 岛 土 腿 流 练 拐 口 孔 挥 火 换 脚
掐 群 穷 写 新 雄 装 正 尺 吵 唱 输 水 软 弱 脏 擦 猜 岁 而

眯 棉 籽 罚 封 佛 但 吞 梁 旅 沟 裹 坑 汇 虹 佳 捐 疮 柔 栽 讲
最 额 跌 筋 瓦 迎 因 游 碑 胞 判 窜 瞭 档 舔 尼 农 虐 克 思 仅
妾 秦 徐 癣 枕 铡 勺 要 绉 鳃 苏 孙 伪 旺 吾 剜 瓷 晕 痣

(四)

坝 谋 爹 酿 涌 蠢 亏 翁 众 坑 俗 拽 广 园 沉 阔 拧 汽 餐 思 新
舟 瓜 捐 籽 生 揪 俊 贼 狠 哨 拆 矮 割 店 而 抓 龙 逢 错 错 你
脸 防 摸 留 夏 擦 份 凉 雄 扫 面 俩 去 座 如 环 您 忙 破 破 台
黑 泡 肉 平 条 滚 月 是 港 判 别 白 虐 尚 镖 诳 漱 绉 狙 钠 爷
邹 裙 瞭 牵 薛 隋 榻 哲 孙 剜 郑 庭 雁 端 褪 川 武 童

(五)

扭 颇 翁 铁 酱 荫 瞭 素 若 甩 专 委 虐 仅 兵 腐 餐 拱 春 胸
舔 流 鹤 指 砸 偶 卵 让 笙 掐 蟹 聘 停 弯 刮 崩 迷 屯 绿 线 嫂
俏 恨 砍 钙 夹 纳 代 肺 胞 梦 潘 膜 而 雌 枕 豪 抠 名 用 初
运 拷 葱 劝 荒 女 宋 灯 催 抢 梨 客 日 邹 鹅 提 妾 室 句 初
迟 裆 寺 御 涮 撞 决 端 粉 自 浊 尝 疮 锅 捐 碑 润 嘴 说

(六)

增 饵 女 您 匈 鳖 苗 饿 远 陌 拾 挽 贼 董 洼 怪 杭 降 损 笑
软 暇 铐 咱 粹 频 厅 舌 床 音 守 日 枪 才 飒 瓜 纷 款 播
容 竞 适 导 篇 阳 俩 裙 诵 费 滚 巡 画 戮 家 剃 褐 挫 超
顺 妆 走 虐 刻 谆 盯 丢 栓 灭 鸟 跟 炉 二 张 崩 前 待 伺
住 匪 鬼 谈 资 岳 推 夸 窖 绘 瘟 旅 墙 偏 仍 酗 雌 修 卷 榴

(七)

破 飞 装 兼 梆 军 肃 家 筋 久 包 凉 销 极 旋 纽 要 促 雪 狂
情 最 兄 马 琴 委 鹤 兵 浊 沟 德 朱 麻 轴 接 肾 缩 童 上 虐 此
美 二 宜 洒 值 复 蓝 扔 涛 床 穷 苔 棒 怀 字 涮 而 纯 钱
瓜 向 增 梨 猛 孔 根 脆 灭 具 匀 使 许 凝 气 标 溶 加 旬
摆 播 蛆 裆 挂 炒 快 专 潘 回 锣 近 粉 膛 赖 孙 断 枕 绣

(八)

摸 依 悲 怎 内 霞 穷 粥 定 腔 摆 测 假 悬 瓶 增 拔 筛 跳 押
接 葱 捎 风 绿 致 翁 就 换 系 尾 祝 闹 略 通 脆 日 清 化 扼 矿
张 份 面 若 蓄 坏 赶 辞 胖 冻 删 欲 贼 贸 畏 滚 秒 谢 用 查
浮 寺 捐 困 国 扭 都 波 乱 光 笨 间 训 纵 看 拓 粕 卡
呆 惹 笔 作 漏 苏 袭 确 春 腹 邹 雄 晾 识 侮 热 俊

(九)

私 佛 从 儿 扁 字 责 燃 释 棉 蕊 谈 运 声 枪 发 夸 首
贫 贼 窘 蔽 胚 律 姿 栓 温 森 询 层 装 扣 疲 拐 求 老
惊 颇 岳 垢 拿 尊 君 匈 庄 绢 窟 在 田 烁 歪 仍 洒 驰
巧 俩 虐 远 滨 闰 瞳 孙 项 星 摸 非 权 女 武 丢 灭 断

否 戮 扼 花 抓 初 鸽 秒 鹰 艘 耀 貌 康 悼 醒 活 奶 光 淮 殴

（十）

等 茶 概 儒 伺 扼 匈 桑 湖 滓 弯 今 亏 挟 颇 密 挖 氛 品 涉
疗 祠 米 虱 鹃 贫 纲 况 撑 筷 互 森 缸 踢 学 织 状 唱 策 舵
鸠 军 女 艘 球 栽 英 俩 态 颂 愁 耻 匪 凶 航 顺 甜 别 生 拱
沸 纬 轮 催 宝 未 娘 户 抓 稳 聪 大 猾 若 灭 暖 月 条 身 耳
谣 穿 裕 丙 贴 桥 尊 扣 多 邓 兰 宽 茸 凭 梁 则 丢 拐 矮 裙

第二节　读多音节词语

一、多音节组合的读音训练

1.双音节词语

(1)待哺　而且　核查　花瓶　悲观　江南　砍柴　舒展　欠款　绿地
　　调味　磁铁　导演　选票　寄托　激动　波长　呆板　早晨　白昼
　　鞭子　农历　水井　灭亡　自燃　喉咙　草本　某人　沙发　壮大
　　凝神　穴居　囚禁　肉眼　彤云　随风　开拓　著名　普通　平时
　　执照　等效　公斤　感慨　抢先　自由　粉笔　最初　雄伟　概括

(2)塑料　原则　日程　合同　安排　暖和　价格　铁路　率领　窗户
　　破坏　而且　顺便　典礼　泄露　少量　佛教　补偿　烹饪　存款
　　卓越　瓦工　全民　档次　化妆　投产　迥然　夸张　虐待　背诵
　　硬朗　寻觅　均等　采种　辖区　考究　法学　僧侣　酿造　票额
　　原则　旅馆　迅速　轻松　婚姻　具有　持久　扎实　佛教　可巧

(3)归还　两手　烹饪　躲藏　群体　灭亡　悬念　付款　衰弱　麻药
　　发愣　撒泼　怪罪　窘况　养病　刷新　夏装　天真　掐算　憋闷
　　浴血　热闹　袜子　磁带　配合　火车　才能　本来　费用　困难
　　称赞　平常　调整　儿童　总理　否决　协作　困苦　美观　窃听
　　衰弱　刺激　当初　快餐　腊月　模型　组织　打发　耐心　跑步

(4)商店　理想　对比　加工　暖气　身边　各种　裙子　宿舍　他们
　　真实　口岸　语调　劳动　码头　漂亮　广告　招引　鸟枪　内线
　　情况　声称　久远　方便　债券　懒散　嘴唇　夸张　儿化　染色
　　节日　客气　疼痛　密切　熊猫　书架　包括　尺寸　修女　青蛙
　　喑电　肉松　蜂拥　模仿　预定　炸弹　巡逻　食品　状况　吹捧

(5)群众　院长　约会　强调　蠢笨　擦拭　顺当　下边　祖国　酒精
　　刺耳　分配　嘴唇　箱子　跨栏　崇高　胳膊　穷酸　软骨　忽略
　　审美　宾主　枉然　恩爱　进军　同盟　青草　斜线　私人　铲除
　　爽快　打败　瓜分　赞美　壮年　薄荷　掌管　取消　对头　巧合
　　磋商　委员　皇族　军用　罪证　我们　其他　阁下　作客　温暖

(6)略微 山沟 老汉 莫非 恒星 太阳 成效 贫穷 反映 假使
桌子 落魄 不慎 宣布 辅佐 炮击 遣散 寒流 琵琶 包袱
解散 使者 傀儡 脉搏 跨度 合成 夹层 燃烧 嗓子 镜头
疏忽 存放 波段 拇指 罗盘 国内 清新 援助 死活 楼梯
肥皂 氯气 发货 经受 市镇 中肯 破旧 连续 出色 书籍

(7)好奇 把握 大雪 呕吐 造化 观点 买肉 村庄 跳水 合同
入冬 狂妄 浓缩 台阶 风箱 没有 课程 果品 恶意 清楚
上台 假想 恐怕 武装 洗澡 意思 汉族 早春 班长 流动
浇灌 窗户 过冬 给予 拱手 爱情 厚薄 风趣 搜身 气压
回归 揭穿 涂改 电梯 表面 题词 编号 做人 怀念 幅员

(8)芳香 残暴 粉尘 论战 恐惧 频率 群众 而且 样子 滚筒
背包 感动 雨伞 个体 舌头 商品 幼年 考古 瞄准 弱者
印刷 冷水 日子 尽快 清楚 谅解 刀光 权力 早晚 搞好
清汤 狂风 内乱 护送 杀害 沉默 围剿 利润 敏感 相仿
表层 保管 症候 家族 享有 仁爱 二月 运气 大修 中选

(9)反对 本着 潜艇 挥手 减产 反感 恳求 狠心 规矩 可爱
耻辱 下场 柴火 憋闷 时节 薄弱 捐赠 快餐 确定 雄壮
色彩 多数 寻找 名次 转化 佛教 学派 法律 存在 宣传
丈夫 军港 困难 光荣 率领 暖气 森林 民族 究竟 能力
西瓜 大殿 凤凰 分贝 顾及 唐突 珍宝 狍子 赔罪 塑像

(10)全体 专家 贵重 森林 构成 撒开 杨梅 海滨 佛教 豆浆
恰当 倘若 怀孕 领土 撒谎 寻求 装卸 凑巧 顺序 尺子
马路 我们 此外 存在 登记 洗澡 觉得 年轻 负责 反动
理解 确定 耳朵 栓塞 琼脂 耍笑 疲软 飞溅 翠鸟 跨越
困惑 选送 修改 迥然 难过 模仿 军队 宾馆 排球 披风

2. 三个音节词语

以下是《普通话水平测试用普通话词语表》中由三个音节构成的词语,是普通话水平测试第二项"读多音节词语"中三个音节词语的命题范围。可以分组练习。

(1)氨基酸 安理会 奥运会 芭蕾舞 八仙桌 白话文 百分比 半成品 保护色 保险丝
保证金 保证人 班主任 办公室 半导体 半成品 抱不平 暴风雪 暴风雨 北半球
北极星 比例尺 必需品 避雷针 辩护人 辩证法 病原体 标准化 博览会 博物馆
不得了 不得已 不动产 不敢当 不见得 不像话 不锈钢 不至于 参议院 差不多
长臂猿 长方形 长颈鹿 超声波 乘务员 吃不消 出生率 穿山甲 催化剂

(2)出发点 传教士 传染病 创造性 打火机 打交道 大本营 大多数 大理石 大陆架
大气层 大气压 大人物 大学生 大自然 代表作 代理人 丹顶鹤 胆固醇 胆小鬼
蛋白质 当事人 地平线 地下室 地下水 电磁波 电磁场 电解质 电视剧 电视台
电影院 东道主 东正教 董事会 动物园 对不起 多边形 鹅卵石 恶作剧 发动机
发言人 法西斯 反义词 方法论 方向盘 防护林 纺织品 放大镜 放射线 放射性

（3）飞行器　飞行员　肺活量　肺结核　服务员　负离子　副作用　高血压　根据地　工程师
　　　公积金　工商业　公务员　工业化　工作日　公有制　共产党　共和国　古兰经　管弦乐
　　　规范化　国务院　哈密瓜　海岸线　合作社　红领巾　红外线　花岗岩　化合物　化妆品
　　　画外音　黄澄澄　黄鼠狼　回归线　混合物　混凝土　基本功　基督教　积极性　机械化
　　　吉普车　集装箱　继承权　继承人　寄生虫　技术员　计算机　加速度　甲骨文

（4）甲状腺　交响乐　交易所　脚手架　教科书　解放军　禁不住　金刚石　金丝猴　金字塔
　　　锦标赛　进化论　进行曲　俱乐部　决定性　爵士乐　开玩笑　看不起　靠不住　科学家
　　　科学院　劳动力　劳动日　老人家　老天爷　联合国　冷不防　里程碑　连环画　连衣裙
　　　疗养院　了不得　了不起　林阴道　淋巴结　领事馆　流水线　龙卷风　录像机　螺旋桨
　　　马铃薯　猫头鹰　蒙古包　穆斯林　南半球　难为情　霓虹灯　牛仔裤　农产品　农作物

（5）偶然性　派出所　判决书　漂白粉　平衡木　葡萄糖　蒲公英　普通话　轻工业　青霉素
　　　清真寺　染色体　人行道　三角形　三角洲　三轮车　舍不得　社会学　神经病　神经质
　　　生命力　圣诞节　食物链　世界观　视网膜　手工业　手榴弹　私有制　思想家　四边形
　　　水龙头　所有制　太阳能　太阳系　糖尿病　体育场　体育馆　天花板　天主教　同位素
　　　统一体　外祖父　外祖母　微生物　维生素　委员会　温度计　无线电　西红柿　细胞核

（6）显微镜　现代化　想象力　小学生　小夜曲　协奏曲　写字台　形容词　蓄电池　研究生
　　　研究员　叶绿素　胰岛素　艺术家　荧光屏　咏叹调　游击队　幼儿园　羽毛球　原材料
　　　圆舞曲　原子核　运动员　责任感　怎么样　照相机　正比例　直辖市　殖民地　志愿军
　　　紫外线　自动化　自来水　自行车　自治区　中间人　中世纪　中学生　重工业　主人公
　　　主人翁　注射器　啄木鸟　奏鸣曲

3. 四个音节词语

以下是《普通话水平测试用普通话词语表》中由四个音节构成的词语，是普通话水平测试第二项"读多音节词语"中四个音节词语的命题范围。可以分组练习。

（1）安居乐业　百花齐放　百家争鸣　百科全书　包罗万象　背道而驰　标新立异　别出心裁
　　　别具一格　别开生面　冰天雪地　不动声色　不计其数　不胫而走　不可思议　不可一世
　　　不速之客　不言而喻　不以为然　不约而同　层出不穷　畅所欲言　持之以恒　赤手空拳

（2）出类拔萃　出其不意　出人意料　触目惊心　川流不息　此起彼伏　错综复杂　大公无私
　　　大惊小怪　大同小异　大显身手　大相径庭　得天独厚　得心应手　独一无二　方兴未艾
　　　非同小可　奋不顾身　风驰电掣　风起云涌　根深蒂固　顾名思义　海市蜃楼　汗流浃背

（3）后顾之忧　焕然一新　急中生智　家喻户晓　矫揉造作　精益求精　鞠躬尽瘁　举足轻重
　　　刻不容缓　脍炙人口　来龙去脉　理直气壮　了如指掌　淋漓尽致　琳琅满目　屡见不鲜
　　　漫不经心　慢条斯理　毛骨悚然　眉飞色舞　眉开眼笑　梦寐以求　名副其实　名列前茅

（4）目不转睛　目瞪口呆　弄虚作假　排忧解难　迫不及待　岂有此理　千钧一发　前仆后继
　　　潜移默化　轻而易举　情不自禁　如释重负　若无其事　司空见惯　似是而非　肆无忌惮
　　　随心所欲　啼笑皆非　天经地义　万紫千红　忘恩负义　相得益彰　心不在焉　心旷神怡

（5）兴高采烈　胸有成竹　一筹莫展　一帆风顺　一目了然　一丝不苟　抑扬顿挫　有的放矢
　　　与日俱增　语重心长　震耳欲聋　周而复始　诸如此类　自始至终　自以为是　千方百计
　　　新陈代谢　因地制宜　自力更生

二、变调的训练

1. 上声与非上声音节的组合

上声＋阴平　百般　摆脱　保温　省心　警钟　火车

上声＋阳平　祖国　旅行　导游　改革　朗读　考察

上声＋去声　广大　讨论　挑战　土地　感谢　稿件

2. 上声与上声的组合

双音节　懒散　手指　母语　海岛　旅馆　广场　首长　简短　古典　粉笔　小组　减少

双音节＋单音节　手写体　展览馆　管理组　选举法　洗脸水　水彩笔　打靶场　勇敢者

　　　　　　　　蒙古语　马口铁　导火索　苦水井　草稿纸　总统府　水果酒　讲演组

　　　　　　　　体检表　简写体

单音节＋双音节　纸老虎　老保守　小拇指　孔乙己　买雨伞　海产品　很古老　演小品

　　　　　　　　考语法　党小组　撒火种　冷处理　耍笔杆　小两口

3. "一"和"不"的变调

(1)"一"的变调

一＋阴平　一般　一边　一端　一经　一瞥　一身　一生　一天　一些

一＋阳平　一连　一齐　一如　一时　一同　一头　一行　一直　一群

一＋上声　一举　一口　一览　一起　一手　一体　一统　一早　一准

一＋去声　一半　一旦　一定　一度　一概　一共

综合　一前一后　一上一下　一丝一毫　一板一眼　一心一意　一朝一夕　一字一句　一张一弛

(2)"不"的变调

不＋去声　不必　不变　不便　不测　不错　不待　不要　不但　不定

综合　不卑不亢　不多不少　不好不坏　不慌不忙　不见不散　不明不白　不闻不问　不痛不痒

(3)"一"和"不"混合

一成不变　一毛不拔　一丝不苟　一窍不通　一尘不染　不堪一击　不拘一格　不屑一顾

不经一事　不长一智

4. 轻声

他的　桌子　说了　哥哥　先生　休息　哆嗦　姑娘　清楚　家伙　庄稼　红的　房子　晴了　婆婆

活泼　泥鳅　粮食　胡琴　萝卜　行李　头发　坏的　扇子　睡了　弟弟　丈夫　意思　困难　骆驼

豆腐　吓唬　漂亮　我的　斧子　起了　姐姐　喇叭　老实　脊梁　马虎　耳朵　使唤　嘱咐　口袋

5. 儿化

(1)拔尖儿　白干儿　板擦儿　包干儿　爆肚儿　被窝儿　冰棍儿　岔道儿　差点儿　唱片儿

　　抽签儿　出头儿　串门儿　吹哨儿　春卷儿　大伙儿　打盹儿　打嗝儿　旦角儿　刀把儿

　　刀片儿　顶牛儿　顶事儿　豆芽儿　豆角儿　分成儿　干活儿　哥俩儿　个头儿　够本儿

　　光棍儿　锅贴儿　好玩儿　金鱼儿　开刃儿　口哨儿　裤兜儿　快板儿　老头儿　脸皮儿

　　聊天儿　领事儿　没事儿　面条儿　墨水儿

(2)纳闷儿　奶嘴儿　年头儿　纽扣儿　胖墩儿　刨根儿　破烂儿　巧劲儿　窍门儿　绕远儿

　　撒欢儿　扇面儿　上座儿　说头儿　透亮儿　玩意儿　围脖儿　下本儿　小辫儿　小孩儿

小曲儿 心眼儿 牙口儿 烟卷儿 烟嘴儿 一会儿 一块儿 一顺儿 一下儿 有点儿
有门儿 找茬儿 这会儿 针鼻儿 走调儿 走神儿 竹竿儿 抓阄儿

三、多音字和异读词

(1)阿毛 阿谀 挨着 挨打 扒拉 扒鸡 把握 刀把 叔伯 伯父 肩膀 膀胱
剥皮 剥削 薄饼 厚薄 刨子 刨土 背篓 背部 奔波 投奔 绷带 绷脸
复辟 精辟 方便 便宜 瘪三 干瘪 个别 别扭 槟榔 槟子 屏除 屏风
停泊 血泊 颠簸 簸箕 萝卜 占卜 参加 参差 人参 差异 很差 出差
收藏 西藏 曾经 曾孙 叉子 分叉 刹那 刹车 禅宗 禅让 颤动 颤栗

(2)答应 答案 苏打 打败 一沓 拖沓 大小 大夫 逮住 逮捕 弹簧 子弹
当代 妥当 卧倒 倒退 得意 得去 的确 目的 提防 提高 都行 首都
阅读 句读 温度 猜度 驮子 驮运 恶心 恶劣 厌恶 哄笑 哄骗 起哄
发生 毛发 略噔 咯血 瓜葛 诸葛 蛤蜊 蛤蟆 送给 给予 哗啦 喧哗
豁口 豁达 茶几 几何 济济 经济 监督 太监 嚼舌 咀嚼 卡片 关卡

(3)翘首 翘舌 痞子 疟疾 闷热 解闷 模拟 模样 宁静 宁可 亲人 亲家
耳塞 要塞 闭塞 归宿 一宿 星宿 奔丧 丧失 掉色 彩色 杉木 云杉
上声 上下 稍微 稍息 服帖 帖子 碑帖 折腾 曲折 折本 相似 似的
技术 白术 游说 说明 相同 胡同 吞吐 呕吐 削皮 剥削 吐血 鲜血
殷红 殷切 应该 应对 雇佣 佣金 与其 参与 晕厥 月晕 包扎 扎实

(4)作坊 作文 著名 执著 旋转 转圈 中间 中意 挣扎 挣钱 占卜 侵占
着数 着急 着陆 发蒙 蒙蔽 蒙古 记载 运载 挑食 挑衅 踏实 践踏
撒开 撒嘴 喷射 喷香 泡桐 灯泡 嚷嚷 叫嚷 量杯 重量 空气 空白
蛋壳 躯壳 拮据 根据 结实 纠结 惊吓 恐吓 饱和 应和 和面 和弄
喝水 喝彩 牌坊 染坊 横竖 横财 冲锋 冲压 场院 操场 倔强 强大
强迫

四、易错词语读音训练

以下是在广播电视和日常生活中误读率较高的词语,可重点练习。

(1)谙熟 阿胶 白桦 包庇 背包 烘焙 比较 秘鲁 蝙蝠 编纂
濒临 摈除 不禁 刹那 参与 单于 抄袭 称职 乘车 成绩
鞭笞 炽热 处理 揣度 创伤 伺候 痤疮 挫折 答应 逮捕
当作 地方 堵塞 发酵 梵文 风靡 敷衍 符合 辐射 拂晓

(2)腹部 附和 复杂 甘肃 高涨 供给 勾当 骨髓 瑰宝 呱呱
骨头 哈达 干涸 横财 琥珀 混乱 混淆 几乎 机械 脊梁
给予 系扣 夹克 间断 教师 尽快 根茎 粳米 劲松 角色
拘泥 咀嚼 矩形 句读 镌刻 俊俏 立即 联袂 绿林 可恶

(3)猫腰 蓦然 模样 宁愿 蹒跚 毗邻 潜伏 强迫 翘首 悄然
请帖 亲家 龋齿 山冈 妊娠 说服 似的 结束 塑料 绦虫

太监	未遂	呜咽	侮辱	膝盖	纤维	癫痫	肖像	解数	挑衅
雪茄	绚烂	压轴	亚洲	燕山	友谊	因为	与其	允许	运转
(4)载体	暂时	油炸	粘连	着急	召开	照片	症结	脂肪	质量
秩序	诸位	卓越	着想	总得	一会儿				

四、普通话水平测试的模拟训练

请按普通话测试第二项要求练习:读每组的 100 个音节用时不超过 2.5 分钟。

(一)

水坝	开端	地方	堡垒	使馆	增加	区分
含糊	沙子	西安	把手	豆蔻	大伙儿	大炮
填写	目的	凭证	仓库	中伤	假想	春秋
有限	挂帅	紊乱	绝缘	旦角儿	审批	魔鬼
军法	总统	车辆	化肥	迎风	报酬	转动
炸裂	讲演	领导	透亮儿	院士	昆虫	庙宇
药方儿	至上	人性	沟通	计划	手脚	非同小可

(二)

朋友	签订	悲痛	祖国	汉字	生意	平常
演出	允许	润色	幅员	永世	老头儿	快活
归还	门诊	解剖	测试	迫切	旅馆	任务
操场	保证	愤怒	否认	锅贴儿	热烈	采取
杂技	近似	小瓮儿	面孔	绝望	装备	华侨
怀念	转向	蛙泳	旦角儿	搅浑	回味	卡壳
眩晕	虾酱	默哀	逆耳	苏绣	篮球	大相径庭

(三)

永远	材料	曾经	嫂子	处理	帮助	皇帝
分别	符合	感想	根据	航空	心眼儿	成品
庄稼	虽然	开学	老师	声调	摆动	校徽
询问	此时	恶性	飞快	聊天儿	儿女	童年
前头	杂志	满腔	流传	频率	穷人	云霞
率先	暖流	耳穴	干活儿	饶命	破灭	凶手
夹缝儿	花蕾	默写	早春	振作	洒脱	错综复杂

(四)

调味	宽敞	钞票	长处	扭转	摆布	反驳
僵化	砂轮儿	现场	人生	舰队	竹竿儿	夏令
主宰	正气	熟悉	原料	蠕动	行业	匈奴
后头	法定	攻克	红军	吹哨儿	食品	镜头

毕业	唾沫	铁饼	光源	毁坏	麻醉	吩咐
手球	相中	从来	够本儿	砂轮	外观	过滤
邻居	衰老	创建	悔改	升旗	小时	不约而同

（五）

解决	减数	下等	对策	地域	资料	投放
机动	沟渠	墨水儿	悲哀	农场	串门儿	缺点
怀念	如何	生物	困难	讨论	居民	前头
瞄准	芦苇	商量	调动	唱片儿	铁轨	破损
杰作	捆绑	汇报	犹如	原料	很好	砝码
丘陵	折磨	临床	脸皮儿	扎实	残杀	重型
逐步	可恶	预期	篡改	相互	喷射	不言而喻

（六）

本科	翻车	间谍	讨伐	雪白	玫瑰	怀孕
开春儿	盒子	随着	盛名	误解	走神儿	左右
晚期	忙乱	喷枪	浸渍	债务	此刻	重心
头脑	暂且	破碎	海岛	一会儿	永久	自然
票据	阻止	政党	听取	忍住	火光	双边
书画	涣散	外国	豆芽儿	乡村	下落	循环
导管	得意	口吻	肌肉	远东	开设	漫不经心

（七）

苍蝇	挂帅	爽朗	客气	阶梯	青草	走访
门面	宣扬	脑海	划分	然而	抽签儿	委派
水坝	敏锐	流程	转嫁	叛军	保全	条幅
到来	描述	电器	好歹	大伙儿	有时	上帝
民兵	厕所	重任	专横	破除	欢迎	茶炉
趋向	感谢	溃退	出头儿	杂居	作者	圈套
铺子	手绢儿	胸口	官位	纽约	矿物	鞠躬尽瘁

（八）

罢工	德语	破产	努力	制造	采访	类推
脑袋	冒尖儿	狠心	朋友	几何	纳闷儿	夹层
了解	苏醒	留念	夸张	可怜	奖券	磷酸
锐角	快活	钻戒	窗户	冰棍儿	同学	确实
陨灭	否定	宣战	永远	排球	凶狂	耳朵
争论	百货	气象	老头儿	稿子	华夏	匪徒
衰竭	产品	容忍	阳伞	翡翠	徇私	触目惊心

（九）

归侨	思想	枕头	口吻	比赛	低下	转动
秋收	人选	扇面儿	平均	办法	分成儿	途中
取缔	跑步	进攻	字符	唱歌	磨光	拱手
年代	攀登	旅行	参政	牙口儿	感慨	每天
雪白	细碎	本土	邻居	锻炼	溃退	海内
光明	稿子	混乱	被窝儿	簸箕	怀疑	上流
油茶	胃病	展品	询问	或者	绳套	不计其数

（十）

品种	剥削	内乱	春节	脑子	塑料	盆地
首长	胸怀	磕打	扭转	而且	个头儿	自费
怀孕	青翠	见识	选举	夸奖	显然	创伤
困境	保险	舌头	采购	刀把儿	桥梁	农民
野餐	偶合	裙带	任何	粉末	儿童	劝架
画面	乖巧	权利	烟嘴儿	烹饪	雄伟	取得
封锁	豆芽儿	顺序	参加	自由	进步	海市蜃楼

第三节　朗读作品

一、朗读的准备性练习

（一）朗读句子，注意语气词"啊"的音变

1.清晨，当第一束阳光射进舷窗时，它便敞开美丽的歌喉，唱啊唱，嘤嘤有韵，宛如春水淙淙。

2.是啊，我们有自己的祖国，小鸟也有它的归宿，人和动物都是一样啊，哪儿也不如故乡好！

3.这使我们都很惊奇，这又怪又丑的石头，原来是天上的啊！

4.推开门一看，嗬！好大的雪啊！

5.我想，不光是叔叔，我们每个人都是风筝，在妈妈手中牵着，从小放到大，再从家乡放到祖国最需要的地方去啊！

6.我仰望一碧蓝天，心底轻声呼喊：家乡的桥啊，我梦中的桥！

7.我想张开两臂抱住她，但这是怎样一个妄想啊。大约潭是很深的，故能蕴蓄着这样奇异的绿；仿佛蔚蓝的天融了一块在里面似的，这才这般的鲜润啊。

8.在它看来，狗该是多么庞大的怪物啊！

9.贫困中相濡以沫的一块糕饼，患难中心心相印的一个眼神，父亲一次粗糙的抚摸，女友一张温馨的字条……这都是千金难买的幸福啊。

10.我调查过了，你用泥块砸那些男生，是因为他们不守游戏规则，欺负女生；你砸他们，说明你很正直善良，且有批评不良行为的勇气，应该奖励你啊！王友感动极了，他流着眼泪后悔地喊道:"陶……陶校长你打我两下吧！我砸的不是坏人,而是自己的同学啊……"

(二)朗读句子和语段,注意停顿和重音

1.读下面的句子,体会不同的停顿所表达的不同意思。

(1)下雨天留客,天留我不留。

　　下雨天,留客天,留我不？留。

　　下雨天留客,天,留我不留？

(2)这次卖出的汽车,最贵的一辆/十七万。

　　这次卖出的汽车,最贵的/一辆十七万。

(3)无鸡鸭/也可,无鱼肉/也可,青菜一盘/足矣。

　　无鸡/鸭也可,无鱼/肉也可,青菜/一盘足矣。

2.读下面的语句,注意句中的恰当停顿。

(1)巡逻归来正月挂林梢。

(2)由河南驻马店记者报道。

(3)优秀女演员奖的获得者是:《闯关东》中文他娘的扮演者萨日娜。

(4)《还珠格格》掀起了前所未有的收视狂潮,赵薇也因此剧而一夜成名。

(5)一孕妇勇斗歹徒,在场的其他人却作壁上观。

3.读下面的句子,注意每个句子中的语法重音。

(1)我们的任务<u>完成</u>了。(主要动词)

(2)这件事<u>绝对</u>不像你想的那样。(表示程度的状语)

(3)她英语说得<u>好极</u>了。(表示程度的补语)

(4)<u>哪儿</u>来的这一帮人？(疑问代词)

4.根据括号中所提示的语境信息,试着确定每句话的语境重音。

(1)我知道你今天不上班。(但别人不知道。)

(2)我知道你今天不上班。(你不必再说了。)

(3)我知道你今天不上班。(不知道别人上不上班。)

(4)我知道你今天不上班。(不知道明天、后天上不上班。)

(5)我知道你今天不上班。(你为什么要撒谎说上班？)

(6)我知道你今天不上班。(不知道你有没有什么其他的安排。)

5.下面是《普通话水平测试用朗读作品》中的片段,注意朗读时重音的确定。

(1)在短时期内动物缺水要比缺少食物更加危险。(作品13号)

(2)水对今天的生命是如此重要,它对脆弱的原始生命,更是举足轻重了。(作品13号)

(3)胡先生,难道说白话文就毫无缺点吗？(作品15号)

(4)一年以后,市政府权威人士进行工程验收时,却说只用一根柱子支撑天花板太危险,要求莱伊恩再多加几根柱子。(作品19号)

(5)犯得着在大人都无须上班的时候让孩子去学校吗？(作品23号)

二、朗读作品

请按普通话测试第三项要求:读每篇作品"//"之前的400个音节用时不超过4分钟。

（一）

这是入冬以来,胶东半岛上第一场雪。

雪纷纷扬扬,下得很大。开始还伴着一阵儿小雨,不久就只见大片大片的雪花,从彤云密布的天空中飘落下来。地面上一会儿就白了。冬天的山村,到了夜里就万籁俱寂,只听得雪花簌簌地不断往下落,树木的枯枝被雪压断了,偶尔咯吱一声响。

大雪整整下了一夜。今天早晨,天放晴了,太阳出来了。推开门一看,嗬!好大的雪啊!山川、河流、树木、房屋,全都罩上了一层厚厚的雪,万里江山,变成了粉妆玉砌的世界。落光了叶子的柳树上挂满了毛茸茸亮晶晶的银条儿;而那些冬夏常青的松树和柏树上,则挂满了蓬松松沉甸甸的雪球儿。一阵风吹来,树枝轻轻地摇晃,美丽的银条儿和雪球儿簌簌地落下来,玉屑似的雪末儿随风飘扬,映着清晨的阳光,显出一道道五光十色的彩虹。

大街上的积雪足有一尺多深,人踩上去,脚底下发出咯吱咯吱的响声。一群群孩子在雪地里堆雪人,掷雪球儿。那欢乐的叫喊声,把树枝上的雪都震落下来了。

俗话说,"瑞雪兆丰年"。这个话有充分的科学根据,并不是一句迷信的成语。寒冬大雪,可以冻死一部分越冬的害虫;融化了的水渗进土层深处,又能供应//庄稼生长的需要。我相信这一场十分及时的大雪,一定会促进明年春季作物,尤其是小麦的丰收。有经验的老农把雪比做是"麦子的棉被"。冬天"棉被"盖得越厚,明春麦子就长得越好,所以又有这样一句谚语:"冬天麦盖三层被,来年枕着馒头睡。"

我想,这就是人们为什么把及时的大雪称为"瑞雪"的道理吧。

（作品 5 号）

❋ **语音提示**

1. 万籁俱寂 wànlài-jùjì　　2. 簌簌 sùsù　　3. 咯吱 gēzhī
4. 毛茸茸 máoróngróng　　5. 柏树 bǎishù　　6. 沉甸甸 chéndiàndiàn
7. 雪球儿 xuěqiúr　　8. 玉屑 yùxiè　　9 底下 dǐ·xià
10. 供应 gōngyìng　　11. 庄稼 zhuāngjia　　12. 馒头 mántou

（二）

夕阳落山不久,西方的天空,还燃烧着一片橘红色的晚霞。大海,也被这霞光染成了红色,而且比天空的景色更要壮观。因为它是活动的,每当一排排波浪涌起的时候,那映照在浪峰上的霞光,又红又亮,简直就像一片片霍霍燃烧着的火焰,闪烁着,消失了。而后面的一排,又闪烁着,滚动着,涌了过来。

天空的霞光渐渐地淡下去了,深红的颜色变成了绯红,绯红又变为浅红。最后,当这一切红光都消失了的时候,那突然显得高而远了的天空,则呈现出一片肃穆的神色。最早出现的启明星,在这蓝色的天幕上闪烁起来了。它是那么大,那么亮,整个广漠的天幕上只有它在那里放射着令人注目的光辉,活像一盏悬挂在高空的明灯。

夜色加浓,苍空中的"明灯"越来越多了。而城市各处的真的灯火也次第亮了起来,尤其是围绕在海港周围山坡上的那一片灯光,从半空倒映在乌蓝的海面上,随着波浪,晃动着,闪烁着,像一串流动着的珍珠,和那一片片密布在苍穹里的星斗互相辉映,煞是好看。

在这幽美的夜色中,我踏着软绵绵的沙滩,沿着海边,慢慢地向前走去。海水,轻轻地抚摸着细软的沙滩,发出温柔的//刷刷声。晚来的海风,清新而又凉爽。我的心里,有着说不出的兴奋和愉快。

夜风轻飘飘地吹拂着,空气中飘荡着一种大海和田禾相混合的香味儿,柔软的沙滩上还残留着白天太阳炙晒的余温。那些在各个工作岗位上劳动了一天的人们,三三两两地来到这软绵绵的沙滩上,他们浴着凉爽的海风,望着那缀满了星星的夜空,尽情地说笑,尽情地休憩。

(作品 12 号)

❖**语音提示**

1. 因为 yīn·wèi
2. 绯红 fēihóng
3. 显得 xiǎnde
4. 苍穹 cāngqióng
5. 煞 shà
6. 软绵绵 ruǎnmiánmián
7. 兴奋 xīngfèn
8. 混合 hùnhé
9. 炙晒 zhìshài
10. 缀 zhuì
11. 休憩 xiūqì

(三)

对于一个在北平住惯的人,像我,冬天要是不刮风,便觉得是奇迹;济南的冬天是没有风声的。对于一个刚由伦敦回来的人,像我,冬天要能看得见日光,便觉得是怪事;济南的冬天是响晴的。自然,在热带的地方,日光永远是那么毒,响亮的天气,反有点儿叫人害怕。可是,在北方的冬天,而能有温晴的天气,济南真得算个宝地。

设若单单是有阳光,那也算不了出奇。请闭上眼睛想:一个老城,有山有水,全在天底下晒着阳光,暖和安适地睡着,只等春风来把它们唤醒,这是不是理想的境界?小山整把济南围了个圈儿,只有北边缺着点口儿。这一圈小山在冬天特别可爱,好像是把济南放在一个小摇篮里,它们安静不动地低声地说:"你们放心吧,这儿准保暖和。"真的,济南的人们在冬天是面上含笑的。他们一看那些小山,心中便觉得有了着落,有了依靠。他们由天上看到山上,便不知不觉地想起:明天也许就是春天了吧?这样的温暖,今天夜里山草也许就绿起来了吧?就是这点儿幻想不能一时实现,他们也并不着急,因为这样慈善的冬天,干什么还希望别的呢!

最妙的是下点儿小雪呀。看吧,山上的矮松越发的青黑,树尖儿上//顶着一髻儿白花,好像日本看护妇。山尖儿全白了,给蓝天镶上一道银边。山坡上,有的地方雪厚点儿,有的地方草色还露着;这样,一道儿白,一道儿暗黄,给山们穿上一件带水纹儿的花衣;看着看着,这件花衣好像被风儿吹动,叫你希望看见一点儿更美的山的肌肤。等到快日落的时候,微黄的阳光斜射在山腰上,那点儿薄雪好像忽然害羞,微微露出点儿粉色。就是下小雪吧,济南是受不住大雪的,那些小山太秀气。

(作品 17 号)

❖**语音提示**

1. 觉得 juéde
2. 济南 Jǐnán
3. 地方 dìfang
4. 真得 zhēnděi
5. 眼睛 yǎnjing
6. 暖和 nuǎnhuo
7. 点儿 diǎnr
8. 着落 zhuóluò
9. 髻儿 jìr
10. 风儿 fēng'ér
11. 薄雪 báoxuě
12. 秀气 xiùqi

(四)

纯朴的家乡村边有一条河,曲曲弯弯,河中架一弯石桥,弓样的小桥横跨两岸。

每天,不管是鸡鸣晓月,日丽中天,还是月华泻地,小桥都印下串串足迹,洒落串串汗珠。

那是乡亲为了追求多棱的希望,兑现美好的遐想。弯弯小桥,不时荡过轻吟低唱,不时露出舒心的笑容。

因而,我稚小的心灵,曾将心声献给小桥:你是一弯银色的新月,给人间普照光辉;你是一把闪亮的镰刀,割刈着欢笑的花果;你是一根晃悠悠的扁担,挑起了彩色的明天!哦,小桥走进我的梦中。

我在漂泊他乡的岁月,心中总涌动着故乡的河水,梦中总看到弓样的小桥。当我访南疆探北国,眼帘闯进座座雄伟的长桥时,我的梦变得丰满了,增添了赤橙黄绿青蓝紫。

三十多年过去,我带着满头霜花回到故乡,第一紧要的便是去看望小桥。

啊!小桥呢?它躲起来了?河中一道长虹,浴着朝霞熠熠闪光。哦,雄浑的大桥敞开胸怀,汽车的呼啸、摩托的笛音、自行车的丁零,合奏着进行交响乐;南来的钢筋、花布,北往的柑橙、家禽,绘出交流欢悦图……

啊!蜕变的桥,传递了家乡进步的消息,透露了家乡富裕的声音。时代的春风,美好的追求,我蓦地记起儿时唱//给小桥的歌,哦,明艳艳的太阳照耀了,芳香甜蜜的花果捧来了,五彩斑斓的岁月拉开了!我心中涌动的河水,激荡起甜美的浪花。我仰望一碧蓝天,心底轻声呼喊:家乡的桥啊,我梦中的桥!

（作品18号）

❈语音提示

1. 曲曲弯弯 qūqū-wānwān　　2. 乡亲 xiāngqīn　　3. 棱 léng

4. 露出 lùchū　　5. 因而 yīn'ér　　6. 割刈 gēyì

7. 扁担 biǎndan　　8. 熠熠 yìyì　　9. 蜕变 tuìbiàn

10. 透露 tòulù　　11 蓦地 mòdì

（五）

没有一片绿叶,没有一缕炊烟,没有一粒泥土,没有一丝花香,只有水的世界,云的海洋。

一阵台风袭过,一只孤单的小鸟无家可归,落到被卷到洋里的木板上,乘流而下,姗姗而来,近了,近了!……

忽然,小鸟张开翅膀,在人们头顶盘旋了几圈儿,"噗啦"一声落到了船上。许是累了?还是发现了"新大陆"?水手撵它它不走,抓它,它乖乖地落在掌心。可爱的小鸟和善良的水手结成了朋友。

瞧,它多美丽,娇巧的小嘴,啄理着绿色的羽毛,鸭子样的扁脚,呈现出春草的鹅黄。水手们把它带到舱里,给它"搭铺",让它在船上安家落户,每天,把分到的一塑料桶淡水匀给它喝,把从祖国带来的鲜美的鱼肉分给它吃,天长日久,小鸟和水手的感情日趋笃厚。清晨,当第一束阳光射进舷窗时,它便敞开美丽的歌喉,唱啊唱,嘤嘤有韵,宛如春水淙淙。人类给它以生命,它毫不悭吝地把自己的艺术青春奉献给了哺育它的人。可能都是这样?艺术家们的青春只会献给尊敬他们的人。

小鸟给远航生活蒙上了一层浪漫色调。返航时,人们爱不释手,恋恋不舍地想把它带到异乡。可小鸟憔悴了,给水,不喝!喂肉,不吃!油亮的羽毛失去了光泽。是啊,我//们有自己的祖国,小鸟也有它的归宿,人和动物都是一样啊,哪儿也不如故乡好!

慈爱的水手们决定放开它,让它回到大海的摇篮去,回到蓝色的故乡去。离别前,这个大自然的朋友与水手们留影纪念。它站在许多人的头上,肩上,掌上,胳膊上,与喂养过它的人们,一起融进那蓝色的画面……

（作品 22 号）

❋ **语音提示**

1. 乘流而下 chéngliú'érxià	2. 噗啦 pūlā	3. 啄 zhuó
4. 塑料桶 sùliàotǒng	5. 匀 yún	6. 日趋笃厚 rìqūdǔhòu
7. 舷窗 xiánchuāng	8. 嘤嘤 yīngyīng	9. 淙淙 cóngcóng
10. 悭吝 qiānlìn	11. 哺育 bǔyù	

（六）

十年,在历史上不过是一瞬间。只要稍加注意,人们就会发现:在这一瞬间里,各种事物都悄悄经历了自己的千变万化。

这次重新访日,我处处感到亲切和熟悉,也在许多方面发觉了日本的变化。就拿奈良的一个角落来说吧,我重游了为之感受很深的唐招提寺,在寺内各处匆匆走了一遍,庭院依旧,但意想不到还看到了一些新的东西。其中之一,就是近几年从中国移植来的"友谊之莲"。

在存放鉴真遗像的那个院子里,几株中国莲昂然挺立,翠绿的宽大荷叶正迎风而舞,显得十分愉快。开花的季节已过,荷花朵朵已变为莲蓬累累。莲子的颜色正在由青转紫,看来已经成熟了。

我禁不住想:"因"已转化为"果"。

中国的莲花开在日本,日本的樱花开在中国,这不是偶然。我希望这样一种盛况延续不衰。可能有人不欣赏花,但决不会有人欣赏落在自己面前的炮弹。

在这些日子里,我看到了不少多年不见的老朋友,又结识了一些新朋友。大家喜欢涉及的话题之一,就是古长安和古奈良。那还用得着问吗,朋友们缅怀过去,正是瞩望未来。瞩目于未来的人们必将获得未来。

我不例外,也希望一个美好的未来。

为//了中日人民之间的友谊,我将不浪费今后生命的每一瞬间。

（作品 24 号）

❋ **语音提示**

1. 熟悉 shú·xī	2. 东西 dōngxi	3. 其中 qízhōng
4. 友谊 yǒuyì	5. 累累 léiléi	6. 莲子 liánzǐ
7. 瞩望 zhǔwàng		

（七）

梅雨潭闪闪的绿色招引着我们,我们开始追捉她那离合的神光了。揪着草,攀着乱石,小心探身下去,又鞠躬过了一个石穹门,便到了汪汪一碧的潭边了。

瀑布在襟袖之间,但是我的心中已没有瀑布了。我的心随潭水的绿而摇荡。那醉人的绿呀!仿佛一张极大极大的荷叶铺着,满是奇异的绿呀!我想张开两臂抱住她,但这是怎样一个妄想啊。

站在水边,望到那面,居然觉着有些远呢!这平铺着、厚积着的绿,着实可爱。她松松地皱缬着,像少妇拖着的裙幅;她滑滑的明亮着,像涂了"明油"一般,有鸡蛋清那样软,那样嫩;

她又不杂些尘滓,宛然一块温润的碧玉,只清清的一色——但你却看不透她!

我曾见过北京什刹海拂地的绿杨,脱不了鹅黄的底子,似乎太淡了。我又曾见过杭州虎跑寺近旁高峻而深密的"绿壁",丛叠着无穷的碧草与绿叶的,那又似乎太浓了。其余呢,西湖的波太明了,秦淮河的也太暗了。可爱的,我将什么来比拟你呢?我怎么比拟得出呢?大约潭是很深的,故能蕴蓄着这样奇异的绿;仿佛蔚蓝的天融了一块在里面似的,这才这般的鲜润啊。

那醉人的绿呀!我若能裁你以为带,我将赠给那轻盈的//舞女,她必能临风飘举了。我若能挹你以为眼,我将赠给那善歌的盲妹,她必明眸善睐了。我舍不得你,我怎舍得你呢?我用手拍着你,抚摩着你,如同一个十二三岁的小姑娘。我又掬你入口,便是吻着她了。我送你一个名字,我从此叫你"女儿绿",好吗?

第二次到仙岩的时候,我不禁惊诧于梅雨潭的绿了。

(作品25号)

❋ 语音提示

1. 着实 zhuóshí   2. 缬 xié   3. 尘滓 chénzǐ
4. 什刹海 Shíchàhǎi   5. 虎跑寺 Hǔpáosì   6. 蕴蓄 yùnxù
7. 挹 yì   8. 明眸善睐 míngmóu-shànlài   9. 抚摩 fǔmó
10. 掬 jū   11. 惊诧 jīngchà

(八)

在浩瀚无垠的沙漠里,有一片美丽的绿洲,绿洲里藏着一颗闪光的珍珠;这颗珍珠就是敦煌莫高窟。它坐落在我国甘肃省敦煌市三危山和鸣沙山的怀抱中。

鸣沙山东麓是平均高度为十七米的崖壁。在一千六百多米长的崖壁上,凿有大小洞窟七百余个,形成了规模宏伟的石窟群。其中四百九十二个洞窟中,共有彩色塑像两千一百余尊,各种壁画共四万五千多平方米。莫高窟是我国古代无数艺术匠师留给人类的珍贵文化遗产。

莫高窟的彩塑,每一尊都是一件精美的艺术品。最大的有九层楼那么高,最小的还不如一个手掌大。这些彩塑个性鲜明,神态各异。有慈眉善目的菩萨,有威风凛凛的天王,还有强壮勇猛的力士……

莫高窟壁画的内容丰富多彩,有的是描绘古代劳动人民打猎、捕鱼、耕田、收割的情景,有的是描绘人们奏乐、舞蹈、演杂技的场面,还有的是描绘大自然的美丽风光。其中最引人注目的是飞天。壁画上的飞天,有的臂挎花篮,采摘鲜花;有的反弹琵琶,轻拨银弦;有的倒悬身子,自天而降;有的彩带飘拂,漫天遨游;有的舒展着双臂,翩翩起舞。看着这些精美动人的壁画,就像走进了//灿烂辉煌的艺术殿堂。

莫高窟里还有一个面积不大的洞窟——藏经洞。洞里曾藏有我国古代的各种经卷、文书、帛画、刺绣、铜像等共六万多件。由于清朝政府腐败无能,大量珍贵的文物被外国强盗掠走。仅存的部分经卷,现在陈列于北京故宫等处。

莫高窟是举世闻名的艺术宝库。这里的每一尊彩塑、每一幅壁画、每一件文物,都是中国古代人民智慧的结晶。

(作品29号)

❀**语音提示**

1. 东麓 dōnglù 　　　 2. 塑像 sùxiàng 　　　 3. 菩萨 pú·sà

4. 琵琶 pí·pá 　　　　 5. 弦 xián 　　　　　 6. 遨游 áoyóu

7. 掠 lüè

(九)

有一次,苏东坡的朋友张鹗拿着一张宣纸来求他写一幅字,而且希望他写一点儿关于养生方面的内容。苏东坡思索了一会儿,点点头说:"我得到了一个养生长寿古方,药只有四味,今天就赠给你吧。"于是,东坡的狼毫在纸上挥洒起来,上面写着:"一曰无事以当贵,二曰早寝以当富,三曰安步以当车,四曰晚食以当肉。"

这哪里有药?张鹗一脸茫然地问。苏东坡笑着解释说,养生长寿的要诀,全在这四句里面。

所谓"无事以当贵",是指人不要把功名利禄、荣辱过失考虑得太多,如能在情志上潇洒大度,随遇而安,无事以求,这比富贵更能使人终其天年。

"早寝以当富",指吃好穿好、财货充足,并非就能使你长寿。对老年人来说,养成良好的起居习惯,尤其是早睡早起,比获得任何财富更加宝贵。

"安步以当车",指人不要过于讲求安逸、肢体不劳,而应多以步行来替代骑马乘车,多运动才可以强健体魄,通畅气血。

"晚食以当肉",意思是人应该用已饥方食、未饱先止代替对美味佳肴的贪吃无厌。他进一步解释,饿了以后才进食,虽然是粗茶淡饭,但其香甜可口会胜过山珍;如果饱了还要勉强吃,即使美味佳肴摆在眼前也难以//下咽。

苏东坡的四味"长寿药",实际上是强调了情志、睡眠、运动、饮食四个方面对养生长寿的重要性,这种养生观点即使在今天仍然值得借鉴。

(作品54号)

❀**语音提示**

1. 鹗 è 　　　　　　 2. 当 dàng 　　　　　 3. 乘车 chéngchē

4. 气血 qìxuè 　　　 5. 勉强 miǎnqiǎng 　　 6. 值得 zhí·dé

(十)

在一次名人访问中,被问及上个世纪最重要的发明是什么时,有人说是电脑,有人说是汽车,等等。但新加坡的一位知名人士却说是冷气机。他解释,如果没有冷气,热带地区如东南亚国家,就不可能有很高的生产力,就不可能达到今天的生活水准。他的回答实事求是,有理有据。

看了上述报道,我突发奇想:为什么没有记者问:"二十世纪最糟糕的发明是什么?"其实二〇〇二年十月中旬,英国的一家报纸就评出了"人类最糟糕的发明"。获此"殊荣"的,就是人们每天大量使用的塑料袋。

诞生于上个世纪三十年代的塑料袋,其家族包括用塑料制成的快餐饭盒、包装纸、餐用杯盘、饮料瓶、酸奶杯、雪糕杯等等。这些废弃物形成的垃圾,数量多、体积大、重量轻、不降解,给治理工作带来很多技术难题和社会问题。

比如,散落在田间、路边及草丛中的塑料餐盒,一旦被牲畜吞食,就会危及健康甚至导致死亡。填埋废弃塑料袋、塑料餐盒的土地,不能生长庄稼和树木,造成土地板结,而焚烧处理这些塑料垃圾,则会释放出多种化学有毒气体,其中一种称为二噁英的化合物,毒性极大。

此外,在生产塑料袋、塑料餐盒的//过程中使用的氟利昂,对人体免疫系统和生态环境造成的破坏也极为严重。

(作品60号)

❈ 语音提示

1. 塑料 sùliào   2. 垃圾 lājī   3. 体积 tǐjī

4. 散落 sànluò   5. 填 tián   6. 焚烧 fénshāo

7. 处理 chǔlǐ   8. 二噁英 èr'èyīng

第四节　命题说话

一、分析话题

普通话水平测试用说话题目共有 30 个(见本章相关链接 2)。

先对它们进行简单的分析归类。比如,叙述性的:我的学习生活,……说明性的:我知道的风俗,我喜欢的节日,……议论性的:谈谈社会公德,……再如,说人的,说物的,说事的……

然后可在每一种类型里选一个你熟悉和喜欢的题目,试着说一说,算作热身。

二、准备材料,列出提纲

下面有几个题目的说话提纲,你可以对它们作适合自己的修改和补充,然后试说一下。

1. 我的理想

(1)我的理想/我的第一个理想/我曾有过不止一个理想,但其中最重要的是……

(2)它产生的背景或原因:受什么人的影响/受什么事的触发。

(3)那时我对这个理想的认识和理解。

(4)它对我的影响/我为它做过什么:向人倾诉、与人争辩、在日记里描述/为了实现它而读了什么书,做过什么事。

(5)在这样的过程中对它的认识和理解有无改变。

(6)后来,坚持了/修正了/放弃了它。

(7)我现在的理想(依然)是……,理想和我,谁的改变更大一些?

2. 我的学习生活

(1)概述:到目前为止我一共有过哪几段学习生活。

(2)重点:要说其中最重要的那一段[这段生活的主要内容(感到充实快乐的部分和感到的艰辛、留下的遗憾)以及它之所以让我觉得重要的原因(与之相关的老师和同学、事件、学习内容或实践活动等让我得到的收获,克服困难解决问题带来的成长和感悟)]。

(3)小结:学习生活对人生的意义(如果能继续或重新拥有某一段学习生活……)。

3. 我所知道的风俗

(1)概述:我知道哪方面的风俗(风俗是积久而成的风气、习俗,包括风土人情、饮食习惯、服饰和文化活动等方面的地方特色,包含内容比较宽泛)——喝茶/饮酒/婚礼/春节/泼水节/少数民族服饰/各地美食……(简单概述某一类中的一种或几种)。

(2)重点:比如春节——糖瓜,祭灶,年夜饭,春联,倒贴福字,守岁,压岁钱,放爆竹,拜年,接财神,回娘家……

(3)小结:不同形式习俗中的共同点——寄托对亲人的祝福与关爱,对美好生活的热爱与向往。

4.学习普通话的体会

(1)什么是普通话,你是什么时候在什么情况下理解和认识这一概念的。现在呢?

(2)有没有遇到或听说过因为方言语音障碍引起误会的例子。

(3)你的学习方法和体会:给自己的普通话水平一个准确的定位;以此为依据,在语音、朗读和说话方面都学习一些什么内容,用什么方法学,收获如何。

(4)参加或即将参加普通话水平测试的感受或预期,对学习与应试关系的理解。

可以参考上面几例,为其余题目列出提纲。

三、计时模拟练习

把30个谈话题目组合搭配成15组写在纸上或制成题签,抽签后二选一进行3分钟的模拟自测。

第五节　综合模拟训练

普通话水平测试模拟试题(1)

一、读单音节字词(100个音节,共10分,限时3.5分钟)

定　饭　娘　拐　饵　缤　层　女　斯　尊　莺　煤　凯　挖　腮　扔　苴　光　察　泮
努　滋　润　兴　广　眠　疹　跳　棕　钱　片　效　淌　别　则　膜　筛　炯　微　匈
鱼　芭　抓　碟　艘　屡　提　川　兜　挤　滑　判　誓　琐　惹　二　良　罪　搞　迅
涕　物　然　愧　晕　拳　甲　措　致　豪　遏　淮　肥　砖　叔　博　綦　褒　炊　吩
坏　竭　水　订　催　均　求　俩　票　皿　逢　越　丢　驰　收　仔　拾　大　这　化

二、读多音节词语(100个音节,共20分,限时2.5分钟)

勉强　　而且　　品行　　吞并　　朋友　　表扬　　颠簸　　没错　　污秽
恶心　　越发　　劝说　　一块儿　雄伟　　儿孙　　上司　　咳嗽　　眨眼
悲惨　　晕车　　滑雪　　扩大　　排球　　三角　　采用　　墨水儿　冠军
暖气　　推广　　嫉妒　　孔乙己　日夜　　非常　　凤凰　　柠檬　　同志
挂帅　　牢房　　差点儿　远虑　　恰如　　告诫　　侍候　　肘子　　人才
忠臣　　棕榈　　加工　　继承权

三、朗读短文(400个音节,共30分,限时4分钟)

我不由得停住了脚步。

从未见过开得这样盛的藤萝,只见一片辉煌的淡紫色,像一条瀑布,从空中垂下,不见其发端,也不见其终极,只是深深浅浅的紫,仿佛在流动,在欢笑,在不停地生长。紫色的大条幅上,泛着点点银光,就像迸溅的水花。仔细看时,才知那是每一朵紫花中的最浅淡的部分,在和阳光互相挑逗。

　　这里除了光彩,还有淡淡的芳香。香气似乎也是浅紫色的,梦幻一般轻轻地笼罩着我。忽然记起十多年前,家门外也曾有过一大株紫藤萝,它依傍一株枯槐爬得很高,但花朵从来都稀落,东一穗西一串伶仃地挂在树梢,好像在察颜观色,试探什么。后来索性连那稀零的花串也没有了。园中别的紫藤花架也都拆掉,改种了果树。那时的说法是,花和生活腐化有什么必然关系。我曾遗憾地想:这里再看不见藤萝花了。

　　过了这么多年,藤萝又开花了,而且开得这样盛,这样密,紫色的瀑布遮住了粗壮的盘虬卧龙般的枝干,不断地流着,流着,流向人的心底。

　　花和人都会遇到各种各样的不幸,但是生命的长河是无止境的。我抚摸了一下那小小的紫色的花舱,那里满装了生命的酒酿,它张满了帆,在这//闪光的花的河流上航行。……

四、命题说话(请在下列话题中任选一个,共 40 分,说满 3 分钟)

　　1.我喜欢的明星(或其他知名人士)

　　2.我的愿望

普通话水平测试模拟试题(2)

一、读单音节字词(100 个音节,共 10 分,限时 3.5 分钟)

关	縻	别	价	冲	磁	央	卷	隘	毡	森	界	识	低	滨	夸	候	伤	怕	奠
散	捆	亩	降	颏	褐	田	尊	贼	拐	挚	亮	争	块	煌	鹅	催	亭	材	抓
飘	俩	寺	婆	究	虐	儿	丢	焕	良	兄	阎	攘	牛	拳	崩	粉	邢	沦	且
仔	伐	木	影	秦	烧	条	涩	流	风	葡	耳	床	坟	女	勋	位	闺	花	歪
口	侧	迟	岳	训	左	窘	篙	容	岛	炼	濒	丑	若	娃	审	贪	茉	余	芍

二、读多音节词语(100 个音节,共 20 分,限时 2.5 分钟)

采写	创立	上午	塑造	小瓮儿	农村	剂量	高度	寡妇
外在	差别	名词	过人	灯泡儿	满嘴	回归线	总之	收购
蛋黄儿	民兵	幼儿	完美	范围	正确	她们	死活	轻音乐
食用	群落	分布	生成	碑文	男女	必需	罢工	面貌
唱歌儿	出去	破产	奇怪	翎子	冬天	贫穷	叫唤	轮廓
放宽	风雅	千钧一发						

三、朗读短文(400 个音节,共 30 分,限时 4 分钟)

　　中国西部我们通常是指黄河与秦岭相连一线以西,包括西北和西南的十二个省、市、自治区。这块广袤的土地面积为五百四十六万平方公里,占国土总面积的百分之五十七;人口二点八亿,占全国总人口的百分之二十三。

　　西部是华夏文明的源头。华夏祖先的脚步是顺着水边走的:长江上游出土过元谋人牙齿化石,距今约一百七十万年;黄河中游出土过蓝田人头盖骨,距今约七十万年。这两处古人类都比距今约五十万年的北京猿人资格更老。

　　西部地区是华夏文明的重要发源地。秦皇汉武以后,东西方文化在这里交汇融合,从而有了丝绸之路的驼铃声声,佛院深寺的暮鼓晨钟。敦煌莫高窟是世界文化史上的一个奇迹,它在继承汉晋艺术传统的基础上,形成了自己兼收并蓄的恢宏气度,展现出精美绝伦的艺术形式和博大精深的文化内涵。秦始皇兵马俑、西夏王陵、楼兰古国、布达拉宫、三星堆、大足石刻等历史文化遗产,同样为世界所瞩目,成为中华文化重要的象征。

西部地区又是少数民族及其文化的集萃地,几乎包括了我国所有的少数民族。在一些偏远的少数民族地区,仍保留//了一些久远时代的艺术品种,……

四、命题说话(请在下列话题中任选一个,共40分,说满3分钟)

　　1.我尊敬的人

　　2.我和体育

普通话水平测试模拟试题(3)

一、读单音节字词(100个音节,共10分,限时3.5分钟)

夏　白　东　吃　凡　膜　坏　成　第　决　坡　讲　冷　筷　就　跑　黄　刻　寸　铃
交　美　牌　缺　临　热　钢　如　闪　胃　面　停　寻　痛　米　水　树　象　无　投
销　余　握　云　掩　艘　芽　赚　涌　蒜　容　腮　鹰　罪　浊　群　总　窑　粥　灶
爽　客　拽　形　原　镇　悬　菌　液　整　拔　扭　私　翁　恩　橱　匪　二　囚　画
镊　鼻　搭　躯　沧　稿　而　施　琴　嫁　琼　沉　凝　柑　雌　刷　虐　轮　疯　肢

二、读多音节词语(100个音节,共20分,限时2.5分钟)

日报　　后边　　挑拨　　赔偿　　快跑　　品种　　灭亡　　充分　　月饼
脂肪　　虐待　　斗争　　有门儿　尸体　　紫外线　通信　　酿造　　儿女
迥然　　辛劳　　留学　　乘凉　　混乱　　哑巴　　掌管　　差点儿　光泽
可以　　挖苦　　玫瑰　　亏损　　爱护　　危急　　人家　　筷子　　衰竭
耍奸　　案卷　　大伙儿　乔装　　情愿　　穷酸　　允许　　东西　　创伤
存在　　错误　　思索　　买雨伞

三、朗读短文(400个音节,共30分,限时4分钟)

　　我为什么非要教书不可?是因为我喜欢当教师的时间安排表和生活节奏。七、八、九三个月给我提供了进行回顾、研究、写作的良机,并将三者有机融合,而善于回顾、研究和总结正是优秀教师素质中不可缺少的成分。

　　干这行给了我多种多样的"甘泉"去品尝,找优秀的书籍去研读,到"象牙塔"和实际世界里去发现。教学工作给我提供了继续学习的时间保证,以及多种途径、机遇和挑战。

　　然而,我爱这一行的真正原因,是爱我的学生。学生们在我的眼前成长、变化。当教师意味着亲历"创造"过程的发生——恰似亲手赋予一团泥土以生命,没有什么比目睹它开始呼吸更激动人心的了。

　　权利我也有了:我有权利去启发诱导,去激发智慧的火花,去问费心思考的问题,去赞扬回答的尝试,去推荐书籍,去指点迷津。还有什么别的权利能与之相比呢?

　　而且,教书还给我金钱和权利之外的东西,那就是爱心。不仅有对学生的爱,对书籍的爱,对知识的爱,还有教师才能感受到的对"特别"学生的爱。这些学生,有如冥顽不灵的泥块,由于接受了老师的炽爱才勃发了生机。

所以,我爱教书,还因为,在那些勃发生机的"特别"学//生身上,……

四、命题说话(请在下列话题中任选一个,共40分,说满3分钟)

　　1. 我喜欢的季节

　　2. 我的家乡

普通话水平测试模拟试题(4)

一、读单音节字词(100个音节,共10分,限时3.5分钟)

摆　飞　呐　请　事　格　财　刬　儿　缠　鹊　纽　鹤　抱　想　水　股　蜷　圆　女

惨　办　闹　晒　乖　叉　佛　分　蹭　观　撤　踝　聂　捧　疮　淡　让　冷　吸　沉

糠　自　坯　哨　乳　偶　憔　矩　冬　零　孙　篇　新　夸　哑　涩　脓　弱　飘　审

读　流　歇　翁　嫁　抠　吞　诱　旬　真　湿　母　她　面　潦　金　弦　腮　琼　砖

姚　窘　宋　邪　局　座　坏　堆　美　瘟　思　裙　波　撞　掘　盒　总　摸　强　洒

二、读多音节词语(100个音节,共20分,限时2.5分钟)

诚意　黑暗　符合　滑冰　萝卜　审查　夹层　总理　全能

刀把儿　穷人　掂量　率领　婚姻　仁慈　夏装　云彩　而且

难怪　锅贴儿　辅佐　科学　花鸟　漂亮　金鱼儿　假条　毛巾

规矩　灭亡　拼命　瓦匠　熨斗　思维　非常　蒜瓣儿　日食

缺口　许可　法律　减缩　铁道　丧失　原则　群众　碎步儿

圆舞曲　偶然性　弄虚作假

三、朗读短文(400个音节,共30分,限时4分钟)

　　其实你在很久以前并不喜欢牡丹,因为它总被人作为富贵膜拜。后来你目睹了一次牡丹的落花,你相信所有的人都会为之感动:一阵清风徐来,娇艳鲜嫩的盛期牡丹忽然整朵整朵地坠落,铺撒一地绚丽的花瓣。那花瓣落地时依然鲜艳夺目,如同一只奉上祭坛的大鸟脱落的羽毛,低吟着壮烈的悲歌离去。

　　牡丹没有花谢花败之时,要么烁于枝头,要么归于泥土,它跨越委顿和衰老,由青春而死亡,由美丽而消遁。它虽美却不吝惜生命,即使告别也要展示给人最后一次的惊心动魄。

　　所以在这阴冷的四月里,奇迹不会发生。任凭游人扫兴和诅咒,牡丹依然安之若素。它不苟且、不俯就、不妥协、不媚俗,甘愿自己冷落自己。它遵循自己的花期自己的规律,它有权利为自己选择每年一度的盛大节日。它为什么不拒绝寒冷?

　　天南海北的看花人,依然络绎不绝地涌入洛阳城。人们不会因牡丹的拒绝而拒绝它的美。如果它再被贬谪十次,也许它就会繁衍出十个洛阳牡丹城。

　　于是你在无言的遗憾中感悟到,富贵与高贵只是一字之差。同人一样,花儿也是有灵性的,更有品位之高低。品位这东西为气为魂为//筋骨为神韵,……

四、命题说话(请在下列话题中任选一个,共40分,说满3分钟)

　　1. 学习普通话的体会

　　2. 我所在的集体(学校、机关、公司等)

普通话水平测试模拟试题(5)

一、读单音节字词(100个音节,共10分,限时3.5分钟)

吱　收　洼　存　寞　厄　松　巡　快　需　彻　土　泼　肆　沸　若　测　醇　热　砸

艘　踪　郁　坏　感　斥　秒　窘　诚　听　梗　壁　且　标　烁　糙　踢　梁　儒　奋

亮　用　铭　环　甲　摒　枪　垮　全　楞　赃　嫩　况　软　肯　虐　察　段　穷　垦

陌　女　丢　歪　税　涵　驯　谬　固　而　辩　靠　免　汝　破　戮　灭　韵　材　玩

微　牛　贫　风　释　俩　规　贼　滨　房　岛　瓢　约　倦　花　却　状　值　雕　乖

二、读多音节词语(100个音节,共20分,限时2.5分钟)

灵敏　满载　背面　把握　后代　耳目　电视　中断　池塘

梳子　宁可　告终　口哨儿　食品　畏惧　寿命　疯狂　话剧

祝贺　算盘　眼角　经济　相反　热潮　书籍　下本儿　整数

议院　蟋蟀　汇报　隶属　修改　磁头　运输　抗击　分界

城郊　春播　破烂儿　胳膊　窑洞　表里　愿望　少量　自称

回去　作品　东道主　回归线

三、朗读短文(400个音节,共30分,限时4分钟)

　　一位访美中国女作家,在纽约遇到一位卖花的老太太。老太太穿着破旧,身体虚弱,但脸上的神情却是那样祥和兴奋。女作家挑了一朵花说:"看起来,你很高兴。"老太太面带微笑地说:"是的,一切都这么美好,我为什么不高兴呢?""对烦恼,你倒真能看得开。"女作家又说了一句。没料到,老太太的回答更令女作家大吃一惊:"耶稣在星期五被钉上十字架时,是全世界最糟糕的一天,可三天后就是复活节。所以,当我遇到不幸时,就会等待三天,这样一切就恢复正常了。"

　　"等待三天",多么富于哲理的话语,多么乐观的生活方式。它把烦恼和痛苦抛下,全力去收获快乐。

　　沈从文在"文革"期间,陷入了非人的境地。可他毫不在意,他在咸宁时给他的表侄、画家黄永玉写信说:"这里的荷花真好,你若来……"身陷苦难却仍为荷花的盛开欣喜赞叹不已,这是一种趋于澄明的境界,一种旷达洒脱的胸襟,一种面临磨难坦荡从容的气度,一种对生活童子般的热爱和对美好事物无限向往的生命情感。

　　由此可见,影响一个人快乐的,有时并不是困境及磨难,而是一个人的心态。如果把自己浸泡在积极、乐观、向上的心态中,快乐必然会//占据你的每一天。

四、命题说话(请在下列话题中任选一个,共40分,说满3分钟)

　　1.难忘的旅行

　　2.谈谈卫生与健康

普通话水平测试模拟试题(6)

一、读单音节字词(100个音节,共10分,限时3.5分钟)

投　墙　邢　字　锰　丢　权　乃　俩　响　准　容　掼　夭　葵　痴　漾　人　贴　摒

窘　来　权　沸　瓜　悦　宗　疮　捶　甜　炼　导　饿　民　叱　宾　留　呈　筷　蕊

澳 映 丢 破 办 棉 税 扑 完 换 寻 宋 删 女 床 飘 攘 娘 湿 沫
菇 拐 肾 谍 若 戈 谆 梁 元 贷 铐 金 虐 寰 偃 窜 体 鸥 架 问
发 盆 啬 变 列 仔 穷 俩 形 北 酸 奋 次 昆 尔 州 忱 崩 操 用

二、读多音节词语(100个音节,共20分,限时2.5分钟)

道德	耳朵	滋润	勇于	熏陶	影响	山坡	嫩绿	愿意
小孩儿	团伙	旁听	贵重	勤恳	率领	思潮	西藏	采访
恰好	拔尖儿	外围	灭绝	喇嘛	肥壮	夸奖	月亮	勾画
师风	责任	出圈儿	庄稼	马匹	讲义	丝绒	回敬	迷糊
私人	筹谋	上班	倍增	幌子	揣测	城镇	蜡烛	得力
里程碑	电磁波	排忧解难						

三、朗读短文(400个音节,共30分,限时4分钟)

我在俄国见到的景物再没有比托尔斯泰墓更宏伟、更感人的。

完全按照托尔斯泰的愿望,他的坟墓成了世间最美的,给人印象最深刻的坟墓。它只是树林中的一个小小的长方形土丘,上面开满鲜花——没有十字架,没有墓碑,没有墓志铭,连托尔斯泰这个名字也没有。

这位比谁都感到受自己的声名所累的伟人,却像偶尔被发现的流浪汉,不为人知的士兵,不留名姓地被人埋葬了。谁都可以踏进他最后的安息地,围在四周稀疏的木栅栏是不关闭的——保护列夫·托尔斯泰得以安息的没有任何别的东西,惟有人们的敬意;而通常,人们却总是怀着好奇,去破坏伟人墓地的宁静。

这里,逼人的朴素禁锢住任何一种观赏的闲情,并且不容许你大声说话。风儿俯临,在这座无名者之墓的树木之间飒飒响着,和暖的阳光在坟头嬉戏;冬天,白雪温柔地覆盖这片幽暗的土地。无论你在夏天或冬天经过这儿,你都想象不到,这个小小的、隆起的长方体里安放着一位当代最伟大的人物。

然而,恰恰是这座不留姓名的坟墓,比所有挖空心思用大理石和奢华装饰建造的坟墓更扣人心弦。在今天这个特殊的日子里,//……

四、命题说话(请在下列话题中任选一个,共40分,说满3分钟)

1. 谈谈对环境保护的认识

2. 童年的记忆

普通话水平测试模拟试题(7)

一、读单音节字词(100个音节,共10分,限时3.5分钟)

掐 愤 阔 哼 赏 黑 吓 防 盆 惹 盒 压 否 刷 冰 倚 秃 敢 掏 肯
儿 宣 碍 税 篡 躲 拭 促 凡 松 炉 尔 习 虐 匪 焊 祠 塞 搞 咆
床 拥 并 女 戳 祖 涕 笑 跃 漂 眠 我 牛 垂 愤 光 球 抵 炯 援
皇 纹 掰 尊 徊 致 然 仔 政 免 搜 斯 陪 乍 尔 拨 闽 惊 娃 却
亮 存 责 俊 伤 填 刮 擦 料 灯 假 破 盗 逊 琼 消 抓 姐 牙 筷

二、读多音节词语(100个音节,共20分,限时2.5分钟)

被子	统治	卡车	幸福	抄写	怎么	哀悼	幻灯	自私
门口	内容	控制	年头儿	兄弟	处理	散步	破产	烈士
加热	防止	个体	几乎	正常	商业	送行	有点儿	否认
拐弯	军阀	复杂	觉得	逐渐	顺利	儿子	电压	夸奖
取消	信誉	小孩儿	跳舞	广播	重要	凑合	燃烧	翠绿
疼痛	亏损	炸弹	冰天雪地					

三、朗读短文(400个音节,共30分,限时4分钟)

　　我爱月夜,但我也爱星天。从前在家乡七八月的夜晚在庭院里纳凉的时候,我最爱看天上密密麻麻的繁星。望着星天,我就会忘记一切,仿佛回到了母亲的怀里似的。

　　三年前在南京我住的地方有一道后门,每晚我打开后门,便看见一个静寂的夜。下面是一片菜园,上面是星群密布的蓝天。星光在我们的肉眼里虽然微小,然而它使我们觉得光明无处不在。那时候我正在读一些天文学的书,也认得一些星星,好像它们就是我的朋友,它们常常在和我谈话一样。

　　如今在海上,每晚和繁星相对,我把它们认得很熟了。我躺在舱面上,仰望天空。深蓝色的天空里悬着无数半明半昧的星。船在动,星也在动,它们是这样低,真是摇摇欲坠呢!

　　渐渐地我的眼睛模糊了,我好像看见无数萤火虫在我的周围飞舞。海上的夜是柔和的,是静寂的,是梦幻的。我望着许多认识的星,我仿佛看见它们在对我眨眼,我仿佛听见它们在小声说话。这时我忘记了一切。在星的怀抱中我微笑着,我沉睡着。我觉得自己是一个小孩子,现在睡在母亲的怀里了。

　　有一夜,那个在哥伦波上船的英国人指给我看天上的巨人。他用手指着://那四颗明亮的星是头,……

四、命题说话(请在下列话题中任选一个,共40分,说满3分钟)

　　1. 我向往的地方

　　2. 谈谈美食

普通话水平测试模拟试题(8)

一、读单音节字词(100个音节,共10分,限时3.5分钟)

非	防	耳	床	千	女	银	操	若	米	霞	崩	恬	资	瓶	标	延	快	批	喝
顿	宙	迁	破	墙	凯	常	铝	麦	啼	捧	尺	呆	悯	搂	剽	饵	奏	撕	仍
港	咱	匈	婴	猪	吭	瓜	洒	嘹	租	拿	痛	坐	约	绵	彬	噙	巡	由	丢
餐	扣	次	童	换	槽	梦	罚	森	沼	晾	褥	抓	兑	税	牛	漩	站	公	侹
俄	违	口	备	卷	翩	鹊	犬	戳	鳖	柔	卫	你	佩	时	谢	型	姐	窘	磺

二、读多音节词语(100个音节,共20分,限时2.5分钟)

锥子	充分	豪迈	姑娘	小葱儿	博物馆	平日	螺旋	男女
创造	懒得	侵略	穿山甲	财产	脸盘儿	配合	双方	港口
课文	刺猬	调查	强化	休眠	辽阔	到处	军区	理应

呼声　　透明　　广度　　春卷儿　　夫人　　胸脯　　秩序　　发送　　特别
精品　　犯罪　　浑身　　商店　　大伙儿　开辟　　结业　　拱手　　作风
民众　　实体　　一块儿　征求

三、朗读短文(400 个音节，共 30 分，限时 4 分钟)

　　享受幸福是需要学习的，当它即将来临的时刻需要提醒。人可以自然而然地学会感官的享乐，却无法天生地掌握幸福的韵律。灵魂的快意同器官的舒适像一对孪生兄弟，时而相傍相依，时而南辕北辙。

　　幸福是一种心灵的震颤。它像会倾听音乐的耳朵一样，需要不断地训练。

　　简而言之，幸福就是没有痛苦的时刻。它出现的频率并不像我们想象的那样少。人们常常只是在幸福的金马车已经驶过去很远时，才捡起地上的金鬃毛说，原来我见过它。

　　人们喜爱回味幸福的标本，却忽略它披着露水散发清香的时刻。那时候我们往往步履匆匆，瞻前顾后不知在忙着什么。

　　世上有预报台风的，有预报蝗灾的，有预报瘟疫的，有预报地震的。没有人预报幸福。

　　其实幸福和世界万物一样，有它的征兆。

　　幸福常常是朦胧的，很有节制地向我们喷洒甘霖。你不要总希望轰轰烈烈的幸福，它多半只是悄悄地扑面而来。你也不要企图把水龙头拧得更大，那样它会很快地流失。你需要静静地以平和之心，体验它的真谛。

　　幸福绝大多数是朴素的。它不会像信号弹似的，在很高的天际闪烁红色的光芒。它披着本色的外//衣，亲切温暖地包裹起我们。……

四、命题说话(请在下列话题中任选一个，共 40 分，说满 3 分钟)

　　1.我的朋友

　　2.谈谈个人修养

普通话水平测试模拟试题(9)

一、读单音节字词(100 个音节，共 10 分，限时 3.5 分钟)

后　洼　尔　蜗　百　阿　抓　跤　拥　笋　徊　团　亮　软　婴　垮　烘　舌　暗　久
尊　梯　徇　挠　节　俩　别　宣　娘　挂　刷　蛙　辖　彬　厄　斯　篇　栽　川　郑
环　悦　海　光　夫　窘　候　床　廓　兑　君　求　律　狞　酸　拷　粹　飘　泅　恃
真　收　臀　驰　革　容　微　章　略　它　丢　亡　鞭　纫　森　则　历　址　肉　顶
蘑　砍　目　次　捅　阅　委　退　裙　诞　设　挫　源　休　哭　肝　乱　尔　谋　泉

二、读多音节词语(100 个音节，共 20 分，限时 2.5 分钟)

选民　　原野　　女神　　月夜　　老翁　　寻常　　婆家　　绿肥　　虐待
包干儿　拐杖　　黄金　　吞咽　　运行　　创刊　　润滑　　短小　　钻石
快乐　　有点儿　风筝　　穷苦　　冰箱　　游泳　　绕远儿　猕猴　　火腿
气愤　　可怕　　伦理　　武断　　采集　　逗留　　迸发　　脖颈儿　美容
架设　　夸奖　　册封　　踏步　　四十　　拉拢　　而且　　平米　　武艺
农作物　锦标赛　得心应手

三、朗读短文(400个音节,共30分,限时4分钟)

对于中国的牛,我有着一种特别尊敬的感情。

留给我印象最深的,要算在田垄上的一次"相遇"。

一群朋友郊游,我领头在狭窄的阡陌上走,怎料迎面来了几头耕牛,狭道容不下人和牛,终有一方要让路。它们还没有走近,我们已经预计斗不过畜牲,恐怕难免踩到田地泥水里,弄得鞋袜又泥又湿了。正踟蹰的时候,带头的一头牛,在离我们不远的地方停下来,抬起头看看,稍迟疑一下,就自动走下田去。一队耕牛,全跟着它离开阡陌,从我们身边经过。

我们都呆了,回过头来,看着深褐色的牛队,在路的尽头消失,忽然觉得自己受了很大的恩惠。

中国的牛,永远沉默地为人做着沉重的工作。在大地上,在晨光或烈日下,它拖着沉重的犁,低头一步又一步,拖出了身后一列又一列松土,好让人们下种。等到满地金黄或农闲时候,它可能还得担当搬运负重的工作;或终日绕着石磨,朝同一方向,走不计程的路。

在它沉默的劳动中,人便得到应得的收成。

那时候,也许它可以松一肩重担,站在树下,吃几口嫩草。偶尔摇摇尾巴,摆摆耳朵,赶走飞附身上的苍蝇,已经算是它最闲适的生活了。

中国的牛,没有成群奔跑的习//惯,……

四、命题说话(请在下列话题中任选一个,共40分,说满3分钟)

1.购物(消费)的感受

2.我喜爱的职业

普通话水平测试模拟试题(10)

一、读单音节字词(100个音节,共10分,限时3.5分钟)

迁 雄 奏 厄 材 躁 练 新 粘 宦 轩 平 克 飞 昼 帝 求 维 抓 池
恰 昨 丢 迈 律 癌 队 革 赃 懦 光 糙 飒 品 龟 边 坑 话 沁 女
听 湍 绵 导 液 俊 胜 黑 蔑 晒 饿 俺 拂 披 吩 型 瓜 宾 掉 桃
肺 快 若 吞 娘 洗 艘 暇 钮 真 枝 男 窘 休 蚊 最 妆 悬 矿 俩
目 松 墙 岳 魏 川 扛 次 兢 痴 爹 醇 权 署 桌 苍 站 裙 匆 兼

二、读多音节词语(100个音节,共20分,限时2.5分钟)

起点 强度 大鼓 高温 陶冶 成长 心思 动作 战争
规定 名牌儿 富翁 邮戳儿 塑料 纺织品 哥们儿 分散 功利
破裂 翅膀 商标 时而 研究员 办法 确认 码头 货款
背后 痰盂儿 悔改 计量 好意 临床 天体 周围 男女
疯子 恒星 下边 传递 存亡 核对 印刷 另外 快乐
增多 内涵 举足轻重

三、朗读短文(400个音节,共30分,限时4分钟)

假日到河滩上转转,看见许多孩子在放风筝。一根根长长的引线,一头系在天上,一头系在地上,孩子同风筝都在天与地之间悠荡,连心也被悠荡得恍恍惚惚了,好像又回到了童年。

儿时放的风筝,大多是自己的长辈或家人编扎的,几根削得很薄的篾,用细纱线扎成各种鸟兽的造型,糊上雪白的纸片,再用彩笔勾勒出面孔与翅膀的图案。通常扎得最多的是"老雕""美人儿""花蝴蝶"等。

我们家前院就有位叔叔,擅扎风筝,远近闻名。他扎的风筝不只体型好看,色彩艳丽,放飞得高远,还在风筝上绷一叶用蒲苇削成的膜片,经风一吹,发出"嗡嗡"的声响,仿佛是风筝的歌唱,在蓝天下播扬,给开阔的天地增添了无尽的韵味,给驰荡的童心带来几分疯狂。

我们那条胡同的左邻右舍的孩子们放的风筝几乎都是叔叔编扎的。他的风筝不卖钱,谁上门去要,就给谁,他乐意自己贴钱买材料。

后来,这位叔叔去了海外,放风筝也渐与孩子们远离了。不过年年叔叔给家乡写信,总不忘提起儿时的放风筝。香港回归之后,他在家信中说到,他这只被故乡放飞到海外的风筝,尽管飘荡游弋,经沐风雨,可那线头儿一直在故乡和//亲人手中牵着,……

四、命题说话(请在下列话题中任选一个,共 40 分,说满 3 分钟)

　　1.谈谈服饰

　　2.我喜爱的书刊

❖❖❖ 相关链接 1

普通话水平测试用朗读作品

说　明

1.60 篇朗读作品供普通话水平测试中的"朗读短文"测试使用。为适应测试需要,必要时对原作品做了部分更动。

2.朗读作品的顺序,按篇名的汉语拼音顺序排列。

3.每篇作品采用汉字和汉语拼音对照的方式编排。

4.每篇作品在第 400 个音节后用双斜线"//"标注。

5.为适应朗读的需要,作品中的数字一律采用汉字的书写方式书写,如"1958 年"写作"一九五八年","23％",写作"百分之二十三"。

6.加注的汉语拼音,在依据《汉语拼音正词法基本规则》拼写的基础上,也考虑到测试的特殊需要而略有变通。

7.对有"音变"的词语的注音,按惯例只标本调,不标变调。

8.作品中的必读轻声音节,拼音不标调号。一般轻读,间或重读的音节,拼音加注调号,并在拼音前加圆点提示,如"因为",拼音写作"yīn · wèi","差不多",拼音写作"chà · buduō"。

9.作品中的儿化音节分两种情况。一是书面上加"儿",拼音时在基本形式后加"r",如"小孩儿",拼音写作"xiǎoháir";第二是书面上没有加"儿",但口语里一般儿化的音节,拼音时也在基本形式后加"r",如"胡同",拼音写作"hútòngr"。

Zuòpǐn 1 Hào
作品 1 号

Nà shì lì zhēng shàngyóu de　yī zhǒng shù　bǐ zhí de gàn　bǐ zhí de zhī　　Tā de gàn ne　tōngcháng
那　是　力　争　　上　游　的　一　种　树,笔　直　的　干,笔　直　的　枝。它　的　干　呢,通　常

shì zhàngbǎ gāo xiàng shì jiā yǐ réngōng shìde   yī zhàng yǐnèi jué wú pángzhī tā suǒyǒu de yāzhī ne
是 丈 把 高，像 是 加 以 人 工 似的，一 丈 以 内，绝 无 旁 枝；它 所 有 的 桠枝 呢，

yī lǜ xiàngshàng ér qiě jǐnjǐn kàolǒng yě xiàng shì jiā yǐ réngōng shìde chéngwéi yī shù juéwú héng
一 律 向 上 ，而 且 紧 紧 靠 拢，也 像 是 加 以 人 工 似的，成 为 一 束，绝 无 横

xié yìchū tā de kuāndà de yè zi yě shì piànpiàn xiàngshàng jī hū méi·yǒu xiéshēng de gèng bùyòng
斜 逸 出；它 的 宽 大 的 叶 子 也 是 片 片 向 上 ，几 乎 没 有 斜 生 的，更 不 用

shuō dàochuí le tā de pí guānghuá ér yǒu yínsè de yùnquān wēiwēi fànchū dànqīngsè Zhè shì suī
说 倒 垂 了；它 的 皮， 光 滑 而 有 银 色 的 晕 圈，微 微 泛 出 淡 青 色。这 是 虽

zài běifāng de fēngxuě de yāpò xià què bǎochí zhe juéjiàng tǐng lì de yī zhǒng shù Nǎpà zhǐyǒu wǎnlái
在 北 方 的 风 雪 的 压 迫 下 却 保 持 着 倔 强 挺 立 的 一 种 树！哪 怕 只 有 碗 来

cū xì ba tā què nǔ lì xiàngshàng fā zhǎn gāodào zhàngxǔ liǎngzhàng cāntiān sǒng lì bùzhé-bùnáo
粗 细 罢，它 却 努 力 向 上 发展，高 到 丈 许，两 丈 ，参 天 耸 立，不 折 不 挠，

duìkàng zhe xī běifēng
对 抗 着 西 北 风 。

Zhè jiùshì báiyángshù xī běi jí pǔtōng de yī zhǒng shù rán'ér juébù shì píngfán de shù
这 就 是 白 杨 树，西 北 极 普 通 的 一 种 树，然 而 决 不 是 平 凡 的 树！

Tā méi·yǒu pó suō de zī tài méi·yǒu qū qū pán xuán de qiúzhī yě xǔ nǐ yào shuō tā bù měi
它 没 有 婆 娑 的 姿 态，没 有 屈 曲 盘 旋 的 虬 枝，也 许 你 要 说 它 不 美

lì rúguǒ měi shì zhuānzhǐ pó suō huò héngxié yìchū zhīlèi ér yán nàme báiyángshù suàn
丽，——如 果 美 是 专 指"婆 娑"或" 横 斜 逸 出"之 类 而 言，那 么，白 杨 树 算

bù·dé shùzhōng de hǎo nǚ zǐ dànshì tā què shì wěi'àn zhèngzhí pǔzhì yánsù yě bù quē fá wēnhé
不 得 树 中 的 好 女 子；但 是 它 却 是 伟 岸，正 直，朴 质，严 肃，也 不 缺 乏 温 和，

gèng bùyòng tí tā de jiānqiáng bùqū yǔ tǐngbá tā shì shùzhōng de wěi zhàng fū Dāng nǐ zài jī xuě
更 不 用 提 它 的 坚 强 不 屈 与 挺 拔，它 是 树 中 的 伟 丈 夫！当 你 在 积 雪

chūróng de gāoyuán·shàng zǒuguò kàn·jiàn píngtǎn de dà dì·shàng àorán tǐng lì zhème yī zhū huò
初 融 的 高 原 上 走 过，看 见 平 坦 的 大 地 上 傲 然 挺 立 这 么 一 株 或

yī pái báiyángshù nándào nǐ jiù zhǐ juéde shù zhǐshì shù nándào nǐ jiù bù xiǎngdào tā depǔzhì yán
一 排 白 杨 树，难 道 你 就 只 觉 得 树 只 是 树，难 道 你 就 不 想 到 它 的 朴 质，严

sù jiānqiáng bùqū zhìshǎo yě xiàngzhēng liǎo běifāng de nóngmín nándào nǐ jìng yīdiǎnr yě bù lián
肃，坚 强 不 屈，至 少 也 象 征 了 北 方 的 农 民；难 道 你 竟 一 点 儿 也 不 联

xiǎng dào zài dí hòu de guǎngdà tǔ dì·shàng dàochù yǒu jiānqiáng bùqū jiù xiàng zhè báiyángshù
想 到，在 敌 后 的 广 大// 土 地 上 ，到 处 有 坚 强 不 屈，就 像 这 白 杨 树

yī yàng àorán tǐng lì de shǒuwèi tāmen jiāxiāng de shàobīng Nándào nǐ yòu bù gèngyuǎn yī diǎnr
一 样 傲 然 挺 立 的 守 卫 他 们 家 乡 的 哨 兵！难 道 你 又 不 更 远 一 点

xiǎngdào zhèyàng zhīzhī-yèyè kàojǐn tuánjié lì qiú shàngjìn de báiyángshù wǎnrán xiàngzhēng le jīn
想 到 这 样 枝 枝 叶 叶 靠 紧 团 结，力 求 上 进 的 白 杨 树，宛 然 象 征 了 今

tiān zài huáběi píngyuánzònghéng juédàng yòng xuě xiěchū xīn Zhōngguó lì shǐ de nàzhǒng jīngshén hé
天 在 华 北 平 原 纵 横 决 荡 用 血 写 出 新 中 国 历 史 的 那 种 精 神 和

yì zhì
意 志。

节选自茅盾《白杨礼赞》

Zuòpǐn 2 Hào
作品 2 号

Liǎnggè tónglíng de niánqīng rén tóngshí shòugù yú yī jiā diànpù bìngqiě ná tóngyàng de xīnshuǐ
两 个 同 龄 的 年 轻 人 同 时 受 雇 于 一 家 店 铺，并 且 拿 同 样 的 薪 水。

Kěshì yī duàn shíjiān hòu jiào Ā nuòdé de nàge xiǎohuǒ zi qīngyún zhíshàng ér nàge jiào Bù lǔ
可是 一 段 时间 后，叫 阿诺德 的 那个 小伙子 青云 直上 ，而 那个 叫 布鲁

nuò de xiǎohuǒ zi què réng zài yuán dì tà bù Bù lǔ nuò hěn bù mǎnyì lǎobǎn de bù gōngzhèng dàiyù
诺 的 小伙子 却 仍 在 原 地 踏步。布鲁诺 很 不 满意 老板 的 不 公 正 待遇。

Zhōngyú yǒu yī tiān tā dào lǎobǎn nàr fā láo·sāo le Lǎobǎn yī biān nàixīn de tīngzhe tā de bào
终 于 有 一天 他 到 老板 那儿 发牢 骚 了。老板 一 边 耐心地 听着 他 的 抱

yuàn yī biān zài xīn·lǐ pánsuàn zhe zěnyàng xiàng tā jiěshì qīngchu tā hé Ā nuòdé zhījiān de chābié
怨 ，一 边 在 心里 盘算 着 怎样 向 他 解释 清楚 他 和 阿诺德 之间 的 差别。

Bù lǔ nuò xiānsheng Lǎobǎn kāikǒu shuōhuà le Nín xiànzài dào jí shì·shàngqù yī xià kànkan
"布鲁诺 先 生 ，"老板 开口 说 话 了，"您 现在 到 集市 上去 一 下，看 看

jīntiān zǎoshang yǒu shénme mài de
今天 早 上 有 什么 卖 的。"

Bù lǔ nuò cóng jí shì·shàng huí·lái xiàng lǎobǎn huìbào shuō jīn zǎo jí shì·shàng zhǐyǒu yī ge
布鲁诺 从 集市 上 回 来 向 老板 汇报 说，今早 集市 上 只 有 一 个

nóngmín lā le yī chē tǔ dòu zài mài
农 民 拉 了 一 车 土豆 在 卖。

Yǒu duō·shǎo Lǎobǎn wèn
"有 多 少？"老板 问。

Bù lǔ nuò gǎnkuài dài·shàng mào zi yòu pǎodào jí·shàng ránhòu huí·lái gào su lǎobǎn yī gòng
布鲁诺 赶 快 戴 上 帽 子 又 跑到 集 上 ，然后 回 来 告诉 老板 一 共

sì shí dài tǔ dòu
四 十 袋 土豆。

Jiàgé shì duō·shǎo
"价格 是 多 少？"

Bù lǔ nuò yòu dì·sān cì pǎodào jí·shàng wèn lái le jiàgé
布鲁诺 又 第 三 次 跑到 集 上 问 来 了 价格。

Hǎoba Lǎobǎn duì tā shuō Xiànzài qǐng nín zuò dào zhè bǎ yǐ zi·shàng yī jù huà yě bùyào
"好 吧，"老板 对 他 说，"现在 请 您 坐 到 这 把 椅子 上 一 句 话 也 不 要

shuō kànkan Ā nuòdé zěnme shuō
说，看 看 阿诺德 怎么 说。"

Ā nuòdé hěnkuài jiù cóng jí shì·shàng huí·lái le Xiàng lǎobǎn huìbào shuō dào xiànzài wéi zhǐ
阿诺德 很 快 就 从 集市 上 回 来 了。向 老板 汇报 说 到 现在 为 止

zhǐyǒu yī ge nóngmín zài mài tǔ dòu yī gòng sì shí kǒudài jiàgé shì duō·shǎo duō·shǎo tǔ dòu zhìliàng
只 有 一 个 农 民 在 卖 土豆，一 共 四 十 口袋，价格 是 多 少 多 少；土豆 质量

hěn bùcuò tā dàihuí·lái yī ge ràng lǎobǎn kànkan Zhège nóngmín yī ge zhōngtóu yǐ hòu hái huì lòng
很 不 错，他 带回 来 一 个 让 老板 看看。这 个 农 民 一 个 钟头 以 后 还 会 弄

lái jǐ xiāng xīhóngshì jù tā kàn jiàgé fēicháng gōngdao Zuótiān tāmen pū zi de xīhóngshì mài de
来 几 箱 西红柿，据 他 看 价格 非常 公 道。昨 天 他们 铺子 的 西红柿 卖 得

hěnkuài kùcún yǐ·jīng bù // duō le Tā xiǎng zhème pián yi de xīhóngshì lǎobǎn kěndìng huì yào jìn
很 快，库存 已 经 不 // 多 了。他 想 这么 便 宜 的 西红柿，老板 肯 定 会 要 进

yī xiē de suǒyǐ tā bùjǐn dàihuí le yī ge xīhóngshì zuò yàngpǐn érqiě bǎ nàge nóngmín yě dài·lái
一 些 的，所以 他 不仅 带回 了 一 个 西红柿 做 样品，而且 把 那个 农 民 也 带 来

le tā xiànzài zhèng zài wài·miàn děng huíhuà ne
了，他 现在 正 在 外 面 等 回话 呢。

Cǐ shí lǎobǎn zhuǎnxiàng le Bù lǔ nuò shuō Xiànzài nín kěndìng zhī·dào wèishénme Ā nuòdé de
此 时 老板 转 向 了 布鲁诺，说："现在 您 肯 定 知 道 为 什么 阿诺德 的

xīnshuǐ bǐ nín gāo le ba
薪水 比 您 高 了 吧!”

节选自张健鹏、胡足青主编《故事时代》中的《差别》

Zuòpǐn 3 Hào
作品 3 号

　　Wǒ chángcháng yíhàn wǒjiā ménqián nàkuài chǒushí　Tā hēiyǒuyǒu de wò zài nà·lǐ niúshìde mú
　　我 常 常 遗憾 我家 门前 那块 丑石:它 黑黝黝 地 卧在 那 里,牛似的 模
yàng shéi yě bù zhī·dào shì shénme shíhou liú zài zhè·lǐ de shéi yě bù qù lǐhuì tā　Zhǐshì màishōu
样,谁 也 不 知 道 是 什么 时候 留 在 这 里的,谁 也 不 去 理会 它。只是 麦 收
shíjié ménqián tān le màizi nǎinai zǒngshì shuō Zhè kuài chǒushí duō zhàn dìmiàn ya chōukòng bǎ
时节,门前 摊 了 麦子,奶奶 总 是 说:这块 丑石,多 占 地面 呀,抽空 把
tā bānzǒu ba
它 搬走 吧。

　　Tā búxiàng hànbái yù nàyàng de xìnì kě yǐ kè zì diāohuā yě búxiàng dàqīngshí nàyàng de
　　它 不像 汉白玉 那样 的 细腻,可以 刻字 雕花,也 不像 大青石 那样 的
guānghuá kě yǐ gōnglái huànshā chuíbù　Tā jìngjìng de wò zài nà·lǐ yuànbiān de huáiyīn méi·yǒu
光 滑,可以 供来 浣纱 捶布。它 静静 地 卧在 那 里,院边 的 槐阴 没 有
bì fù tā huā'ér yě búzàizài tā shēnbiān shēngzhǎng　Huāngcǎo biàn fányǎn chū·lái zhīmàn shàng
庇覆 它,花儿 也 不再在 它 身边 生 长。 荒 草 便 繁衍 出来,枝蔓 上
xià mànmàn de tā jìng xiù shàng le lǜ tái hēibān　Wǒmen zhèxiē zuò háizi de yě tǎoyàn·qǐ tā·
下,慢 慢 地,它 竟 锈 上 了 绿苔、黑斑。我 们 这些 做 孩子 的,也 讨厌 起 它
lái céng héhuǒ yào bānzǒu tā dàn lì qì yòu bùzú suī shíshí zhòumà tā xiánqì tā yě wúkě-nàihé
来,曾 合伙 要 搬走 它,但 力气 又 不足;虽 时时 咒骂 它,嫌弃 它,也 无可 奈何,
zhǐhǎo rèn tā liú zài nà·lǐ le
只 好 任 它 留 在 那 里 了。

　　Zhōng yǒu yī rì cūnzi·lǐ lái le yīgè tiānwénxuéjiā　Tā zài wǒjiā ménqián lùguò tūrán fāxiàn
　　终 有 一日,村子 里 来 了 一个 天 文 学 家。他 在 我 家 门 前 路过,突然 发现
le zhèkuài shítou yǎnguāng lìjí jiù lāzhí le　Tā zàiméi·yǒu líkāi jiù zhù le xià·lái yǐhòu yòu lái
了 这块 石头,眼 光 立即 就 拉直 了。他 再没 有 离开,就 住 了 下 来;以后 又 来
le hǎoxiē rén dōu shuō zhèshì yīkuài yǔnshí cóng tiān·shàng luòxià·lái yǐ·jīng yǒu èr-sānbǎinián
了 好些 人,都 说 这是 一块 陨石,从 天 上 落下 来 已 经 有 二三百 年
le shì yī jiàn liǎo·bùqǐ de dōngxi　Bùjiǔ biàn lái le chē xiǎoxīn-yìyì de jiāng tā yùnzǒu le
了,是 一件 了 不起 的 东西。不久 便 来 了 车,小心 翼翼 地 将 它 运走 了。

　　Zhè shǐ wǒmen dōu hěn jīngqí zhè yòu guài yòu chǒu de shítou yuánlái shì tiān·shàng de a　Tā
　　这 使 我们 都 很 惊奇,这 又 怪 又 丑 的 石头,原来 是 天 上 的 啊! 它
bǔ guo tiān zài tiān·shàng fā guo rè shǎn guo guāng wǒmen de xiānzǔ huòxǔ yǎngwàng guo tā tā
补 过 天,在 天 上 发过 热、闪 过 光,我们 的 先祖 或许 仰 望 过 它,它
gěi le tāmen guāngmíng xiàngwǎng chōngjǐng ér tā luòxià·lái le zài wūtǔ·lǐ huāngcǎo·lǐ yī
给 了 他们 光 明、向 往、憧 憬;而 它 落下 来 了,在 污土 里,荒 草 里,一
tǎng jiù//shì jǐ bǎi nián le
躺 就//是 几 百 年 了!

　　Wǒ gǎndào zìjǐ de wúzhī yě gǎndào le chǒushí de wěidà wǒ shènzhì yuànhèn tā zhème duō
　　我 感 到 自己 的 无知,也 感 到 了 丑石 的 伟大,我 甚至 怨 恨 它 这么 多
nián jìng huì mòmò de rěnshòu zhe zhè yīqiè Ér wǒ yòu lìjí shēnshēn de gǎndào tā nàzhǒng bù qūyú
年 竟 会 默默 地 忍 受 着 这 一切! 而 我 又 立即 深 深 地 感 到 它 那 种 不 屈于

wùjiě　jì mò de shēngcún de wěidà
误解、寂寞的　生　存　的伟大。

节选自贾平凹《丑石》

（注："黑黝黝"口语一般读 hēiyōuyōu）

Zuòpǐn 4 Hào
作品4号

　　Zài Dáruì bāsuì de shíhou　yǒu yī tiān tā xiǎng qù kàn diànyǐng　Yīn·wèi méi·yǒu qián　tā xiǎng
在 达瑞 八岁 的 时候，有 一 天 他 想 去 看 电影。因 为 没 有 钱，他 想
shì xiàng bàmā yào qián háishì zì jǐ zhèngqián　Zuìhòu tā xuǎnzé le hòuzhě　Tā zì jǐ tiáozhì le yī
是 向 爸妈 要 钱，还是 自 己 挣钱。最后 他 选择 了 后者。他 自己 调制 了 一
zhǒng qìshuǐ　xiàng guò lù de xíngrén chūshòu　Kě nàshí zhèng shì hánlěng de dōngtiān　méi·yǒu rén
种 汽水，向 过 路 的 行人 出售。可 那时 正 是 寒冷 的 冬天，没 有 人
mǎi　zhǐyǒu liǎnggè rén lì wài　　tā de bàba hé māma
买，只有 两个 人 例外——他 的 爸爸 和 妈妈。

　　Tā ǒurán yǒu yī gè hé fēicháng chénggōng de shāngrén tánhuà de jī·huì　Dāng tā duì shāngrén
他 偶然 有 一 个 和 非常 成 功 的 商人 谈话 的 机 会。当 他 对 商 人
jiǎngshù le zì jǐ de　pòchǎnshǐ hòu shāngrén gěi le tā liǎnggè zhòngyào de jiànyì　yī shì chángshì
讲述 了 自 己 的"破产史"后，商人 给 了 他 两 个 重要 的 建议：一 是 尝试
wèi bié·rén jiějué yī gè nán tí　èr shì bǎ jīnglì　jí zhōng zài nǐ zhī·dào de　nǐ huì de hé nǐ yōngyǒu
为 别 人 解决 一个 难 题；二 是 把 精力 集 中 在 你 知 道 的、你 会 的 和 你 拥有
de dōng xi·shàng
的 东 西 上 。

　　Zhè liǎnggè jiànyì hěn guānjiàn　Yīn·wèi duìyú yī gè bāsuì de hái zi ér yán tā bùhuì zuò de shì
这 两个 建议 很 关键。因 为 对于 一 个 八岁 的 孩 子 而 言，他 不会 做 的 事
qing hěnduō　Yúshì tā chuānguò dàjiē xiǎoxiàng bùtíng de sī kǎo rénmen huì yǒu shénme nán tí　tā
情 很多。于是 他 穿 过 大街 小巷，不停 地 思考：人们 会 有 什么 难 题，他
yòu rú hé lì yòng zhège jī·huì
又 如何 利 用 这个 机 会？

　　Yī tiān chī zǎofàn shí fù·qīn ràng Dáruì qù qǔ bàozhǐ　Měiguó de sòngbàoyuán zǒngshì bǎ bàozhǐ
一 天，吃 早饭 时 父 亲 让 达瑞 去 取 报纸。美国 的 送报员 总是 把 报纸
cóng huāyuán lí ba de yī gè tèzhì de guǎn zi·lǐ sāi jìn·lái　Jiǎrú nǐ xiǎng chuānzhe shuì yī shūshū-
从 花 园 篱笆 的 一个 特制 的 管子 里 塞 进 来。假如 你 想 穿着 睡衣 舒舒
fú fú de chī zǎofàn hé kàn bàozhǐ　jiù bì xū lí kāi wēnnuǎn de fángjiān màozhe hánfēng dào huāyuán
服服 地 吃 早饭 和 看 报纸，就 必须 离开 温 暖 的 房间，冒着 寒风，到 花 园
qù qǔ　Suīrán lù duǎn　dàn shífēn máfan
去 取。虽然 路 短，但 十分 麻烦。

　　Dāng Dáruì wèi fù·qīn qǔ bàozhǐ de shíhou　yī gè zhǔ yi dànshēng le　Dàngtiān tā jiù ànxiǎng lín·
当 达瑞 为 父 亲 取 报纸 的 时候，一 个 主意 诞 生 了。当天 他 就 按响 邻
jū de ménlíng　duì tāmen shuō　měigèyuè zhǐ xū fù gěi tā yī měiyuán　tā jiù měitiān zǎoshang bǎ bàozhǐ
居 的 门铃，对 他们 说，每个月 只需 付给 他 一 美元，他 就 每天 早 上 把 报纸
sāi dào tāmen de fángmén dǐ·xià　Dàduōshù rén dōu tóng yì le　hěnkuài tā yǒu　le qī shí duōgè gù
塞 到 他们 的 房门 底 下。大多数 人 都 同意 了，很快 他 有//了 七十 多个 顾
kè　Yīgèyuè hòu dāng tā ná dào zì jǐ zhuàn de qián shí juéde zì jǐ jiǎnzhí shì fēi·shàng le tiān
客。一个 月 后，当 他 拿到 自 己 赚 的 钱 时，觉得 自己 简直 是 飞 上 了 天。

　　Hěnkuài tā yòu yǒu le xīn de jī·huì　tā ràng tā de gùkè měitiān bǎ lā jī dài fàng zài ménqián
很 快 他 又 有 了 新 的 机 会，他 让 他 的 顾客 每天 把 垃圾 袋 放 在 门 前，

ránhòu yóu tā zǎoshang yùn dào lā jī tǒng·lǐ měigèyuè jiā yī měiyuán　Zhīhòu tā hái xiǎngchū le
然后 由 他 早上 运 到 垃圾 桶 里，每个月 加 一 美元。之后 他 还 想 出 了

xǔduō hái zi zhuànqián de bànfǎ bìng bǎ tā jí jié chéng shū shūmíng wéi Ér tóng Zhèngqián de Èrbǎi
许多 孩子 赚 钱 的 办法，并把它 集结 成书，书名 为《儿童 挣 钱 的 二百

Wǔshí gè Zhǔyi　Wèi cǐ Dáruì shí'èr suì shí jiù chéng le chàngxiāoshū zuòjiā shíwǔsuì yǒu le zì jǐ
五十 个 主意》。为此，达瑞 十二岁 时 就 成 了 畅销书 作家，十五岁 有了 自己

de tánhuà jiémù shíqī suì jiù yōngyǒu le jǐ bǎiwàn měiyuán
的 谈话 节目，十七岁 就 拥 有 了 几百万 美元。

节选自［德］博多·舍费尔《达瑞的故事》，刘志明译

（注："舒舒服服"口语一般读 shūshu-fūfū。"主意"口语一般读 zhúyi）

Zuòpǐn 5 Hào
作品 5 号

Zhè shì rù dōng yǐ lái Jiāodōng Bàndǎo·shàng dì·yī cháng xuě
这 是 入 冬 以 来，胶 东 半 岛 上 第 一 场 雪。

Xuě fēnfēn-yángyáng xià de hěn dà　Kāishǐ hái bàn zhe yīzhènr xiǎoyǔ bùjiǔ jiù zhǐjiàn dàpiàn
雪 纷纷 扬 扬，下 得 很 大。开始 还 伴 着 一 阵儿 小雨，不久 就 只 见 大片

dàpiàn de xuěhuā cóng tóngyún-mìbù de tiānkōng zhōng piāoluò xià·lái　Dìmiàn·shàng yīhuìr jiù
大片 的 雪花，从 彤云 密布 的 天空 中 飘落 下 来。地面 上 一会儿 就

bái le　Dōngtiān de shāncūn dào le yè·lǐ jiù wànlài-jù jì zhǐ tīngde xuěhuā sù sù de bùduàn wǎng
白 了。冬天 的 山村，到 了 夜 里 就 万籁俱寂，只 听 得 雪花 簌簌 地 不断 往

xià luò shùmù de kūzhī bèi xuě yāduàn le ǒu'ěr gēzhī yī shēng xiǎng
下 落，树木 的 枯枝 被 雪 压断 了，偶尔 咯吱 一 声 响。

Dàxuě zhěngzhěng xià le yī yè　Jīntiān zǎochen tiān fàngqíng le tài·yáng chū·lái le　Tuīkāi
大雪 整 整 下 了 一夜。今天 早晨，天 放晴 了，太 阳 出 来了。推开

mén yī kàn hē Hǎodà de xuě a　Shānchuān héliú shùmù fángwū quán dōu zhào·shàng le yī
门 一 看，嗬！好大 的 雪 啊！山 川、河流、树木、房屋，全 都 罩 上 了 一

céng hòuhòu de xuě wàn lǐ jiāngshān biànchéng le fěnzhuāng-yùqì de shìjiè　Luòguāng le yè zi de
层 厚厚 的 雪，万里 江山，变 成 了 粉 妆 玉砌 的 世界。落 光 了 叶子 的

liǔshù·shàng guàmǎn le máoróngróng liàngjīngjīng de yíntiáor ér nùxiē dōngxià chángqīng de sōng
柳树 上 挂满 了 毛茸茸 亮晶晶 的 银条儿；而 那些 冬夏 常 青 的 松

shù hé bǎishù·shàng zéguàmǎn le péngsōngsōng chéndiàndiàn de xuěqiúr　Yī zhèn fēng chuīlái shù
树 和 柏树 上，则 挂满 了 蓬 松 松 沉 甸 甸 的 雪球儿。一 阵 风 吹来，树

zhī qīngqīng de yáohuàng měi lì de yíntiáor hé xuěqiúr sù sù de luòxià·lái yùxièshìde xuěmòr suífēng
枝 轻 轻 地 摇 晃，美丽 的 银条儿 和 雪球儿 簌簌 地 落 下 来，玉屑 似的 雪末儿 随 风

piāoyáng yìngzhe qīngchén de yángguāng xiǎnchū yī dàodào wǔguāng-shísè de cǎihóng
飘扬，映着 清晨 的 阳光，显出 一 道道 五光 十色 的 彩虹。

Dàjiē·shàng de jī xuě zú yǒu yī chǐ duō shēn rén cǎi shàng·qù jiǎo dǐ·xià fāchū gēzhī gēzhī de
大街 上 的 积雪 足 有 一尺 多 深，人 踩 上 去，脚底 下 发出 咯吱 咯吱 的

xiǎngshēng Yīqúnqún hái zi zài xuě dì·lǐ duī xuěrén zhì xuěqiúr Nà huānlè de jiàohǎnshēng bǎ
响 声。一 群群 孩子 在 雪地 里 堆 雪人，掷 雪球儿。那 欢乐 的 叫 喊声，把

shùzhī·shàng de xuě dōu zhènluò xià·lái le
树枝 上 的 雪 都 震落 下 来了。

Súhuà shuō Ruìxuě zhào fēngnián Zhège huà yǒu chōngfèn de kēxué gēn jù bìng bù shì yī jù
俗话 说，"瑞雪 兆 丰年"。这个 话 有 充 分 的 科学 根据，并 不 是 一句

míxìn de chéngyǔ Hándōng dàxuě kě yǐ dòng sǐ yī bùfen yuèdōng de hàichóng rónghuà le de shuǐ
迷信 的 成语。寒冬 大雪，可以 冻死 一部分 越冬 的 害 虫；融化 了 的 水

shènjìn tǔ céng shēnchù yòu néng gōngyìng zhuāngjia shēngzhǎng de xūyào Wǒ xiāngxìn zhè yī
渗进土层深处，又能供应//庄稼生长的需要。我相信这一

cháng shífēn jí shí de dàxuě yī dìng huì cùjìn míngnián chūn jì zuòwù yóu qí shì xiǎomài de fēngshōu
场十分及时的大雪，一定会促进明年春季作物，尤其是小麦的丰收。

Yǒu jīngyàn de lǎonóng bǎ xuě bǐzuò shì mài zi de miánbèi Dōngtiān miánbèi gài de yuè hòu míng
有经验的老农把雪比做是"麦子的棉被"。冬天"棉被"盖得越厚，明

chūn mài zi jiù zhǎng de yuè hǎo suǒ yǐ yòu yǒu zhèyàng yī jù yànyǔ Dōngtiān mài gài sāncéng bèi
春麦子就长得越好，所以又有这样一句谚语："冬天麦盖三层被，

láinián zhěnzhe mántou shuì
来年枕着馒头睡。"

Wǒ xiǎng zhè jiù shì rénmen wèishénme bǎ jí shí de dàxuě chēngwéi ruìxuě de dào·lǐ ba
我想，这就是人们为什么把及时的大雪称为"瑞雪"的道理吧。

节选自峻青《第一场雪》

Zuòpǐn 6 Hào
作品 6 号

Wǒ cháng xiǎng dúshūrén shì shìjiān xìng fú rén yīn·wèi tā chú le yōngyǒu xiànshí de shìjiè zhīwài
我常想读书人是世间幸福人，因为他除了拥有现实的世界之外，

hái yōngyǒu lìng yī gè gèngwéi hàohàn yě gèngwéi fēng fù de shìjiè Xiànshí de shìjiè shì rénrén dōu
还拥有另一个更为浩瀚也更为丰富的世界。现实的世界是人人都

yǒu de ér hòu yī gè shìjiè què wéi dúshūrén suǒ dúyǒu Yóu cǐ wǒ xiǎng nàxiē shīqù huò bùnéng yuè
有的，而后一个世界却为读书人所独有。由此我想，那些失去或不能阅

dú de rén shì duōme de bùxìng tāmen de sàngshī shì bù kě bǔcháng de Shìjiān yǒu zhūduō de bù píng
读的人是多么的不幸，他们的丧失是不可补偿的。世间有诸多的不平

děng cái fù de bù píngděng quán lì de bù píngděng ér yuèdú néng lì de yōngyǒu huò sàngshī què tǐ
等，财富的不平等，权力的不平等，而阅读能力的拥有或丧失却体

xiànwéi jīngshén de bù píngděng
现为精神的不平等。

Yī gè rén de yī shēng zhǐnéng jīng lì zì jǐ yōngyǒu de nà yī fèn xīnyuè nà yī fèn kǔnàn yě xǔ zài
一个人的一生，只能经历自己拥有的那一份欣悦，那一份苦难，也许再

jiā·shàng tā qīn zì wénzhī de nà yī xiē guānyú zì shēn yǐ wài de jīng lì hé jīngyàn Rán·ér rénmen
加上他亲自闻知的那一些关于自身以外的经历和经验。然而，人们

tōngguò yuèdú què néng jìn rù bùtóng shíkōng de zhūduō tā rén de shìjiè Zhèyàng jùyǒu yuèdú néng
通过阅读，却能进入不同时空的诸多他人的世界。这样，具有阅读能

lì de rén wúxíng jiān huòdé le chāoyuè yǒuxiàn shēngmìng de wúxiàn kěnéngxìng Yuèdú bùjǐn shǐ
力的人，无形间获得了超越有限生命的无限可能性。阅读不仅使

tā duō shí le cǎo-mù-chóng-yú zhī míng ér qiě kě yǐ shàngsù yuǎngǔ xià jí wèilái bǎolǎn cúnzài de yǔ
他多识了草木虫鱼之名，而且可以上溯远古下及未来，饱览存在的与

fēicúnzài de qí fēng-yì sú
非存在的奇风异俗。

Gèngwéi zhòngyào de shì dúshū jiāhuìyú rénmende bùjǐn shì zhīshi de zēngguǎng ér qiě hái zàiyú
更为重要的是，读书加惠于人们的不仅是知识的增广，而且还在于

jīngshén de gǎnhuà yǔ táoyě Rénmen cóng dúshū xué zuòrén cóng nàxiē wǎngzhě xiānxián yǐ jí dāng
精神的感化与陶冶。人们从读书学做人，从那些往哲先贤以及当

dài cáijùn de zhùshù zhōng xuédé tāmen de réngé Rénmen cóng Lúnyǔ zhōng xuédé zhìhuì de sī
代才俊的著述中学得他们的人格。人们从《论语》中学得智慧的思

kǎo cóng Shǐ jì zhōng xué dé yánsù de lì shǐ jīngshén cóng Zhèng qì gē zhōng xué dé réngé de gāng
考，从《史记》中 学得严肃的历史 精神，从《正 气歌》中 学得人格的 刚

liè cóng Mǎkè sī xué dé rénshì de jī qíng cóng Lǔ Xùn xué dé pī pàn jīngshēn cóng Tuō'ěr sī tài xué dé
烈，从 马克思 学得人世//的激情，从鲁迅 学得批判 精神，从 托 尔斯泰 学得

dàodé de zhízhuó Gēdé de shī jù kèxiě zhe ruìzhì de rénshēng Bàilún de shī jù hūhuàn zhe fèndòu de
道德的执著。歌德的诗句刻写着 睿智的人 生，拜伦的诗句呼 唤 着 奋斗的

rèqíng Yī gè dúshū rén yī gè yǒu jī·huì yōngyǒu chāohū gèrén shēngmìng tǐ yàn de xìngyùn rén
热情。一个读书人，一个有机 会 拥有 超乎个人 生 命体验的 幸运人。

节选自谢冕《读书人是幸福人》

Yī tiān bàba xiàbān huídào jiā yǐ·jīng hěn wǎn le tā hěn lèi yě yǒudiǎnr fán tā fā xiàn wǔsuì
一天，爸爸下班 回到家已 经很 晚了，他很累也有点儿烦，他发现 五岁

de ér zi kàozài ménpáng zhèng děngzhe tā
的儿子靠在 门 旁 正 等着他。

Bà wǒ kě yǐ wèn nín yī gè wèn tí ma Shénme wèn tí
"爸，我可以 问 您 一个 问 题吗？""什么 问 题？"

Bà nín yī xiǎoshí kě yǐ zhuàn duō·shǎo qián Zhè yǔ nǐ wúguān nǐ wèishénme wèn zhè ge
"爸，您一小 时 可以 赚 多 少 钱？""这与你无关，你为什么 问 这个

wèn tí Fù·qīn shēng qì de shuō
问 题？"父 亲 生气地说。

Wǒ zhǐshì xiǎng zhī·dào qǐng gàosu wǒ nín yī xiǎoshí zhuàn duō·shǎo qián Xiǎoháir āi qiú
"我只是 想 知道，请 告诉我，您 一小时 赚 多 少 钱？"小孩儿哀求

dào Jiǎ rú nǐ yī dìng yào zhī·dào de huà wǒ yī xiǎoshí zhuàn èr shí měijīn
道。"假如你一定 要 知 道的话，我 一小时 赚 二 十美金。"

Ò Xiǎoháir dī xià le tóu jiēzhe yòu shuō Bà kě yǐ jiè wǒ shí měijīn ma Fù·qīn fā nù le
"哦，"小孩儿低下了头，接着 又 说，"爸，可以借我 十美金吗？"父 亲 发怒了：

Rúguǒ nǐ zhǐshì yào jièqián qù mǎi háowú yì yì de wán jù de huà gěi wǒ huídào nǐ de fángjiān shuì
"如果你只是 要 借钱 去 买 毫无意义的玩具的话，给我 回到你的 房间 睡

jiào·qù Hǎohǎo xiǎngxiang wèishénme nǐ huì nàme zì sī Wǒ měitiān xīnkǔ gōngzuò méi shíjiān hé
觉 去。好好 想 想 为什么你会那么自私。我 每天 辛苦 工作，没时间和

nǐ wánr xiǎohái zi de yóu xì
你玩儿 小 孩子的游戏。"

Xiǎoháir mòmò de huídào zì jǐ de fángjiān guān·shàng mén
小孩儿默默地回到 自己的 房间关 上 门。

Fù·qīn zuò xià·lái hái zài shēng qì Hòulái tā píngjìng xià·lái le Xīnxiǎng tā kěnéng duì hái
父 亲 坐下来还在 生气。后来，他平静下来了。心想 他可能 对孩

zi tài xiōng le huòxǔ háizi zhēnde hěn xiǎng mǎi shénme dōng xi zàishuō tā píngshí hěn shǎo yào
子太 凶 了——或许孩子真的很 想 买 什么 东西，再说他平时很少 要

guo qián
过 钱。

Fù·qīn zǒujìn háizi de fángjiān Nǐ shuì le ma Bà hái méi·yǒu wǒ hái xǐngzhe Háizi
父 亲 走进孩子的 房间："你睡了吗？""爸，还没 有，我还 醒着。"孩子

huídá
回答。

Wǒ gāngcái kěnéng duì nǐ tài xiōng le　Fù·qīn shuō　Wǒ bù yīnggāi fā nàme dà de huǒr
"我 刚才可能 对你 太 凶 了，"父 亲 说，"我 不 应该发那么大的火儿——

zhè shì nǐ yào de shí měijīn　Bà xièxie nín　Hái zi gāoxìng de cóng zhěntou·xià ná chū yī xiē bèi
这是你要的十美金。""爸，谢谢您。"孩子高兴地从 枕头 下拿出一些被

nòngzhòu de chāopiào mànmàn de shǔ zhe
弄皱的钞票，慢慢地数着。

Wèishénme nǐ yǐ·jīng yǒu qián le hái yào　Fù·qīn bùjiě de wèn
"为什么你已 经有 钱了还要？"父 亲不解地问。

Yīn·wèi yuánlái bùgòu dàn xiànzài còu gòu le　Hái zi huídá　Bà wǒ xiànzài yǒu　èr shí měi
"因 为 原来不够，但 现在凑 够了。"孩子回答。"爸，我 现在有//二十美

jīn le　wǒ kě yǐ xiàng nín mǎi yī gè xiǎoshí de shíjiān ma　Míngtiān qǐng zǎo yīdiǎnr huíjiā　wǒ
金了，我可以 向 您买一个小时的时间吗？明天 请 早一点儿回家——我

xiǎng hé nín yī qǐ chī wǎncān
想 和您一起吃 晚餐。"

节选自唐继柳编译《二十美金的价值》

Zuòpǐn 8 Hào
作品 8 号

Wǒ ài yuèyè dàn wǒ yě ài xīngtiān　Cóngqián zài jiāxiāng qī-bāyuè de yèwǎn zài tíngyuàn·lǐ
我爱月夜，但我也爱星天。从 前在家乡 七八月的夜晚在庭院 里

nàliáng de shíhou wǒ zuì ài kàn tiān·shàng mìmì-mámá de fánxīng　Wàng zhe xīngtiān wǒ jiù huì
纳凉的时候，我最爱看天 上 密密麻麻的繁星。望 着星天，我就会

wàng jì yīqiè fǎngfú huídào le mǔ·qīn de huái·lǐ shìde
忘记一切，仿佛回到了母 亲的怀 里似的。

Sān nián qián zài Nánjīng wǒ zhù de dì fang yǒu yī dào hòumén měi wǎn wǒ dǎkāi hòumén biàn
三 年 前在南京我住的地方有一道后门，每 晚我打开后门，便

kàn·jiàn yī gè jìng jì de yè　Xià·miàn shì yī piàn càiyuán shàng·miàn shì xīngqún mìbù de lántiān
看 见一个静寂的夜。下 面是一片菜园，上 面是星群密布的蓝天。

Xīngguāng zài wǒmen de ròuyǎn·lǐ suīrán wēixiǎo rán'ér tā shǐ wǒmen juéde guāngmíng wúchù-bù
星 光 在我们的肉眼 里虽然微小，然而它使我们觉得光 明无处不

zài　Nà shíhou wǒ zhèngzài dú yīxiē tiānwénxué de shū yě rènde yīxiē xīngxing hǎoxiàng tāmen jiù
在。那时候我 正在读一些天 文学的书，也认得一些星星，好像它们就

shì wǒ de péngyou　tāmen chángcháng zài hé wǒ tánhuà yīyàng
是我的朋友，它们 常 常 在和我谈话一样。

Rújīn zài hǎi·shàng měiwǎn hé fánxīng xiāngduì wǒ bǎ tāmen rènde hěn shú le　Wǒ tǎng zài
如今在海 上 ，每晚和繁星 相 对，我把它们认得很熟了。我躺在

cāngmiàn·shàng yǎngwàng tiānkōng　Shēnlánsè de tiānkōng·lǐ xuánzhe wúshù bànmíng-bànmèi de
舱 面 上 ，仰 望 天空。深蓝色的天空 里悬着无数半明半昧的

xīng　Chuán zài dòng xīng yě zàidòng　tāmen shì zhèyàng dī zhēn shì yáoyáo-yùzhuì ne　Jiànjiàn de
星。船 在动，星也在动，它们是这样低，真是摇摇欲坠呢！渐渐地

wǒ de yǎnjing móhu le　wǒ hǎoxiàng kàn·jiàn wúshù yínghuǒchóng zài wǒ de zhōuwéi fēiwǔ　Hǎi·
我的眼睛 模糊了，我好像 看 见无数萤火虫在我的周围飞舞。海

shàng de yè shì róuhé de shì jìng jì de shì mènghuàn de　Wǒ wàngzhe xǔduō rènshi de xīng wǒ fǎng
上 的夜是柔和的，是静寂的，是 梦 幻的。我 望着许多认识的星，我仿

fú kàn·jiàn tāmen zài duì wǒ zhǎyǎn wǒ fǎng fú tīng·jiàn tāmen zài xiǎoshēng shuōhuà　Zhè shí wǒ
佛看 见它们在对我眨眼，我仿佛听 见它们在小声 说话。这时我

◆ **117** ◆

wàng jì le yī qiè Zài xīng de huáibào zhōng wǒ wēixiàozhe wǒ chénshuìzhe Wǒ juéde zì jǐ shì yī
忘 记 了 一 切。在 星 的 怀 抱 中 我 微 笑 着,我 沉 睡 着。我 觉 得 自 己 是 一

gè xiǎohái zi xiànzài shuì zài mǔ·qīn de huái·lǐ le
个 小 孩 子,现 在 睡 在 母 亲 的 怀 里 了。

　　Yǒu yī yè nàge zài Gēlúnbō shàngchuán de Yīngguórén zhǐ gěi wǒ kàn tiān·shàng de jù rén Tā
　　有 一 夜,那 个 在 哥 伦 波 上 船 的 英 国 人 指 给 我 看 天 上 的 巨 人。他

yòng shǒu zhǐzhe Nà sì kē míngliàng de xīng shì tóu xià·miàn de jǐ kē shì shēn zi zhè jǐ kē shì
用 手 指 着://那 四 颗 明 亮 的 星 是 头,下 面 的 几 颗 是 身 子,这 几 颗 是

shǒu nà jǐ kē shì tuǐ hé jiǎo háiyǒu sānkē xīng suànshì yāodài Jīng tā zhè yī fān zhǐdiǎn wǒ guǒrán
手,那 几 颗 是 腿 和 脚,还 有 三 颗 星 算 是 腰 带。经 他 这 一 番 指 点,我 果 然

kàn qīngchu le nàge tiān·shàng de jù rén Kàn nàge jù rén hái zài pǎo ne
看 清 楚 了 那 个 天 上 的 巨 人。看,那 个 巨 人 还 在 跑 呢!

节选自巴金《繁星》

Zuòpǐn 9 Hào
作品 9 号

　　Jià rì dào hé tān·shàng zhuànzhuan kàn·jiàn xǔduō háizi zài fàng fēngzheng Yī gēngēn cháng
　　假 日 到 河 滩 上 转 转,看 见 许 多 孩 子 在 放 风 筝。一 根 根 长

cháng de yǐnxiàn yī tóu jì zài tiān·shàng yī tóur jì zài dì·shàng hái zi tóng fēngzheng dōu zài tiān
长 的 引 线,一 头 系 在 天 上,一 头 系 在 地 上,孩 子 同 风 筝 都 在 天

yǔ dì zhī jiān yōudàng lián xīn yě bèi yōudàng de huǎnghuǎng-hūhū le hǎoxiàng yòu huídào le
与 地 之 间 悠 荡,连 心 也 被 悠 荡 得 恍 恍 惚 惚 了,好 像 又 回 到 了

tóngnián
童 年。

　　Ér shí fàng de fēngzheng dàduō shì zì jǐ de zhǎngbèi huò jiārén biānzā de jǐ gēn xiāo de hěn báo
　　儿 时 放 的 风 筝,大 多 是 自 己 的 长 辈 或 家 人 编 扎 的,几 根 削 得 很 薄

de miè yòng xì shāxiàn zā chéng gèzhǒng niǎo shòu de zàoxíng hú·shàng xuěbái de zhǐpiàn zài yòng
的 篾,用 细 纱 线 扎 成 各 种 鸟 兽 的 造 型,糊 上 雪 白 的 纸 片,再 用

cǎi bǐ gōu lè chū miànkǒng yǔ chìbǎng de tú·àn Tōngcháng zā de zuìduō de shì lǎodiāo měirénr
彩 笔 勾 勒 出 面 孔 与 翅 膀 的 图 案。通 常 扎 得 最 多 的 是"老 雕""美 人 儿"

huāhúdié děng
"花 蝴 蝶" 等。

　　Wǒmen jiā qiányuàn jiù yǒu wèi shūshu shàn zā fēngzheng yuǎn-jìn wénmíng Tā zā de fēngzheng
　　我 们 家 前 院 就 有 位 叔 叔,擅 扎 风 筝,远 近 闻 名。他 扎 的 风 筝

bùzhǐ tǐ xíng hǎokàn sècǎi yàn lì fàngfēi de gāo yuǎn hái zài fēngzheng·shàng bēng yī yè yòng pú
不 只 体 型 好 看,色 彩 艳 丽,放 飞 得 高 远,还 在 风 筝 上 绷 一 叶 用 蒲

wěi xiāochéng de mópiàn jīng fēng yī chuī fāchū wēngwēng de shēngxiǎng fǎngfú shì fēngzheng de
苇 削 成 的 膜 片,经 风 一 吹,发 出"嗡 嗡"的 声 响,仿 佛 是 风 筝 的

gēchàng zài lántiān·xià bōyáng gěi kāikuò de tiān dì zēngtiān le wújìn de yùnwèi gěi chídàng de
歌 唱,在 蓝 天 下 播 扬,给 开 阔 的 天 地 增 添 了 无 尽 的 韵 味,给 驰 荡 的

tóngxīn dàilái jǐ fēn fēngkuáng
童 心 带 来 几 分 疯 狂。

　　Wǒmen nà tiáo hútòngr de zuǒlín-yòushè de hái zi men fàng de fēngzheng jī hū dōu shì shūshu biān
　　我 们 那 条 胡 同 的 左 邻 右 舍 的 孩 子 们 放 的 风 筝 几 乎 都 是 叔 叔 编

zā de Tā de fēngzheng bù mài qián shéi shàngmén qù yào jiù gěi shéi tā lèyì zì jǐ tiēqián mǎi cáiliào
扎 的。他 的 风 筝 不 卖 钱,谁 上 门 去 要,就 给 谁,他 乐 意 自 己 贴 钱 买 材 料。

Hòulái zhèwèi shūshu qù le hǎiwài fàng fēngzheng yě jiàn yǔ hái zi men yuǎn lí le Bùguò nián
后来,这位叔叔去了海外,放风筝也渐与孩子们远离了。不过年

nián shūshu gěi jiāxiāng xiěxìn zǒng bù wàng tí qǐ érshí de fàng fēngzheng Xiānggǎng huíguī zhīhòu
年叔叔给家乡写信,总不忘提起儿时的放风筝。香港回归之后,

tā zài jiāxìn zhōng shuōdào tā zhèzhī bèi gùxiāng fàngfēi dào hǎiwài de fēngzheng jǐnguǎn piāodàng
他在家信中说到,他这只被故乡放飞到海外的风筝,尽管飘荡

yóu yì jīngmù fēngyǔ kě nà xiàntóur yīzhí zài gùxiāng hé qīnrén shǒu zhōng qiān zhe rújīn piāo de
游弋,经沐风雨,可那线头儿一直在故乡和//亲人手中牵着,如今飘得

tài lèi le yě gāi yào huíguī dào jiāxiāng hé qīnrén shēnbiān·lái le
太累了,也该要回归到家乡和亲人身边来了。

Shì de Wǒ xiǎng bùguāng shì shūshu wǒmen měi gè rén dōushì fēngzheng zài māma shǒuzhōng
是的。我想,不光是叔叔,我们每个人都是风筝,在妈妈手中

qiānzhe cóngxiǎo fàng dào dà zài cóng jiāxiāng fàng dào zǔguó zuì xūyào de dìfang qù a
牵着,从小放到大,再从家乡放到祖国最需要的地方去啊!

节选自李恒瑞《风筝畅想曲》

Zuòpǐn 10 Hào
作品10号

Bà bùdǒng·dé zěnyàng biǎodá ài shǐ wǒmen yī jiā rén róngqià xiāngchǔ de shì wǒ mā Tā zhǐshì
爸不懂得怎样表达爱,使我们一家人融洽相处的是我妈。他只是

měitiān shàngbān xiàbān ér mā zé bǎ wǒmen zuòguò de cuòshì kāiliè qīngdān ránhòu yóu tā lái zémà
每天上班下班,而妈则把我们做过的错事开列清单,然后由他来责骂

wǒmen
我们。

Yǒu yī cì wǒ tōu le yīkuài tángguǒ tā yào wǒ bǎ tā sòng huí·qù gàosu màitáng de shuō shì wǒ
有一次我偷了一块糖果,他要我把它送回去,告诉卖糖的说是我

tōu·lái de shuō wǒ yuànyì tì tā chāi xiāng xiè huò zuòwéi péicháng Dàn māma què míngbai wǒ zhǐ
偷来的,说我愿意替他拆箱卸货作为赔偿。但妈妈却明白我只

shì gè háizi
是个孩子。

Wǒ zài yùndòngchǎng dǎ qiūqiān diēduàn le tuǐ zài qiánwǎng yī yuàn tú zhōng yīzhí bào zhe wǒ
我在运动场打秋千跌断了腿,在前往医院途中一直抱着我

de shì wǒ mā Bà bǎ qìchē tíng zài jí zhěnshì ménkǒu tāmen jiào tā shǐkāi shuō nà kòngwèi shì liú
的,是我妈。爸把汽车停在急诊室门口,他们叫他驶开,说那空位是留

gěi jǐnjí chēliàng tíngfàng de Bà tīng le biàn jiào rǎng dào Nǐ yǐwéi zhè shì shénme chē Lǚ
给紧急车辆停放的。爸听了便叫嚷道:"你以为这是什么车?旅

yóuchē
游车?"

Zài wǒ shēng rì huì·shàng bà zǒngshì xiǎn de yǒuxiē bùdà xiāngchèn Tā zhǐshì mángyú chuī qì
在我生日会上,爸总是显得有些不大相称。他只是忙于吹气

qiú bùzhì cānzhuō zuò záwù Bǎ chā zhe là zhú de dàngāo tuī guò·lái ràng wǒ chuī de shì wǒ mā
球,布置餐桌,做杂务。把插着蜡烛的蛋糕推过来让我吹的,是我妈。

Wǒ fānyuè zhàoxiàngcè shí rénmen zǒngshì wèn Nǐ bàba shì shénme yàng zi de Tiān xiǎo de
我翻阅照相册时,人们总是问:"你爸爸是什么样子的?"天晓得!

Tā lǎoshì mángzhe tì bié·rén pāizhào Mā hé wǒ xiàoróng-kě jū de yīqǐ pāi de zhàopiàn duō de bù
他老是忙着替别人拍照。妈和我笑容可掬地一起拍的照片,多得不

kě-shèngshǔ
可 胜 数。

Wǒ jì de mā yǒu yī cì jiào tā jiāo wǒ qí zì xíngchē   Wǒ jiào tā bié fàngshǒu   dàn tā què shuō shì
我 记得妈有一次叫他教我骑自行车。我 叫他别放手,但他却 说 是

yīnggāi fàngshǒu de shíhou le   Wǒ shuāidǎo zhīhòu·lái fú wǒ bà què huīshǒu yào tā zǒu
应该 放手的时候了。我 摔倒之后,妈跑过 来扶我,爸却 挥手 要她走

kāi   Wǒ dāngshí shēng qì jí le   juéxīn yào gěi tā diǎnr yánsè kàn   Yúshì wǒ mǎshàng pá·shàng zì
开。我 当时 生 气极了,决心 要给他点儿 颜色 看。于是 我 马 上 爬 上 自

xíngchē ér qiě zì jǐ qí gěi tā kàn   Tā zhǐshì wēixiào
行车,而且 自己 骑给他看。他 只是 微笑。

Wǒ niàn dàxué shí suǒyǒu de jiāxìn dōu shì mā xiě de   Tā chú le jì zhīpiào wài hái jì guo yī
我 念 大学时,所有的家信 都是妈写的。他//除了寄支票 外,还寄过一

fēng duǎnjiǎn gěi wǒ shuō yīn·wèi wǒ bù zài cǎopíng·shàng tī zúqiú le   suǒyǐ tā de cǎopíng zhǎng
封 短柬给我,说 因 为 我 不 在 草坪 上 踢足球了,所以 他的 草坪 长

de hěnměi
得 很美。

Měi cì wǒ dǎ diànhuà huíjiā   tā sì hū dōu xiǎng gēn wǒ shuōhuà   dàn jiéguǒ zǒngshì shuō   Wǒ jiào
每次 我 打 电 话 回家,他似乎都 想 跟 我 说话,但结果 总是 说:"我 叫

nǐ mā lái jiē
你妈来接。"

Wǒ jiéhūn shí diào yǎnlèi de shì wǒmā   Tā zhǐshì dàshēng xǐng le yī xià bí zi   biàn zǒuchū
我 结婚 时,掉 眼泪的是我妈。他 只是 大声 擤了 一下 鼻子,便 走出

fángjiān
房 间。

Wǒ cóng xiǎo dào dà dōu tīng tā shuō   Nǐ dào nǎ·lǐ qù   Shénme shíhou huíjiā   Qìchē yǒu méi·
我 从 小 到 大 都 听 他说:"你 到 哪 里 去? 什么 时 候 回家? 汽车 有 没

yǒu qìyóu   Bù bù zhǔn qù   Bà wánquán bù zhī·dào zěnyàng biǎodá ài   Chúfēi
有 汽油? 不,不 准 去。"爸 完全 不 知 道 怎样 表达爱。除非……

Huì bù huì shì tā yǐ·jīng biǎodá lo   ér wǒ què wèi néng chájué
会 不 会 是 他 已 经 表达了,而我 却 未 能 察觉?

节选自[美]艾尔玛·邦贝克《父亲的爱》

Zuòpǐn 11 Hào
作品 11 号

Yī gè dà wèn tí yī zhí pán jù zài wǒ nǎodai·lǐ
一个 大 问 题一直 盘踞在 我 脑袋 里:

Shìjièbēi zěnme huì yǒu rú cǐ jù dà de xī yǐn lì   Chúqù zúqiú běnshēn de mèilì zhīwài háiyǒu
世界杯 怎么 会 有 如 此 巨大的 吸引力? 除去 足球 本 身 的 魅力 之外,还 有

shénme chāohū qí shàng ér gèng wěidà de dōng xi
什么 超乎其上 而 更 伟大 的 东西?

Jìnlái guānkàn shìjièbēi   hūrán cóngzhōng dédào le dá'àn   Shì yóuyú yī zhǒng wúshàng chónggāo
近来 观看 世界杯,忽然 从 中 得到 了 答案:是 由于 一 种 无 上 崇 高

de jīngshén qínggǎn   guójiā róngyùgǎn
的 精 神 情感——国家 荣誉感!

Dì qiú·shàng de rén dōu huì yǒu guójiā de gàiniàn   dàn wèi bì shíshí dōu yǒu guójiā de gǎnqíng
地球 上 的 人 都 会 有 国家 的 概念,但 未 必 时时 都 有 国家 的 感情。

Wǎngwǎng rén dào yì guó　sī niàn jiā xiāng　xīn huái gù guó　zhè guó jiā gài niàn jiù biàn de yǒu xiě yǒu
往　往　人　到　异国，思　念　家　乡，心　怀　故国，这　国家　概念　就　变　得　有　血　有

ròu ài guó zhī qíng lái de fēi cháng jù tǐ　Ér xiàn dài shè huì kē jì chāng dá xìn xī kuài jié shì shì shàng
肉，爱国　之　情　来　得　非　常　具体。而　现代　社会，科技　昌　达，信息　快捷，事事　上

wǎng　shì jiè zhēn shì tài xiǎo tài xiǎo guó jiā de jiè xiàn sì hū yě bù nà me qīng xī le　Zài shuō zú qiú
网，世界　真　是　太　小　太　小，国家　的　界限　似乎　也　不　那么　清晰　了。再说　足球

zhèng zài kuài sù shì jiè huà píng rì·lǐ gè guó qiú yuán pín fán zhuǎn huì wǎng lái suí yì zhì shǐ yuè lái yuè
正　在　快速　世界化，平日　里各国　球员　频繁　转会，往来　随意，致使　越来越

duō de guó jiā lián sài dōu jù yǒu guó jì de yīn sù　Qiú yuán men bù lùn guó jí zhǐ xiào lì yú zì jǐ de jù lè
多　的　国家　联赛　都　具有　国际　的　因素。球员们　不论　国籍，只　效力　于　自己　的　俱乐

bù tā men bǐ sài shí de jī qíng zhōng wán·quán méi·yǒu ài guó zhǔ yì de yīn zǐ
部，他们　比赛　时的　激情　中　完全　没有　爱国主义　的　因子。

Rán'ér dào le shì jiè bēi dà sài tiān xià dà biàn　Gè guó qiú yuán dōu huí guó xiào lì chuān·shàng
然而，到了　世界杯　大赛，天下　大变。各国　球员　都　回国　效力，穿　上

yǔ guāng róng de guó qí tóng yàng sè cǎi de fú zhuāng　Zài měi yī chǎng bǐ sài qián hái gāo chàng guó
与　光　荣　的　国旗　同样　色彩　的　服装。在　每一场　比赛　前，还　高唱　国

gē yǐ xuān shì duì zì jǐ zǔ guó de zhì'ài yǔ zhōng chéng　Yī zhǒng xuè yuán qíng gǎn kāi shǐ zài quán shēn
歌　以　宣誓　对　自己　祖国　的　挚爱　与　忠　诚。一种　血缘　情感　开始　在　全身

de xuè guǎn·lǐ rán shāo qǐ·lái ér qiě lì kè rè xuè fèi téng
的　血管　里　燃烧　起来，而且　立刻　热血沸腾。

Zài lì shǐ shí dài guó jiā jiān jīng cháng fā shēng duì kàng hǎo nán'ér róng zhuāng wèi guó　Guó jiā de
在　历史　时代，国家　间　经常　发生　对抗，好男儿　戎　装　卫国。国家的

róng yù wǎng wǎng xū yào yǐ zì jǐ de shēng mìng qù huàn qǔ　Dàn zài hé píng shí dài wéi yǒu zhè
荣誉　往　往　需要　以　自己　的　生　命　去　换//取。但在　和平　时代，唯有　这

zhǒng guó jiā zhī jiān dà guī mó duì kàng xìng de dà sài cái kě yǐ huàn qǐ nà zhǒng yáo yuǎn ér shén shèng de
种　国家之间　大规模　对抗性　的　大赛，才可以　唤起　那种　遥远　而　神圣的

qíng gǎn nà jiù shì Wèi zǔ guó ér zhàn
情感，那就是：为祖国而战！

节选自冯骥才《国家荣誉感》

Zuòpǐn 12 Hào
作品 12 号

Xī yáng luò shān bù jiǔ xī fāng de tiān kōng hái rán shāo zhe yī piàn jú hóng sè de wǎn xiá　Dà hǎi
夕阳　落山　不久，西方　的　天空，还　燃烧　着　一片　橘红色　的　晚霞。大海，

yě bèi zhè xiá guāng rǎn chéng le hóng sè ér qiě bǐ tiān kōng de jǐng sè gèng yào zhuàng guān　Yīn·wèi
也　被　这霞光　染　成　了　红色，而且　比　天空　的　景色　更　要　壮观。因为

tā shì huó dòng de měi dāng yī pái pái bō làng yǒng qǐ de shí hou nà yìng zhào zài làng fēng·shàng de xiá
它　是　活动　的，每当　一排排　波浪　涌起　的　时候，那　映照　在　浪峰　上　的　霞

guāng yòu hóng yòu liàng jiǎn zhí jiù xiàng yī piàn piàn huò huò rán shāo zhe de huǒ yàn shǎn shuò zhe
光　又　红　又　亮，简直　就　像　一片片　霍霍　燃烧着　的　火焰，闪烁　着，

xiāo shī le　Ér hòu·miàn de yī pái yòu shǎn shuò zhe gǔn dòng zhe yǒng le guò·lái
消失了。而后　面的　一排，又　闪烁着，滚动着，涌了　过来。

Tiān kōng de xiá guāng jiàn jiàn de dàn xià·qù le shēn hóng de yán sè biàn chéng le fēi hóng fēi
天空　的　霞光　渐渐地　淡下　去了，深红　的　颜色　变　成　了　绯红，绯

hóng yòu biàn wéi qiǎn hóng　Zuì hòu dāng zhè yī qiè hóng guāng dōu xiāo shī le de shí hou nà tū rán xiǎn
红　又　变为　浅红。最后，当　这一切　红　光　都　消失了的时候，那突然　显

de gāo ér yuǎn le de tiānkōng zé chéngxiàn chū yī piàn sùmù de shénsè Zuìzǎo chūxiàn de qǐmíng
得 高 而 远 了 的 天空 ，则 呈 现 出 一 片 肃穆 的 神色 。最早 出现 的 启明

xīng zài zhè lánsè de tiānmù·shàng shǎnshuò qǐ·lái le Tā shì nàme dà nàme liàng zhěnggè guǎng
星 ，在 这 蓝色 的 天幕 上 闪 烁 起 来 了。它 是 那么 大，那么 亮 ，整个 广

mò de tiānmù·shàng zhǐyǒu tā zài nà·lǐ fàngshè zhe lìng rén zhùmù de guānghuī huóxiàng yī zhǎn
漠 的 天幕 上 只有 它 在 那里 放 射 着 令人 注目 的 光 辉，活像 一 盏

xuánguà zài gāokōng de míngdēng
悬 挂 在 高空 的 明灯 。

Yèsè jiā nóng cāngkōng zhōng de míngdēng yuèláiyuè duō le Érchéngshì gèchù de zhēn de
夜色 加浓 ，苍空 中 的 "明 灯 "越来越 多 了。而 城市 各处 的 真 的

dēnghuǒ yě cì dì liàng le qǐ·lái yóuqí shì wéirào zài hǎigǎng zhōuwéi shānpō·shàng de nà yī piàn
灯 火 也 次第 亮 了 起 来，尤其 是 围绕 在 海港 周围 山坡 上 的 那一 片

dēngguāng cóng bànkōng dàoyìng zài wūlán de hǎimiàn·shàng suízhe bōlàng huàngdòngzhe shǎn
灯 光 ，从 半空 倒映 在 乌蓝 的 海面 上 ，随着 波浪 ，晃 动 着 ，闪

shuò zhe xiàng yī chuàn liúdòng zhe de zhēnzhū hé nà yī piànpiàn mìbù zài cāngqióng·lǐ de xīngdǒu
烁 着 ，像 一 串 流 动 着 的 珍珠 ，和 那 一 片 片 密布 在 苍 穹 里 的 星斗

hùxiāng huīyìng shà shì hǎokàn
互 相 辉映 ，煞 是 好看 。

Zài zhè yōuměi de yèsè zhōng wǒ tà zhe ruǎnmiánmián de shātān yánzhe hǎibiān mànmàn de
在 这 幽美 的 夜色 中 ，我 踏 着 软 绵 绵 的 沙滩 ，沿着 海边 ，慢 慢 地

xiàngqián zǒu·qù Hǎishuǐ qīngqīng de fǔmōzhe xì ruǎn de shātān fā chū wēnróu de shuāshuā
向前 走 去。海水 ，轻 轻 地 抚摸着 细 软 的 沙滩，发出 温 柔 的// 刷 刷

shēng Wǎnlái de hǎifēng qīngxīn ér yòu liángshuǎng Wǒ de xīn·lǐ yǒuzhe shuō·bù chū de xīng
声 。晚来 的 海风，清 新 而 又 凉 爽 。我 的 心 里，有着 说 不 出 的 兴

fèn hé yúkuài
奋 和 愉快。

Yèfēng qīngpiāopiāo de chuī fú zhe kōng qì zhōng piāodàng zhe yī zhǒng dàhǎi hé tiánhé xiāng
夜风 轻 飘 飘 地 吹 拂着 ，空 气 中 飘荡 着 一 种 大海 和 田禾 相

hùnhé de xiāngwèir róuruǎn de shātān·shàng hái cánliú zhe bái·tiān tài·yáng zhìshài de yúwēn Nà
混合 的 香味儿，柔软 的 沙滩 上 还 残留 着 白 天 太 阳 炙晒 的 余温 。那

xiē zài gègè gōngzuò gǎngwèi·shàng láodòng le yī tiān de rénmen sānsān liǎngliǎng de láidào zhè
些 在 各个 工 作 岗位 上 劳动 了 一 天 的 人们 三三 两 两 地 来到 这

ruǎnmiánmián de shātān·shàng tāmen yù zhe liángshuǎng de hǎifēng wàng zhe nà zhuìmǎn le xīng
软 绵 绵 的 沙滩 上 ，他们 浴 着 凉 爽 的 海风 ，望 着 那 缀满 了 星

xīng de yèkōng jìnqíng de shuōxiào jìnqíng de xiūqì
星 的 夜空 ，尽 情 地 说 笑 ，尽 情 地 休憩。

节选自峻青《海滨仲夏夜》

Zuòpǐn 13 Hào
作品 13 号

Shēngmìng zài hǎiyáng·lǐ dànshēng jué bù shì ǒurán de hǎiyáng de wùlǐ hé huàxué xìngzhì shǐ
生 命 在 海洋 里 诞 生 绝 不 是 偶然 的，海洋 的 物理 和 化学 性质，使

tā chéngwéi yùnyù yuánshǐ shēngmìng de yáolán
它 成 为 孕育 原始 生 命 的 摇篮。

Wǒmen zhī·dào shuǐ shì shēngwù de zhòngyào zǔchéng bùfen xǔduō dòngwù zǔzhī de hánshuǐ
我 们 知 道，水 是 生 物 的 重 要 组成 部分，许多 动物 组织 的 含水

量在百分之八十以上，而一些海洋生物的含水量高达百分之九十五。水是新陈代谢的重要媒介，没有它，体内的一系列生理和生物化学反应就无法进行，生命也就停止。因此，在短时期内动物缺水要比缺少食物更加危险。水对今天的生命是如此重要，它对脆弱的原始生命，更是举足轻重了。生命在海洋里诞生，就不会有缺水之忧。

水是一种良好的溶剂。海洋中含有许多生命所必需的无机盐，如氯化钠、氯化钾、碳酸盐、磷酸盐，还有溶解氧，原始生命可以毫不费力地从中吸取它所需要的元素。

水具有很高的热容量，加之海洋浩大，任凭夏季烈日曝晒，冬季寒风扫荡，它的温度变化却比较小。因此，巨大的海洋就像是天然的"温箱"，是孕育原始生命的温床。

阳光虽然为生命所必需，但是阳光中的紫外线却有扼杀原始生命的危险。水能有效地吸收紫外线，因而又为原始生命提供了天然的"屏障"。

这一切都是原始生命得以产生和发展的必要条件。//

节选自童裳亮《海洋与生命》

Zuòpǐn 14 Hào
作品 14 号

读小学的时候，我的外祖母去世了。外祖母生前最疼爱我，我无法排除自己的忧伤，每天在学校的操场上一圈儿又一圈儿地跑着，跑得累倒在地上，扑在草坪上痛哭。

那哀痛的日子，断断续续地持续了很久，爸爸妈妈也不知道如何安慰我。他们知道与其骗我说外祖母睡着了，还不如对我说实话：外祖母

yǒngyuǎn bù huì huí·lái le
永 远 不 会 回 来 了。

　　Shénme shì yǒngyuǎn bù huì huí·lái ne　Wǒ wèn zhe
　　"什 么 是 永 远 不 会 回 来 呢?"我 问 着。

　　Suǒyǒu shíjiān·lǐ de shìwù dōu yǒngyuǎn bùhuì huí·lái　Nǐ de zuótiān guò·qù tā jiù yǒng
　　"所 有 时 间 里 的 事 物,都 永 远 不 会 回 来。你 的 昨 天 过 去,它 就 永
yuǎn biànchéng zuótiān nǐ bùnéng zài huídào zuótiān　Bàba yǐqián yě hé nǐ yīyàng xiǎo xiànzài yě
远 变 成 昨 天,你 不 能 再 回 到 昨 天。爸 爸 以 前 也 和 你 一 样 小,现 在 也
bùnéng huídào nǐ zhème xiǎo de tóngnián le　yǒu yī tiān nǐ huì zhǎngdà nǐ huì xiàng wài zǔmǔ yī yàng
不 能 回 到 你 这 么 小 的 童 年 了;有 一 天 你 会 长 大,你 会 像 外 祖 母 一 样
lǎo yǒu yī tiān nǐ dùguò le nǐ de shíjiān jiù yǒngyuǎn bù huì huí·lái le　Bàba shuō
老;有 一 天 你 度 过 了 你 的 时 间,就 永 远 不 会 回 来 了。"爸 爸 说。

　　Bàba děngyú gěi wǒ yī gè míyǔ zhè míyǔ bǐ kèběn·shàng de　Rìlì guà zài qiáng bì　yī tiān sī
　　爸 爸 等 于 给 我 一 个 谜 语,这 谜 语 比 课 本 上 的"日 历 挂 在 墙 壁,一 天 撕
qù yī yè shǐ wǒ xīn lǐ zháojí hé　Yī cùn guāngyīn yī cùn jīn cùn jīn nán mǎi cùn guāngyīn hái ràng
去 一 页,使 我 心 里 着 急"和"一 寸 光 阴 一 寸 金,寸 金 难 买 寸 光 阴"还 让
wǒ gǎndào kěpà yě bǐ zuòwénběn·shàng de　Guāngyīn sì jiàn rì yuè rú suō　gèng ràng wǒ juéde
我 感 到 可 怕;也 比 作 文 本 上 的"光 阴 似 箭,日 月 如 梭"更 让 我 觉 得
yǒu yī zhǒng shuō·bùchū de zīwèi
有 一 种 说 不 出 的 滋 味。

　　Shíjiān guò de nàme fēikuài shǐ wǒ de xiǎo xīnyǎnr·lǐ bù zhǐshì zháojí hái yǒu bēishāng　Yǒu
　　时 间 过 得 那 么 飞 快,使 我 的 小 心 眼 儿 里 不 只 是 着 急,还 有 悲 伤。有
yī tiān wǒ fàngxué huíjiā kàndào tài·yáng kuài luòshān le jiù xià juéxīn shuō　Wǒ yào bǐ tài·yáng
一 天 我 放 学 回 家,看 到 太 阳 快 落 山 了,就 下 决 心 说:"我 要 比 太 阳
gèngkuài de huíjiā　Wǒ kuángbēn huí·qù zhàn zài tíngyuàn qián chuǎn qì de shíhou kàndào tài·
更 快 地 回 家。"我 狂 奔 回 去,站 在 庭 院 前 喘 气 的 时 候,看 到 太
yáng hái lòu zhe bànbiān liǎn wǒ gāoxìng de tiàoyuè qǐ·lái nà yī tiān wǒ pǎoyíng le tài·yáng　Yǐ
阳//还 露 着 半 边 脸,我 高 兴 地 跳 跃 起 来,那 一 天 我 跑 赢 了 太 阳。以
hòu wǒ jiù shícháng zuò nàyàng de yóuxì yǒushí hé tài·yáng sàipǎo yǒushí hé xīběifēng bǐkuài yǒu
后 我 就 时 常 做 那 样 的 游 戏,有 时 和 太 阳 赛 跑,有 时 和 西 北 风 比 快,有
shí yī gè shǔjià cái néng zuò wán de zuòyè wǒ shítiān jiù zuò wán le nàshí wǒ sān niánjí chángcháng
时 一 个 暑 假 才 能 做 完 的 作 业,我 十 天 就 做 完 了;那 时 我 三 年 级,常 常
bǎ gēge wǔ niánjí de zuòyè ná·lái zuò　Měi yī cì bǐsài shèngguò shíjiān wǒ jiù kuàilè de bù zhī·
把 哥 哥 五 年 级 的 作 业 拿 来 做。每 一 次 比 赛 胜 过 时 间,我 就 快 乐 得 不 知
dào zěnme xíngróng
道 怎 么 形 容。

　　Rúguǒ jiānglái wǒ yǒu shénme yào jiāogěi wǒ de hái zi wǒ huì gàosu tā　Jiǎruò nǐ yīzhí hé shíjiān
　　如 果 将 来 我 有 什 么 要 教 给 我 的 孩 子,我 会 告 诉 他:假 若 你 一 直 和 时 间
bǐsài nǐ jiù kě yǐ chénggōng
比 赛,你 就 可 以 成 功!

　　　　　　　　　　　　　　　　节选自(台湾)林清玄《和时间赛跑》

Zuòpǐn 15 Hào
作品 15 号

　　Sānshí niándài chū Hú Shì zài Běijīng Dàxué rèn jiàoshòu　Jiǎngkè shí tā chángcháng duì báihuà
　　三 十 年 代 初,胡 适 在 北 京 大 学 任 教 授。讲 课 时 他 常 常 对 白 话

wén dàjiā chēngzàn yǐn qǐ yī xiē zhǐ xǐ huan wényánwén ér bù xǐ huan báihuàwén de xué·shēng de bù
文 大加 称 赞,引起一些只喜欢 文言 文而不喜欢 白话文 的学 生 的不
mǎn
满。

　　Yī cì Hú Shì zhèng jiǎng de dé yì de shíhou yī wèi xìngWèi de xué·shēng tū rán zhàn le qǐ·lái
　　一次,胡适 正 讲 得得意的时候 一位 姓魏的学 生 突然 站了起来,
shēng qì de wèn Hú xiānsheng nándào shuō báihuàwén jiù háowú quēdiǎn ma Hú Shì wēixiào zhe huí
生 气地问:"胡 先 生 ,难道 说 白话文 就毫无 缺点 吗?"胡适 微笑 着回
dá shuō Méi·yǒu Nà wèi xué·shēng gèngjiā jī dòng le Kěndìng yǒu Báihuàwén fèihuà tài duō
答 说:"没 有。"那位学 生 更加 激 动 了:"肯定 有!白话文 废话太多,
dǎ diànbào yòng zì duō huāqián duō Hú Shì de mùguāng dùnshí biàn liàng le Qīngshēng de jiěshì
打 电报 用字多,花钱多。"胡适的目 光 顿时变 亮 了。轻 声 地解释
shuō Bù yī dìng ba Qián jǐ tiān yǒu wèi péngyou gěi wǒ dǎ lái diànbào qǐng wǒ qù zhèngfǔ bùmén
说:"不一定 吧! 前几天有位 朋友 给我打来电报,请我去 政府部门
gōngzuò wǒ juédìng bù qù jiù huídiàn jù jué le Fùdiàn shì yòng báihuà xiě de kànlái yě hěn shěng
工作,我决定不去,就回电拒绝了。复电是用 白话写的,看来也很 省
zì Qǐng tóngxuémen gēn jù wǒ zhège yì si yòng wényánwén xiě yī gè huídiàn kànkan jiūjìng shì bái
字。请 同学们 根据我这个意思,用 文言文 写一个回电,看看究竟是白
huàwén shěng zì háishì wényánwén shěng zì Hújiàoshòu gāng shuōwán tóngxuémen lì kè rènzhēn de
话文 省字,还是文言文 省字?"胡教授 刚 说 完,同学们 立刻认真地
xiě le qǐ·lái
写了起来。

　　Shíwǔ fēnzhōng guò·qù Hú Shì ràng tóngxué jǔ shǒu bàogào yòng zì de shùmù ránhòu tiāo le yī
　　十五分钟 过去,胡适让 同学举手,报告 用字的数目,然后挑了一
fèn yòng zì zuìshǎo de wényán diànbàogǎo diànwén shì zhè·yàng xiě de
份用字最少的文言电报稿,电文是这 样 写的:

　　Cáishū-xuéqiǎn kǒng nán shèngrèn bùkān cóngmìng Báihuàwén de yì si shì Xuéwèn bù shēn
　　"才疏学浅,恐 难 胜任,不堪 从 命。"白话文 的意思是:学 问 不深,
kǒngpà hěnnán dānrèn zhège gōngzuò bùnéng fú cóng ānpái
恐怕很难 担任这个 工作,不能服从 安排。

　　Hú Shì shuō zhè fèn xiě de quèshí bùcuò jǐn yòng le shí'èr gè zì Dàn wǒ de báihuà diànbào què
　　胡适 说,这份写得确实不错,仅用了十二个字。但我的白话电报却
zhǐ yòng le wǔ gè zì
只用了五个字:

　　Gàn·bùliǎo xièxie
　　"干 不了,谢谢!"

　　HúShì yòu jiěshì shuō Gàn·bùliǎo jiù yǒu cáishū-xuéqiǎn kǒng nán shèngrèn de yì si xiè
　　胡适 又解释 说:"'干 不了'就有才疏学浅、恐 难 胜任的意思;'谢
xie jì duì péngyou de jièshào biǎoshì gǎnxiè yòu yǒu jùjué de yì si Suǒ yǐ fèihuà duō·bùduō
谢'既对 朋友的介绍 表示感谢,又有拒绝的意思。所以,废话多 不多,
bìng bù kàn tā shì wényánwén háishì báihuàwén zhǐyào zhù yì xuǎnyòng zì cí báihuàwén shì kě yǐ bǐ
并不看它是文言文还是白话文,只要注意选用字词,白话文是可以比
wényánwén gèng shěng zì de
文言文 更 省字的。"

节选自陈灼主编《实用汉语中级教程》(上)中《胡适的白话电报》

Zuòpǐn 16 Hào
作品 16 号

　　Hěnjiǔ yǐqián zài yī gè qīhēi de qiūtiān de yèwǎn　wǒ fànzhōu zài Xī bó lì yà yī tiáo yīnsēnsēn de
　　很久以前，在一个漆黑的秋天的夜晚，我泛舟 在西伯利亚一条 阴森森的

hé · shàng　Chuán dào yī gè zhuǎnwān chù zhǐ jiàn qián · miàn hēiqūqū de shānfēng xià · miàn yī xīng
河 上 。船 到一个 转 弯处，只见 前 面 黑黢黢的 山 峰 下 面 一星

huǒguāng mò dì yī shǎn
火 光 蓦地一闪。

　　Huǒguāng yòu míng yòu liàng　hǎoxiàng jiù zài yǎnqián
　　火 光 又 明 又 亮，好 像 就 在 眼前……

　　Hǎo la　xiètiān-xiè dì　Wǒ gāoxìng de shuō　Mǎshàng jiù dào guòyè de dì fang la
　　"好 啦，谢天 谢地！"我 高兴地 说，"马 上 就到 过夜的 地方 啦！"

　　Chuánfū niǔtóu cháo shēnhòu de huǒguāng wàng le yī yǎn　yòu bù yǐ wèirán de huá · qǐ jiǎng · lái
　　船夫 扭头 朝 身后的 火光 望 了一眼 ，又 不以为然地 划 起 桨 来。

　　Yuǎn zhe ne
　　"远 着 呢！"

　　Wǒ bù xiāngxìn tā de huà　yīn · wèi huǒguāng chōngpò ménglóng de yè sè　míngmíng zài nàr
　　我 不 相 信 他的 话，因 为 火光 冲 破 朦 胧 的 夜色，明 明 在 那儿

shǎnshuò　Bùguò chuánfū shì duì de　shìshí · shàng　huǒguāng díquè hái yuǎn zhe ne
闪 烁 。不过 船夫 是 对的，事实 上 ，火光 的确 还 远 着 呢。

　　Zhèxiē hēiyè de huǒguāng de tè diǎn shì　Qūsàn hēi'àn　shǎnshǎn fā liàng　jìn zài yǎnqián　lìngrén
　　这些 黑夜的 火 光 的特点 是：驱散 黑暗，闪 闪 发亮，近 在 眼 前，令人

shénwǎng　Zhà yī kàn zài huá jǐ xià jiù dào le　Qíshí què hái yuǎn zhe ne
神 往 。乍 一看，再 划 几下 就到 了……其实 却 还 远 着 呢！……

　　Wǒmen zài qīhēi rú mò de hé · shàng yòu huá le hěnjiǔ　Yī gè gè xiágǔ hé xuányá　yíngmiàn shǐ
　　我 们 在 漆黑 如墨的 河 上 又 划 了 很久。一个个 峡谷 和 悬崖，迎 面 驶

lái　yòu xiàng hòu yí qù　fǎng fú xiāoshī zài mángmáng de yuǎnfāng　ér huǒguāng què yī rán tíng zài
来，又 向 后移去，仿佛 消失 在 茫 茫 的 远 方，而 火光 却 依然 停 在

qiántou　shǎnshǎn fā liàng　lìng rén shénwǎng　yī rán shì zhème jìn　yòu yī rán shì nàme yuǎn
前头，闪 闪 发亮，令人 神 往 ——依然 是这么 近，又 依然 是 那么 远……

　　Xiànzài　wúlùn shì zhè tiáo bèi xuányá qiào bì de yīnyǐng lǒngzhào de qīhēi de hé liú　háishì nà yī
　　现在，无论 是 这条 被 悬崖 峭壁 的 阴影 笼罩 的 漆黑 的 河流，还是 那一

xīng míngliàng de huǒguāng　dōu jīngcháng fú xiàn zài wǒ de nǎo jì　zài zhè yǐ qián hé zài zhè yǐ hòu
星 明 亮 的 火 光 ，都 经 常 浮 现 在 我 的 脑际，在 这 以 前 和 在 这 以后

céng yǒu xǔ duō huǒguāng　sì hū jìn zài zhǐchǐ　bùzhǐ shǐ wǒ yī rén xīnchí-shénwǎng　Kěshì shēnghuó zhī
曾 有 许多 火光 ，似乎 近 在 咫尺，不止 使 我 一人 心驰 神 往 。可是 生活 之

hé què réngrán zài nà yīnsēnsēn de liǎng'àn zhījiān liú zhe　ér huǒguāng yě yī jiù fēicháng yáoyuǎn
河却 仍然 在 那 阴森森 的 两 岸 之间 流 着，而 火 光 也 依旧 非常 遥远。

Yīn cǐ　bì xū jiājìn huájiǎng
因此，必须 加劲 划 桨……

　　Rán'ér　huǒguāng a　　bì jìng　　bì jìng jiù　zài qiántou
　　然而，火 光 啊……毕 竟……毕竟 就//在 前头！……

节选自［俄］柯罗连科《火光》，张铁夫译

Zuòpǐn 17 Hào
作品 17 号

　　Duìyú　yī gè zài Běipíng zhù guàn de rén　xiàng wǒ　dōngtiān yàoshi bù guāfēng　biàn juéde shì qí
　　对于 一个 在 北平 住 惯 的 人，像 我，冬天 要是 不 刮风，便 觉得 是 奇

jì　Jǐ nán de dōngtiān shì méi·yǒu fēngshēng de　Duìyú yī gè gāng yóu Lúndūn huí·lái de rén　xiàng
迹;济南的冬天是没有风声的。对于一个刚由伦敦回来的人，像
wǒ　dōngtiān yào néng kàn de jiàn rìguāng biàn juéde shì guàishì　Jǐ nán de dōngtiān shì xiǎngqíng de
我，冬天要能看得见日光，便觉得是怪事;济南的冬天是响晴的。
Zìrán zài rèdài de dìfang　rì guāng yǒngyuǎn shì nàme dú　xiǎngliàng de tiānqì　fǎn yǒudiǎnr jiào rén
自然，在热带的地方，日光永远是那么毒，响亮的天气，反有点儿叫人
hàipà　Kěshì zài běifāng de dōngtiān　ér néng yǒu wēnqíng de tiānqì　Jǐ nán zhēn děi suàn gè
害怕。可是，在北方的冬天，而能有温晴的天气，济南真得算个
bǎo dì
宝地。

Shèruò dāndān shì yǒu yángguāng nà yě suàn·bùliǎo chū qí　Qǐngbì·shàng yǎnjing xiǎng　Yī
设若单单是有阳光，那也算不了出奇。请闭上眼睛想：一
gè lǎochéng yǒu shān yǒu shuǐ quán zài tiān dǐ·xià shài zhe yángguāng nuǎnhuo ānshì de shuìzhe zhǐ
个老城，有山有水，全在天底下晒着阳光，暖和安适地睡着，只
děng chūnfēng lái bǎ tāmen huànxǐng zhè shì·bùshì lǐxiǎng de jìngjiè　Xiǎoshān zhěng bǎ Jǐ nán wéi
等春风来把它们唤醒，这是不是理想的境界？小山整把济南围
le gè quānr zhǐyǒu běi·biān quē zhe diǎnr kǒur　Zhè yī quān xiǎoshān zài dōngtiān tèbié kě'ài hǎo
了个圈儿，只有北边缺着点口儿。这一圈小山在冬天特别可爱，好
xiàng shì bǎ Jǐ nán fàng zài yī gè xiǎo yáolán·lǐ　tāmen ānjìng bù dòng de dī shēng de shuō　Nǐmen
像是把济南放在一个小摇篮里，它们安静不动地低声地说："你们
fàngxīnba　zhèr zhǔnbǎo nuǎnhuo　Zhēn de　Jǐ nán de rénmen zài dōngtiān shì miàn·shàng hán xiào
放心吧，这儿准保暖和。"真的，济南的人们在冬天是面上含笑
de　Tāmen yī kàn nàxiē xiǎoshān xīnzhōng biàn juéde yǒu le zhuóluò yǒu le yīkào　Tāmen yóu tiān·
的。他们一看那些小山，心中便觉得有了着落，有了依靠。他们由天
shàng kàndào shān·shàng biàn bùzhī·bùjué de xiǎng qǐ　Míngtiān yě xǔ jiùshì chūntiān le ba　Zhè
上看到山上，便不知不觉地想起：明天也许就是春天了吧？这
yàng de wēnnuǎn jīntiān yè·lǐ shāncǎo yě xǔ jiù lǜ qǐ·lái le ba　Jiùshì zhèdiǎnr huànxiǎng bùnéng
样的温暖，今天夜里山草也许就绿起来了吧？就是这点儿幻想不能
yī shí shíxiàn tāmen yě bìng bù zháo jí yīn·wèi zhèyàng cí shàn de dōngtiān gān shénme hái xī wàng
一时实现，他们也并不着急，因为这样慈善的冬天，干什么还希望
bié de ne
别的呢!

Zuì miào de shì xià diǎnr xiǎoxuě ya　Kàn ba shān·shàng de ǎisōng yuè fā de qīnghēi shù jiānr·
最妙的是下点儿小雪呀。看吧，山上的矮松越发的青黑，树尖儿
shàng　dǐng zhe yī jìr báihuā hǎoxiàng Rìběn kānhù fù　Shān jiānr quán bái le gěi lántiān xiāng
上//顶着一髻儿白花，好像日本看护妇。山尖儿全白了，给蓝天镶
shàng yī dào yínbiānr　Shānpō·shàng yǒu de dìfang xuě hòu diǎnr yǒu de dìfang cǎo sè hái lòuzhe
上一道银边。山坡上，有的地方雪厚点儿，有的地方草色还露着;
zhèyàng yī dàor bái yī dàor ànhuáng gěi shānmen chuān·shàng yī jiàn dài shuǐ wénr de huā yī kàn
这样，一道儿白，一道儿暗黄，给山们穿上一件带水纹儿的花衣;看
zhe kànzhe zhè jiàn huā yī hǎoxiàng bèi fēng'ér chuīdòng jiào nǐ xī wàng kàn·jiàn yīdiǎnr gèng měi de
着看着，这件花衣好像被风儿吹动，叫你希望看见一点儿更美的
shān de jī fū　Děngdào kuài rì luò de shíhou wēihuáng de yángguāng xiéshè zài shānyāo·shàng nà
山的肌肤。等到快日落的时候，微黄的阳光斜射在山腰上，那
diǎnr báoxuě hǎoxiàng hūrán hàixiū wēiwēi lòuchū diǎnr fěnsè　Jiùshì xià xiǎoxuě ba　Jǐ nán shì shòu·
点儿薄雪好像忽然害羞，微微露出点儿粉色。就是下小雪吧，济南是受

bù·zhù dàxuě de nàxiē xiǎoshān tài xiù qi
不 住 大雪 的,那些 小 山 太 秀气。

节选自老舍《济南的冬天》

Zuòpǐn 18 Hào
作品 18 号

　　Chúnpǔ de jiāxiāng cūnbiān yǒu yī tiáo hé　qūqū-wānwān hé zhōng jià yī wān shíqiáo gōng yàng
纯朴的家乡 村边 有 一条 河,曲曲 弯 弯,河 中 架 一 弯 石桥,弓 样

de xiǎoqiáo héngkuà liǎng'àn
的 小桥 横跨 两岸。

　　Měitiān bùguǎn shì jī míng xiǎo yuè　rì lì zhōng tiān háishì yuèhuá xiè dì　xiǎoqiáo dōu yìnxià
每天,不管 是 鸡 鸣 晓 月,日 丽 中 天,还是 月华 泻地,小桥 都 印下

chuànchuàn zú jì　sǎluò chuànchuàn hànzhū　　Nàshì xiāngqīn wèi le zhuīqiú duōléng de xī wàng duì
串 串 足迹,洒落 串 串 汗珠。那是 乡亲 为了 追求 多棱 的 希望,兑

xiàn měihǎo de xiáxiǎng　Wānwān xiǎoqiáo bùshí dàngguò qīngyín- dī chàng bùshí lù chū shūxīn de
现 美好 的 遐想。弯弯 小桥,不时 荡 过 轻吟 低 唱,不时 露出 舒心 的

xiàoróng
笑容。

　　Yīn'ér wǒ zhìxiǎo de xīnlíng céng jiāng xīnshēng xiàngěi xiǎoqiáo　Nǐshì yī wān yínsè de xīnyuè
因而,我 稚小 的 心灵,曾 将 心 声 献给 小桥:你是 一弯 银色 的 新月,

gěi rénjiān pǔzhào guānghuī　nǐ shì yī bǎ shǎnliàng de liándāo gē yì zhe huānxiào de huāguǒ nǐ shì yī
给人间 普照 光 辉;你是 一把 闪 亮 的 镰刀,割刈着 欢 笑 的 花果;你是 一

gēn huàngyōuyōu de biǎndan tiāo qǐ le cǎisè de míngtiān　Ò xiǎoqiáo zǒujìn wǒ de mèngzhōng
根 晃 悠悠 的 扁担,挑 起了 彩色 的 明天!哦,小桥 走进 我 的 梦 中。

　　Wǒ zài piāobó tā xiāng de suìyuè xīnzhōng zǒng yǒngdòng zhe gùxiāng de hé shuǐ mèng zhōng
我 在 漂泊 他乡 的 岁月,心中 总 涌动 着 故乡 的 河水,梦 中

zǒng kàndào gōngyàng de xiǎoqiáo　Dāng wǒ fǎng nánjiāng tàn běiguó　yǎnlián chuǎngjìn zuòzuò xióng
总 看到 弓样 的 小桥。当 我 访 南 疆 探 北国,眼帘 闯 进 座座 雄

wěi de chángqiáo shí wǒ de mèng biàn de fēngmǎn le zōngtiān le chì-chéng-huáng- lù-qīng-lán-zi
伟 的 长 桥时,我 的 梦 变 得 丰满了,增添 了 赤橙 黄 绿青蓝紫。

　　Sānshí duō nián guò·qù wǒ dài zhe mǎntóu shuānghuā huídào gùxiāng dì- yī jǐnyào de biànshì
三十 多 年 过 去,我 带着 满头 霜 花 回到 故乡,第一 紧要 的 便是

qù kànwàng xiǎoqiáo
去 看 望 小桥。

　　À　Xiǎoqiáo ne　Tā duǒ qǐ· lái le　Hé zhōng yī dào chánghóng yù zhe zhāo xiá yì yì shǎn
啊!小桥 呢?它 躲 起 来 了?河中 一 道 长 虹,浴着 朝霞 熠熠 闪

guāng　Ò xiónghún de dàqiáo chǎngkāi xiōnghuái qì chē de hū xiào mótuō de dí yīn zì xíngchē de
光。哦,雄浑 的 大桥 敞开 胸 怀,汽车 的 呼啸、摩托 的 笛音、自行车 的

dīnglíng hézòu zhe jìnxíng jiāoxiǎngyuè nán lái de gāngjīn huābù běi wǎng de gānchéng jiāqín huì
丁零,合奏着 进行 交 响乐;南来 的 钢筋、花布,北 往 的 柑橙、家禽,绘

chūjiāoliú huānyuè tú
出 交流 欢 悦 图……

　　À　Tuìbiàn de qiáo chuándì le jiāxiāng jìnbù de xiāo xi tòu lù le jiāxiāng fù yù de shēngyīn
啊!蜕变 的 桥,传递 了 家乡 进步 的 消息,透露 了 家乡 富裕 的 声 音。

Shídài de chūnfēng měihǎo de zhuīqiú wǒ mò dì jì qǐ ér shí chàng　gěi xiǎoqiáo de gē ò míngyàn
时代 的 春风,美好 的 追求,我 蓦地 记起 儿时 唱 //给 小桥 的 歌,哦,明 艳

yàn de tài·yáng zhàoyào le fāngxiāng tiánmì de huāguǒ pěng lái le wǔcǎi bānlán de suìyuè lā kāi
艳的太阳 照耀了,芳香甜蜜的花果 捧来了,五彩斑斓的岁月拉开

le Wǒ xīnzhōng yǒngdòng de héshuǐ jī dàng qǐ tiánměi de lànghuā Wǒyǎngwàng yī bì lántiān xīn
了!我心中 涌动的河水,激荡起甜美的浪花。我仰望 一碧蓝天,心

dǐ qīngshēng hūhǎn Jiāxiāng de qiáo a wǒ mèng zhōng de qiáo
底轻声 呼喊:家乡的桥啊,我梦 中 的桥!

节选自郑莹《家乡的桥》

Zuòpǐn 19 Hào
作品 19 号

    Sānbǎi duō nián qián jiànzhù shèjìshī Lái yī'ēn shòumìng shèjì le Yīngguó Wēnzé Shì zhèngfǔ dà
三百多年 前,建筑设计师莱伊恩受 命 设计了英国温泽市 政府大

tīng Tā yùnyòng gōngchéng lì xué de zhīshi yī jù zì jǐ duōnián de shíjiàn qiǎomiào de shè jì le zhǐ
厅。他运用 工 程力学 的知识,依据自己 多年 的实践,巧 妙地设计了只

yòng yī gēn zhùzi zhīchēng de dàtīng tiānhuābǎn Yī nián yǐ hòu shìzhèngfǔ quánwēi rénshì jìnxíng
用 一根柱子支撑 的大厅 天花板。一年 以后,市政府权威人士进行

gōngchéng yànshōu shí què shuō zhǐ yòng yī gēn zhùzi zhīchēng tiānhuābǎn tài wēixiǎn yāoqiú Lái yī'
工 程 验收时,却说只用 一根柱子支撑 天花板太危险,要求莱伊

ēn zài duō jiā jǐ gēn zhù zi
恩再多加几根柱子。

    Lái yī'ēn zìxìn zhǐyào yī gēn jiāngù de zhù zi zú yǐ bǎozhèng dàtīng ānquán tā de gù·zhí rě
莱伊恩自信只要 一根 坚固的柱子足以 保 证 大厅安全,他的"固执"惹

nǎo le shìzhèng guānyuán xiǎnxiē bèi sòng·shàng fǎtíng Tā fēicháng kǔnǎo jiānchí zì jǐ yuánxiān
恼了市政 官员,险些被送 上 法庭。他非常 苦恼,坚持自己 原先

de zhǔzhāng ba shìzhèng guānyuán kěndìng huì lìng zhǎo rén xiūgǎi shè jì bù jiānchí ba yòu yǒu bèi zì
的主张吧,市政 官员肯定会另 找 人修改设计;不坚持吧,又有悖自

jǐ wéirén de zhǔnzé Máodùn le hěn cháng yī duàn shíjiān Lái yī'ēn zhōng yú xiǎng chū le yī tiáo
己为人的准则。矛盾了很 长 一段 时间,莱伊恩终 于想 出了一条

miào jì tā zài dàtīng·lǐ zēngjiā le sì gēn zhù zi bùguò zhèxiē zhù zi bìng wèi yǔ tiānhuābǎn jiēchù
妙计,他在大厅 里增加了四根 柱子,不过这些柱子并 未与天花板接触,

zhǐ·bùguò shì zhuāngzhuang yàng zi
只不过是 装 装 样 子。

    Sānbǎi duō nián guò·qù le zhè ge mì mì shǐzhōng méi·yǒu bèi rén fā xiàn Zhídào qián liǎng
三百多年 过去了,这个秘密始终 没 有被人发现。直到 前 两

nián shìzhèng fǔ zhǔnbèi xiūshàn dàtīng de tiānhuābǎn cái fāxiàn Lái yī'ēn dāngnián de nòngxū·zuò
年,市政府准备修缮大厅 的天花板,才发现 莱伊恩当年的"弄虚作

jiǎ Xiāoxi chuánchū hòu shìjiè gèguó de jiànzhù zhuānjiā hé yóukè yún jí dāngdì zhèngfǔ duì cǐ yě
假"。消息 传 出 后,世界各国的建筑 专家和游客云集,当地 政府对此也

bù jiā yǎnshì zài xīn shìjì dàolái zhī jì tèyì jiāng dàtīng zuòwéi yī gè lǚyóu jǐngdiǎn duìwài kāifàng
不加掩饰,在新世纪到来之际,特意将 大厅 作为一个旅游景点对外开放,

zhǐ zài yǐndǎo rénmen chóngshàng hé xiāngxìn kēxué
旨在引导人们 崇 尚和相信科学。

    Zuòwéi yī míng jiànzhùshī Lái yī'ēn bìng bùshì zuì chūsè de Dàn zuòwéi yī gè rén tā wúyí fēi
作为一名 建筑师,莱伊恩并 不是最出色的。但 作为一个人,他无疑非

cháng wěidà zhèzhǒng wěidà biǎoxiàn zài tā shǐzhōng kèshǒu zhe zì jǐ de yuánzé gěi gāoguì de xīn
常 伟大,这种 //伟大表现在他始终 恪守着自己的原则,给高贵的心

líng yī gè měilì de zhùsuǒ nǎpà shì zāoyù dào zuìdà de zǔ lì yě yào xiǎng bànfǎ dǐdá shènglì
灵 一个 美丽 的 住所，哪怕 是 遭遇 到 最大 的 阻力，也 要 想 办法 抵达 胜利。

节选自游宇明《坚守你的高贵》

Zuòpǐn 20 Hào
作品 20 号

　　Zì cóng chuányán yǒu rén zài Sàwén hépàn sànbù shí wú yì fā xiàn le jīnzi hòu zhè·lǐ biàn cháng
　　自从 传言 有人 在 萨文 河畔 散步 时 无意 发现 了 金子 后，这 里 便 常
yǒu lái zì sì miàn-bāfāng de táojīnzhě Tāmen dōu xiǎng chéngwéi fù wēng yúshì xúnbiàn le zhěnggè
有 来自 四面 八方 的 淘金者。他们 都 想 成为 富翁，于是 寻遍 了 整个
hé chuáng hái zài héchuáng·shàng wāchū hěnduō dàkēng xī wàng jièzhù tāmen zhǎodào gèng duō de
河床 ，还在 河床 上 挖出 很多 大坑，希望 借助 它们 找 到 更 多 的
jīn zi Díquè yǒu yī xiē rén zhǎodào le dàn lìngwài yī xiē rén yīn·wèi yī wú-suǒdé ér zhǐhǎo sǎoxìng
金子。的确，有 一些 人 找 到 了，但 另外 一些 人 因 为 一无 所得 而 只好 扫兴
guīqù
归去。

　　Yě yǒu bùgānxīn luòkōng de biàn zhùzhā zài zhè·lǐ jìxù xúnzhǎo Bǐ dé Fú léi tè jiùshì qí
　　也 有 不甘心 落空 的，便 驻扎 在 这 里，继续 寻找。彼得·弗雷特 就是 其
zhōng yī yuán Tā zài héchuáng fùjìn mǎi le yī kuài méi rén yào de tǔ dì yī gè rén mòmò de gōng
中 一员。他 在 河床 附近 买了 一块 没 人 要 的 土地，一个 人 默默 地 工
zuò Tā wèile zhǎo jīnzi yǐ bǎ suǒyǒu de qián dōu yā zài zhèkuài tǔ dì·shàng Tā máitóu- kǔgàn le
作。他 为了 找 金子，已把 所有 的 钱 都 押在 这块 土地 上。他 埋头 苦干了
jǐ gè yuè zhídào tǔdì quán biànchéng le kēngkeng-wāwā tā shīwàng le   tā fān biàn le zhěngkuài
几个 月，直到 土地 全 变 成 了 坑 坑 洼洼，他 失 望 了——他 翻 遍 了 整 块
tǔ dì dàn lián yī dīngdiǎnr jīn zi dōu méi kàn·jiàn
土地，但 连 一 丁 点儿 金子 都 没 看 见。

　　Liù gè yuè hòu tā lián mǎi miànbāo de qián dōu méi·yǒu le Yúshì tā zhǔnbèi lí kāi zhèr dào bié
　　六个 月 后，他 连 买 面 包 的 钱 都 没 有 了。于是 他 准备 离开 这儿 到 别
chù qù móushēng
处 去 谋生。

　　Jiù zài tā jíjiāng líqù de qián yī gè wǎnshang tiān xià·qǐ le qīngpén dàyǔ bìngqiě yī xià jiùshì
　　就 在 他 即将 离去 的 前 一个 晚上，天 下·起 了 倾盆 大雨，并且 一下 就是
sān tiān sān yè Yǔ zhōngyú tíng le Bǐ dé zǒuchū xiǎo mùwū fā xiàn yǎnqián de tǔ dì kànshàng·qù
三 天 三 夜。雨 终于 停 了，彼得 走出 小 木屋，发现 眼前 的 土地 看 上 去
hǎoxiàng hé yǐqián bù yīyàng Kēngkeng-wāwā yǐ bèi dàshuǐ chōngshuā píngzhěng sōngruǎn de tǔdì·
好 像 和 以前 不 一样：坑 坑 洼洼 已 被 大水 冲 刷 平 整，松 软 的 土地
shàng zhǎng chū yī céng lǜ róngróng de xiǎocǎo
上 长 出 一层 绿 茸 茸 的 小草。

　　Zhè·lǐ méi zhǎodào jīnzi Bǐ dé hūyǒu suǒwù de shuō Dàn zhè tǔdì hěn féiwò wǒ kěyǐ yòng
　　"这 里 没 找 到 金子，"彼得 忽有 所悟 地 说，"但 这 土地 很 肥沃，我 可以 用
lái zhòng huā bìngqiě nádào zhèn·shàng qù màigěi nàxiē fù rén tāmen yī dìng huì mǎi xiē huā zhuāng
来 种 花，并且 拿到 镇 上 去 卖给 那些 富人，他们 一定 会 买些 花 装
bàn tāmen huálì de kètīng Rúguǒ zhēn shì zhèyàng de huà nàme wǒ yī dìng huì zhuàn xǔ duō
扮 他们 华丽 的 客厅。//如果 真 是 这样 的 话，那么 我 一定 会 赚 许多
qián yǒuzhāo- yī rì wǒ yě huì chéngwéi fù rén
钱，有 朝 一日 我 也 会 成 为 富人……"

Yúshì tā liú le xià·lái　Bǐdé huā le bùshǎo jīnglì péiyù huāmiáo bùjiǔ tiándì·lǐ zhǎngmǎn le
于是他留了下来。彼得花了不少　精力培育花苗,不久田地里长满了
měilì jiāoyàn de gè sè xiānhuā
美丽娇艳的各色鲜花。

Wǔ nián yǐhòu Bǐdé zhōngyú shíxiàn le tā de mèngxiǎng　chéng le yī gè fùwēng　Wǒ shì
五年以后,彼得终于实现了他的梦想——成了一个富翁。"我是
wéi yī de yī gè zhǎodào zhēnjīn de rén Tā shícháng bùwú jiāo'ào de gàosu bié·rén Bié·rén zài
唯一的一个找到真金的人!"他时常不无骄傲地告诉别人。"别人在
zhèr zhǎo·bùdào jīn zi hòu biàn yuǎnyuǎn de lí kāi ér wǒ de jīn zi shì zài zhè kuài tǔdì·lǐ zhǐyǒu
这儿找不到金子后便远远地离开,而我的'金子'是在这块土地里,只有
chéngshí de rén yòng qínláo cái néng cǎijí dào
诚实的人用勤劳才能采集到。"

节选自陶猛译《金子》

Zuòpǐn 21 Hào
作品 21 号

Wǒ zài Jiānádà xué xí qī jiān yùdào guo liǎng cì mùjuān nà qíngjǐng zhìjīn shǐ wǒ nán yǐ-
我在加拿大学习期间遇到过两次募捐,那情景至今使我难以
wànghuái
忘怀。

Yī tiān wǒ zài Wòtàihuá de jiē·shàng bèi liǎng gè nánhái zi lánzhù qù lù Tāmen shí lái suì
一天,我在渥太华的街上被两个男孩子拦住去路。他们十来岁,
chuān de zhěngzhěng-qí qí měirén tóu·shàng dàizhe gè zuògōng jīngqiǎo sècǎi xiānyàn de zhǐmào
穿得整整齐齐,每人头上戴着个做工精巧、色彩鲜艳的纸帽,
shàng·miàn xiě zhe Wèi bāngzhù huàn xiǎo'érmábì de huǒbàn mùjuān Qízhōng de yī gè bùyóu-fēn
上面写着"为帮助患小儿麻痹的伙伴募捐。"其中的一个,不由分
shuō jiù zuò zài xiǎodèng·shàng gěi wǒ cā·qǐ píxié·lái lìng yī gè zé bīnbīn-yǒu lǐ de fā wèn Xiǎo
说就坐在小凳上给我擦起皮鞋来,另一个则彬彬有礼地发问:"小
jiě nín shì nǎguó rén Xǐhuan Wòtàihuá ma Xiǎojiě zài nǐ men guójiā yǒuméi·yǒu xiǎoháir huàn
姐,您是哪国人?喜欢渥太华吗?""小姐,在你们国家有没有小孩儿患
xiǎo'érmábì Shéi gěi tāmen yīliáofèi Yī liánchuàn de wèntí shǐ wǒ zhège yǒushēng-yǐ lái tóu yī
小儿麻痹?谁给他们医疗费?"一连串的问题,使我这个有生以来头一
cì zài zhòngmù-kuíkuí zhīxià ràng bié·rén cā xié de yìxiāngrén cóng jìnhū lángbèi de jiǒngtài zhōng
次在众目睽睽之下让别人擦鞋的异乡人,从近乎狼狈的窘态中
jiětuō chū·lái Wǒmen xiàng péngyou yī yàng liáo·qǐ tiānr·lái
解脱出来。我们像朋友一样聊起天儿来……

Jǐ gèyuè zhīhòu yě shì zài jiē·shàng Yīxiē shí zì lù kǒu chù huò chēzhàn zuò zhe jǐ wèi lǎorén
几个月之后,也是在街上。一些十字路口处或车站坐着几位老人。
Tāmen mǎntóu yínfà shēn chuān gèzhǒng lǎoshì jūnzhuāng shàng·miàn bùmǎn le dàdà-xiǎoxiǎo xíng
他们满头银发,身穿各种老式军装,上面布满了大大小小形
xíng-sè sè de huīzhāng jiǎngzhāng měi rén shǒu pěng yī dà shù xiānhuā yǒu shuǐxiān shízhú méi·guī
形色色的徽章、奖章,每人手捧一大束鲜花,有水仙、石竹、玫瑰
jí jiào·bùchū míng zi de yī sè xuěbái Cōngcōng guòwǎngde xíngrén fēnfēn zhǐbù bǎ qián tóujìn zhè
及叫不出名字的,一色雪白。匆匆过往的行人纷纷止步,把钱投进这
xiē lǎorén shēnpáng de báisè mùxiāng nèi ránhòu xiàng tāmen wēiwēi jūgōng cóng tāmen shǒuzhōng
些老人身旁的白色木箱内,然后向他们微微鞠躬,从他们手中

jiēguo yī duǒ huā   Wǒ kàn le yī huìr   yǒu rén tóu yī-liǎng yuán   yǒu rén tóu jǐ bǎi yuán   hái yǒu rén
接过 一朵 花。我 看 了 一 会儿，有 人 投 一 两 元，有 人 投 几 百 元，还 有 人

tāochū zhīpiào tiánhǎo hòu tóujìn mùxiāng   Nàxiē lǎo jūnrén háobù zhù yì rénmen juān duō·shǎo qián
掏出 支票 填好 后 投进 木箱。那些 老军人 毫不 注意 人们 捐 多 少 钱，

yīzhí bù tíng de xiàng rénmen dī shēng dàoxiè   Tóngxíng de péngyou gàosu wǒ zhè shì wèi jìniàn Èr
一直 不//停地 向 人们 低 声 道谢。同 行 的 朋友 告诉 我，这 是 为 纪念 二

Cì Dàzhàn zhōng cānzhàn de yǒngshì mùjuān jiù jì cánfèi jūnrén hé lièshì yí shuāng měinián yī cì rèn
次大战 中 参战 的 勇士，募捐 救济 残废 军人 和 烈士 遗孀 ，每年 一 次；认

juān de rén kěwèi yǒngyuè ér qiě zhìxù jǐngrán qì·fēn zhuāngyán   Yǒuxiē dì fang rénmen hái nàixīn
捐 的 人 可谓 踊跃，而且 秩序 井然，气 氛 庄 严。有 些 地方，人们 还 耐心

de pái zhe duì   Wǒ xiǎng zhè shì yīn·wèi tāmen dōu zhī·dào Zhèngshì zhèxiē lǎorénmen de liúxuè xī
地 排着 队。我 想，这 是 因 为 他们 都 知 道：正 是 这些 老人们 的 流血 牺

shēng huànlái le bāokuò tāmen xìnyǎng zì yóu zàinèi de xǔ xǔ-duōduō
牲 换来 了 包括 他们 信仰 自由 在内 的 许许 多多。

　　Wǒ liǎng cì bǎ nà wēi bù zú dào de yīdiǎnr qián pěnggěi tāmen zhǐ xiǎng duì tāmen shuō shēng
　　我 两 次 把 那 微 不 足 道 的 一点儿 钱 捧 给 他们，只 想 对 他们 说 声

xièxie
"谢谢"。

节选自青白《捐诚》

　　Méi·yǒu yī piàn lǜ yè méi·yǒu yī lǚ chuīyān méi·yǒu yī lì ní tǔ méi·yǒu yī sī huāxiāng zhǐ
　　没 有 一 片 绿叶，没 有 一 缕 炊 烟，没 有 一 粒 泥土，没 有 一 丝 花 香，只

yǒu shuǐ de shìjiè yún de hǎiyáng
有 水 的 世界，云 的 海洋。

　　Yī zhèn táifēng xí guò yī zhī gūdān de xiǎoniǎo wújiā-kěguī luòdào bèi juǎn dào yáng·lǐ de mù
　　一 阵 台风 袭过，一 只 孤单 的 小鸟 无家-可归，落到 被 卷 到 洋 里 的 木

bǎn·shàng chéng liú ér xià shānshān ér lái jìn le jìn le
板 上 ，乘 流 而 下，姗 姗 而来，近 了，近 了！……

　　Hūrán xiǎoniǎo zhāngkāi chìbǎng zài rénmen tóudǐng pánxuán le jǐ quānr pū lā yī shēng luò
　　忽然，小鸟 张 开 翅膀，在 人们 头顶 盘 旋 了 几 圈儿，"噗啦"一 声 落

dào le chuán·shàng Xǔ shì lèi le Háishi fāxiàn le xīn dà lù Shuǐshǒu niǎn tā tā bù zǒu zhuā
到 了 船 上 。许 是 累 了？还是 发现 了"新 大陆"？水 手 撵 它 它 不 走，抓

tā tā guāi guāi de luò zài zhǎngxīn Kě·ài de xiǎoniǎo hé shàn liáng de shuǐshǒu jié chéng le
它，它 乖 乖 地 落 在 掌心。可 爱 的 小鸟 和 善 良 的 水 手 结 成 了

péngyou
朋 友。

　　Qiáo tā duō měilì jiāoqiǎo de xiǎozuǐ zhuólǐ zhe lǜsè de yǔmáo yāzi yàng de biǎnjiǎo chéng
　　瞧，它 多 美丽，娇 巧 的 小嘴，啄 理 着 绿色 的 羽毛，鸭子 样 的 扁脚，呈

xiàn chū chūncǎo de é huáng Shuǐshǒumen bǎ tā dàidào cāng·lǐ gěi tā dā pù ràng tā zàichuán·
现 出 春草 的 鹅黄。水 手 们 把 它 带到 舱 里 给 它"搭铺"，让 它 在 船

shàng ānjiā-luòhù měitiān bǎ fēndào de yī sù liàotǒng dànshuǐ yún gěi tā hē bǎ cóng zǔguódàilái de
上 安家-落户，每天，把 分 到 的 一 塑料桶 淡水 匀 给 它 喝，把 从 祖国 带来 的

xiānměi de yúròu fēn gěi tā chī tiāncháng- rì jiǔ xiǎoniǎo hé shuǐshǒu de gǎnqíng rì qū dǔhòu Qīng
鲜 美 的 鱼肉 分 给 它 吃，天 长 日 久，小鸟 和 水手 的 感情 日趋 笃厚。清

晨，当第一束阳光射进舷窗时，它便敞开美丽的歌喉，唱啊唱，嘤嘤有韵，宛如春水淙淙。人类给它以生命，它毫不悭吝地把自己的艺术青春奉献给了哺育它的人。可能都是这样？艺术家们的青春只会献给尊敬他们的人。

小鸟给远航生活蒙上了一层浪漫色调。返航时，人们爱不释手，恋恋不舍地想把它带到异乡。可小鸟憔悴了，给水，不喝！喂肉，不吃！油亮的羽毛失去了光泽。是啊，我//们有自己的祖国，小鸟也有它的归宿，人和动物都是一样啊，哪儿也不如故乡好！

慈爱的水手们决定放开它，让它回到大海的摇篮·去，回到蓝色的故乡·去。离别前，这个大自然的朋友与水手们留影纪念。它站在许多人的头·上，肩·上，掌·上，胳膊·上，与喂养过它的人们，一起融进那蓝色的画面……

节选自王文杰《可爱的小鸟》

作品23号

纽约的冬天常有大风雪，扑面的雪花不但令人难以睁开眼睛，甚至呼吸都会吸入冰冷的雪花。有时前一天晚上还是一片晴朗，第二天拉开窗帘，却已经积雪盈尺，连门都推不开了。

遇到这样的情况，公司、商店常会停止上班，学校也通过广播，宣布停课。但令人不解的是，惟有公立小学仍然开放。只见黄色的校车，艰难地在路边接孩子，老师则一大早就口中喷着热气，铲去车子前后的积雪，小心翼翼地开车去学校。

据统计，十年来纽约的公立小学只因为超级暴风雪停过七次课。这是多么令人惊讶的事。犯得着在大人都无须上班的时候让

háizi qù xuéxiào ma　Xiǎoxué de lǎoshī yě tài dǎoméi le ba
孩子去学校吗？小学的老师也太倒霉了吧？

　　Yúshì　měiféng dàxuě ér xiǎoxué bù tíngkè shí　dōu yǒu jiāzhǎng dǎ diànhuà qù mà　Miào de shì
　　于是，每逢大雪而小学不停课时，都有家长打电话去骂。妙的是，

měigè dǎ diànhuà de rén fǎnyìng quán yī yàng　xiān shì nù qì-chōngchōng de zéwèn　ránhòu mǎn
每个打电话的人，反应全一样——先是怒气冲冲地责问，然后满

kǒu dàoqiàn　zuìhòu xiàoróng mǎnmiàn de guà·shàng diànhuà　Yuányīn shì xuéxiào gàosu jiāzhǎng
口道歉，最后笑容满面地挂　上　电话。原因是，学校告诉家长：

　　Zài Niǔyuē yǒu xǔduō bǎiwàn fùwēng dàn yě yǒu bùshǎo pínkùn de jiātíng　Hòuzhě bái·tiān kāi·
　　在纽约有许多百万富翁，但也有不少贫困的家庭。后者白天开

bù qǐ nuǎn qì　gōng·bù qǐ wǔcān hái zi de yíngyǎng quán kào xuéxiào·lǐ miǎnfèi de zhōngfàn　shèn
不起暖气，供　不起午餐，孩子的营养全靠学校里免费的中饭，甚

zhì kě yǐ duō náxiē huíjiā dàng wǎncān　Xuéxiào tíngkè yī tiān　qióng hái zi jiù shòu yī tiān dòng ái
至可以多拿些回家当　晚餐。学校停课一天，穷孩子就受一天冻，挨

yī tiān è　suǒ yǐ lǎoshīmen nìngyuàn zìjǐ kǔ yīdiǎnr　yě bùnéng tíng　kè
一天饿，所以老师们宁愿自己苦一点儿，也不能停//课。

　　Huòxǔ yǒu jiāzhǎng huì shuō　Hébù ràng fùyù de hái zi zài jiā·lǐ　ràng pínqióng de hái zi qù xué
　　或许有家长会说：何不让富裕的孩子在家里，让贫穷的孩子去学

xiào xiǎngshòu nuǎn qì hé yíngyǎng wǔcān ne
校享受暖气和营养午餐呢？

　　Xuéxiào de dá fù shì　Wǒmen bùyuàn ràng nàxiē qióngkǔ de hái zi gǎndào tāmen shì zài jiēshòu
　　学校的答复是：我们不愿让那些穷苦的孩子感到他们是在接受

jiù jì　yīn·wèi shīshě de zuìgāo yuánzé shì bǎochí shòushīzhě de zūnyán
救济，因为施舍的最高原则是保持受施者的尊严。

节选自（台湾）刘墉《课不能停》

Zuòpǐn 24 Hào
作品 24 号

　　Shí nián zài lìshǐ·shàng bùguò shì yī shùnjiān　Zhǐyào shāojiā zhùyì　rénmen jiù huì fāxiàn Zài
　　十年，在历史上不过是一瞬间。只要稍加注意，人们就会发现：在

zhè yī shùnjiān·lǐ　gèzhǒng shìwù dōu qiāoqiāo jīnglì le zìjǐ de qiānbiàn-wànhuà
这一瞬间里，各种事物都悄悄经历了自己的千变万化。

　　Zhè cì chóngxīn fǎng Rì wǒ chùchù gǎndào qīnqiè hé shú·xī yě zài xǔduō fāngmiàn fājué le Rì
　　这次重新访日，我处处感到亲切和熟悉，也在许多方面发觉了日

běn de biànhuà　Jiù ná Nàiliáng de yī gè jiǎoluò láishuō ba　wǒ chóngyóu le wèizhī gǎnshòu hěn shēn
本的变化。就拿奈良的一个角落来说吧，我重游了为之感受很深

de Táng Zhāotí sì zài sìnèi gèchù cōngcōng zǒu le yī biàn tíngyuàn yī jiù dàn yìxiǎng bùdào hái
的唐招提寺，在寺内各处匆匆走了一遍，庭院依旧，但意想不到还

kàndào le yīxiē xīn de dōng xi　Qízhōng zhī yī　jiùshì jìn jǐ nián cóng Zhōngguó yízhí lái de　yǒu yì zhī
看到了一些新的东西。其中之一，就是近几年从中国移植来的"友谊之

lián
莲"。

　　Zài cúnfàng Jiànzhēn yí xiàng de nàge yuàn zi·lǐ　jǐ zhū Zhōngguó lián ángrán tǐng lì　cuìlǜ de
　　在存放鉴真遗像的那个院子里，几株中国莲昂然挺立，翠绿的

kuāndà hé yè zhèng yíngfēng ér wǔ　xiǎn de shífēn yúkuài　Kāihuā de jì jié yǐ guò　héhuā duǒduǒ yǐ
宽大荷叶正迎风而舞，显得十分愉快。开花的季节已过，荷花朵朵已

biànwéi liánpeng léiléi Lián zǐ de yán sè zhèngzài yóu qīng zhuǎn zǐ kàn·lái yǐ·jīng chéngshú le
变为 莲 蓬 累累。 莲子 的 颜色 正在 由 青 转紫,看·来 已 经 成熟 了。

Wǒ jīn·bùzhù xiǎng Yīn yǐ zhuǎnhuà wéi guǒ
我禁不住想:"因"已 转 化 为"果"。

Zhōngguó de liánhuā kāizài Rìběn Rìběn de yīnghuā kāizài Zhōngguó zhè bùshì ǒurán Wǒ xī
中 国 的 莲花 开在 日本,日本 的 樱花 开在 中 国,这 不是 偶然。我 希

wàng zhèyàng yī zhǒng shèngkuàng yánxù bùshuāi Kěnéng yǒurén bù xīnshǎng huā dàn jué bùhuì yǒu
望 这样一 种 盛况 延续不衰。可能 有人 不 欣赏 花,但 绝不会 有

rén xīnshǎng luòzài zì jǐ miànqián de pàodàn
人 欣赏 落在 自己 面前 的 炮弹。

Zài zhèxiē rì zi·lǐ wǒ kàndào le bùshǎo duōnián bùjiàn de lǎopéngyou yòu jiéshí le yīxiē xīn
在 这些 日子 里,我 看到 了 不少 多年 不见 的 老朋友,又 结识 了 一些 新

péngyou Dàjiā xǐhuan shè jí de huà tí zhī yī jiùshìgǔ Chángān hé gǔ Nàiliáng Nà hái yòngdezháo
朋 友。大家 喜欢 涉及 的 话题 之一,就是古 长 安 和 古 奈良。那 还 用 得 着

wèn ma péngyoumen miǎnhuái guòqù zhèngshì zhǔwàng wèilái Zhǔmù yú wèilái de rénmen bì jiāng
问 吗,朋友们 缅怀 过去,正是 瞩望 未来。瞩目 于 未来 的 人们 必将

huò·dé wèilái
获得 未来。

Wǒ bù lì wài yě xī wàng yī gè měihǎo de wèilái
我 不 例外,也 希望 一个 美好 的 未来。

Wèi le Zhōng Rì rénmín zhī jiān de yǒu yì wǒ jiāng bù làngfèi jīnhòu shēng mìng de měi yī
为//了 中 日 人民 之间 的 友谊,我 将 不 浪费 今后 生 命 的 每一

shùnjiān
瞬 间。

节选自严文井《莲花和樱花》

Zuòpǐn 25 Hào
作品 25 号

Méiyǔtán shǎnshǎn de lǜ sè zhāoyǐn zhe wǒmen wǒmen kāishǐ zhuīzhuō tā nà lí hé de shénguāng
梅雨潭 闪 闪 的 绿色 招引 着 我们,我们 开始 追 捉 她 那 离合 的 神 光

le Jiū zhe cǎo pān zhe luànshí xiǎoxīn tànshēn xià·qù yòu jūgōng guò le yī gè shíqióngmén biàn
了。揪着 草,攀着 乱石,小心 探身 下 去,又 鞠躬 过了 一个 石穹门,便

dào le wāngwāng yī bì de tánbiān le
到了 汪 汪 一碧 的 潭边 了。

Pùbù zài jīnxiù zhījiān dànshì wǒ de xīnzhōng yǐ méi·yǒu pùbù le Wǒ de xīn suí tánshuǐ de lǜ
瀑布 在 襟袖 之间,但是 我 的 心中 已 没 有 瀑布 了。我 的 心 随 潭水 的 绿

ér yáodàng Nà zuìrén de lǜ ya Fǎngfú yī zhāng jí dà jí dà de héyè pū zhe mǎn shì qí yì de lǜ
而 摇荡。那 醉人 的 绿 呀! 仿佛 一 张 极大极大 的 荷叶 铺着,满 是 奇异 的 绿

ya Wǒ xiǎng zhāngkāi liǎng bì bào zhù tā dàn zhè shì zěnyàng yī gè wàngxiǎng a
呀。我 想 张开 两臂 抱住 她,但 这是 怎样 一个 妄 想 啊。

Zhàn zài shuǐbiān wàngdào nà·miàn jū rán juézhe yǒuxiē yuǎn ne Zhè píng pū zhe hòu jī zhe
站 在 水边,望 到 那 面,居然 觉着 有些 远 呢! 这 平铺着、厚积着

de lǜ zhuóshí kě'ài Tā sōngsōng de zhòuxiézhe xiàng shào fù tuō zhe de qún fú tā huáhuá de míng
的 绿,着实 可爱。她 松 松 地 皱缬着, 像 少 妇 拖 着 的 裙幅;她 滑滑 的 明

liàng zhe xiàngtú le míngyóu yī bān yǒu jī dànqīng nàyàng ruǎn nàyàng nèn tā yòu bùzá xiē chén
亮 着,像涂了"明 油"一般,有 鸡蛋 清 那样 软,那样 嫩;她 又 不杂 些 尘

zǐ　wǎnrán yīkuài wēnrùn de bìyù　zhǐ qīngqīng de yī sè　　dàn nǐ què kàn·bùtòu tā
滓, 宛然 一块 温润 的 碧玉, 只 清 清 的 一色——但 你 却 看 不透 她!

Wǒ céng jiànguo Běijīng Shíchàhǎi fú dì de lù yáng tuō·bùliǎo é huáng de dǐ zi sì hū tài dàn
我 曾 见过 北京 什刹海 拂地 的 绿杨, 脱 不了 鹅 黄 的 底子, 似乎 太 淡

le　Wǒ yòu céng jiànguo Hángzhōu Hǔpáo sì jìnpáng gāojùn ér shēnmì de lù bì　cóngdié zhe wú
了。我 又 曾 见过 杭州 虎跑寺 近旁 高峻 而 深密 的"绿壁", 丛 叠着 无

qióng de bìcǎo yǔ lǜyè de　nà yòu sì hū tài nóng le　Qíyú ne　Xīhú de bō tài míng le　Qínhuáihé de
穷 的 碧草 与 绿叶的, 那 又 似乎 太 浓 了。其余 呢, 西湖 的 波 太 明 了, 秦淮河 的

yě tài àn le　Kě'ài de　wǒ jiāng shénme lái bǐ nǐ nǐ ne　Wǒ zěnme bǐ nǐ de chū ne　Dàyuē tán shì
也 太 暗 了。可爱 的, 我 将 什么 来 比拟 你 呢? 我 怎么 比拟 得 出 呢? 大约 潭 是

hěn shēn de　gù néng yùnxù zhe zhèyàng qí yì de lǜ　fǎng fú wèilán de tiān róng le yī kuài zài lǐ·
很 深 的, 故 能 蕴蓄 着 这样 奇异 的 绿; 仿佛 蔚蓝 的 天 融 了 一块 在 里

miàn shìde　zhè cái zhèbān de xiānrùn a
面 似的, 这 才 这般 的 鲜润 啊。

Nà zuìrén de lǜ ya　Wǒ ruò néng cái nǐ yǐ wéi dài wǒ jiāng zènggěi nà qīngyíng de　wǔnǚ tā
那 醉人 的 绿 呀! 我 若 能 裁 你 以 为 带, 我 将 赠给 那 轻盈 的//舞女, 她

bì néng línfēng piāo jǔ le　Wǒ ruò néng yì nǐ yǐ wéi yǎn wǒ jiāng zènggěi nà shàngē de mángmèi tā
必 能 临风 飘举 了。我 若 能 挹 你 以为 眼, 我 将 赠给 那 善歌 的 盲妹, 她

bì míngmóu-shànlài le　Wǒ shě bu de nǐ　wǒ zěn shě de nǐ ne　Wǒ yòng shǒu pāi zhe nǐ　fǔmó zhe
必 明 眸 善 睐 了。我 舍 不得 你, 我 怎 舍 得 你 呢? 我 用 手 拍 着 你, 抚摩 着

nǐ rú tóng yī gè shí'èr-sān suì de xiǎogūniang　Wǒ yòu jū nǐ rùkǒu biànshì wěnzhe tā le　Wǒ sòng
你, 如同 一个 十二 三 岁 的 小姑娘。我 又 掬 你 入口, 便 是 吻 着 她 了。我 送

nǐ yī gè míng zi wǒ cóng cǐ jiào nǐ nǚ'ér lǜ　hǎo ma
你 一个 名字, 我 从 此 叫 你"女儿绿", 好 吗?

Dì-èr cì dào Xiānyán de shíhou wǒ bùjīn jīngchà yú Méiyǔtán de lǜ le
第二次 到 仙岩 的 时候, 我 不禁 惊诧 于 梅雨潭 的 绿 了。

节选自朱自清《绿》

Zuòpǐn 26 Hào
作品 26 号

Wǒmen jiā de hòuyuán yǒu bànmǔ kòng dì　mǔ·qīn shuō　Ràng tā huāng zhe guài kě xī de nǐmen
我们 家 的 后 园 有 半亩 空 地, 母 亲 说:"让 它 荒 着 怪 可 惜 的, 你们

nàme ài chī huāshēng jiù kāi pì chū·lái zhòng huāshēng ba　Wǒmen jiě-dì jǐ gè dōu hěn gāoxìng mǎi
那么 爱 吃 花 生, 就 开辟 出 来 种 花 生 吧。"我们 姐弟 几个 都 很 高兴, 买

zhǒng fān dì bō zhǒng jiāoshuǐ méi guò jǐ gè yuè jūrán shōuhuò le
种, 翻地, 播种, 浇水, 没 过 几个 月 居然 收获 了。

Mǔ·qīn shuō　Jīnwǎn wǒmen guò yī gè shōuhuòjié qǐng nǐmen fù·qīn yě lái chángchang wǒmen
母 亲 说:"今晚 我们 过 一个 收获节, 请 你们 父 亲 也 来 尝 尝 我们

de xīn huāshēng hǎo·bùhǎo　Wǒmen dōu shuō hǎo　Mǔ·qīn bǎ huāshēng zuòchéng le hǎo jǐ yàng
的 新 花 生, 好 不好?"我们 都 说 好。母 亲 把 花 生 做成 了 好 几 样

shípǐn hái fēn·fù jiù zài hòuyuán de máotíng·lǐ guò zhège jié
食品, 还 吩 咐 就 在 后园 的 茅亭 里 过 这个 节。

Wǎnshang tiān sè bù tài hǎo kěshì fù·qīn yě lái le　shízài hěn nándé
晚 上 天色 不太 好, 可是 父 亲 也 来 了, 实在 很 难 得。

Fù·qīn shuō　Nǐmen ài chī huāshēng ma
父 亲 说:"你们 爱 吃 花 生 吗?"

Wǒmen zhēng zhe dāyìng　Ài
我们 争 着答应:"爱!"

　Shéi néng bǎ huāshēng de hǎo·chù shuō chū·lái
"谁 能 把花生的好 处说 出 来?"

Jiějie shuō　Huāshēng de wèir měi
姐姐说:"花 生 的味美。"

Gēge shuō　Huāshēng kě yǐ zhàyóu
哥哥说:"花 生 可以榨油。"

Wǒ shuō　Huāshēng de jià·qián pián yi　shéi dōu kě yǐ mǎi·lái chī dōu xǐ huan chī　Zhè jiùshì
我说:"花 生 的价 钱 便宜,谁都可以买 来吃,都喜欢 吃。这就是
tā de hǎo·chù
它的好 处。"

Fù·qīn shuō　Huāshēng de hǎo·chù hěn duō　yǒu yī yàng zuì kěguì　Tā de guǒshí mái zài dì·lǐ
父亲说:"花 生 的好 处很多,有一样最可贵:它的果实埋在地里,
bù xiàng táo zi　shíliu　píngguǒ nàyàng bǎ xiānhóng nèn lǜ de guǒshí gāogāo de guà zài zhītóu·shàng
不像 桃子、石榴、苹果那样,把鲜红 嫩绿的果实高高地挂在枝头 上,
shǐ rén yī jiàn jiù shēng ài mù zhīxīn　Nǐmen kàn tā ǎi ǎi de zhǎng zài dì·shàng děngdào chéngshú
使人一见就 生 爱慕之心。你们看它矮矮地长 在地 上,等到 成熟
le yě bùnéng lìkè fēnbiàn chū·lái tā yǒuméi·yǒu guǒshí bìxū wā chū·lái cái zhī·dào
了,也不能 立刻分辨出 来它有没 有果实,必须挖出 来才知道。"

Wǒmen dōu shuō shì mǔ·qīn yě diǎndiǎn tóu
我们 都 说是,母 亲也点点头。

Fù·qīn jiē xià·qù shuō　Suǒ yǐ nǐmen yào xiàng huāshēng tā suīrán bù hǎokàn kěshì hěn yǒu
父亲接下去说:"所以你们要 像 花生 它虽然不好看,可是很有
yòng bù shì wàibiǎo hǎokàn ér méi·yǒu shíyòng de dōng xi
用,不是外表 好看而没 有实用的东西。"

Wǒ shuō　Nàme rén yào zuò yǒuyòng de rén bùyào zuò zhǐ jiǎng tǐ·miàn ér duì bié·rén méi
我说:"那么,人要做有用的人,不要做只讲体 面,而对别 人没
yǒu hǎochù de rén le
有好处的人了。"//

Fù·qīn shuō　Duì　Zhè shì wǒ duì nǐmen de xī wàng
父亲说:"对。这是我对你们的希望。"

Wǒmen tándào yè shēn cái sàn　Huāshēng zuò de shípǐn dōu chī wán le fù·qīn de huà què shēn
我们 谈到夜深才散。花生 做的食品都吃完了,父亲的话却 深
shēn de yìn zài wǒ de xīn·shàng
深地印在我的心 上。

节选自许地山《落花生》

Zuòpǐn 27 Hào
作品 27 号

Wǒ dǎ liè guīlái yánzhe huāyuán de línyīn lù zǒuzhe　Gǒu pǎo zài wǒ qián·biān
我打猎归来,沿着 花园 的林阴路走着。狗跑在我前 边。

Tūrán gǒu fàngmàn jiǎobù niè zú qiánxíng hǎoxiàng xiùdào le qián·biān yǒu shénme yěwù
突然,狗放 慢 脚步,蹑足潜行,好像 嗅到了前 边有什么野物。

Wǒ shùnzhe línyīn lù wàng·qù kàn·jiàn le yī zhī zuǐbiān hái dài huáng sè tóu·shàng shēngzhe
我 顺着 林阴路望 去,看 见了一只嘴边还带 黄色、头 上 生着

róumáo de xiǎo máquè　Fēng měngliè dechuīdǎzhe línyīn lù·shàng de báihuàshù máquè cóng cháo·
柔毛的小麻雀。 风 猛烈地吹打着林阴路 上 的白桦树,麻雀 从 巢

lǐ diēluò xià·lái dāidāi de fú zài dì·shàng gū lì wúyuán de zhāngkāi liǎngzhī yǔmáo hái wèi fēng
里跌落下 来,呆呆地伏在地 上 ,孤立无援地 张 开 两只羽毛还未丰

mǎn de xiǎo chìbǎng
满的小翅膀。

Wǒ de gǒu mànmàn xiàng tā kàojìn　Hūrán cóng fù jìn yī kē shù·shàng fēi xià yī zhī hēixiōngpú
我的狗 慢慢 向它靠近。忽然,从 附 近一棵树 上 飞下一只黑胸脯

de lǎo máquè　xiàng yī kē shí zǐ shì de luò dào gǒu de gēnqián　Lǎo máquè quánshēn dàoshùzhe yǔ
的老麻雀,像 一颗石子似的落 到 狗 的跟 前。老麻雀 全 身 倒竖着羽

máo jīngkǒng-wànzhuàng fāchū juéwàng qīcǎn de jiàoshēng jiēzhe xiàng lòuchū yáchǐ dà zhāngzhe
毛,惊恐 万 状,发出绝望、凄惨的叫声,接着 向 露出牙齿、大 张 着

de gǒuzuǐ pū·qù
的狗嘴扑去。

Lǎo máquè shì měngpū xià·lái jiùhù yòuquè de　Tā yòng shēn tǐ yǎnhù zhe zì jǐ de yòu'ér
老麻雀是 猛扑下 来救护幼雀的。它用 身体掩护着自己的幼儿……

Dàn tā zhěnggè xiǎoxiǎo de shēn tǐ yīn kǒngbù ér zhàn lì zhe tā xiǎoxiǎo de shēngyīn yě biànde cū
但它 整个小小的身体因 恐怖而战栗着,它小小的 声 音也变得粗

bào sī yǎ tā zài xī shēng zì jǐ
暴 嘶哑,它在牺 牲 自己!

Zài tā kànlái gǒu gāi shì duōme pángdà de guàiwù a　Rán'ér tā háishì bùnéng zhàn zài zì jǐ
在它看来,狗该是多么 庞大的怪物啊!然而,它还是不能 站 在自己

gāogāo de ānquán de shùzhī·shàng　Yī zhǒng bǐ tā de lǐ zhì gèng qiángliè de lì·liàng shǐ tā
高高的、安全的树枝 上 ……一 种 比它的理智更 强烈的力 量,使它

cóng nàr pū·xià shēn·lái
从 那儿扑下 身 来。

Wǒ de gǒu zhànzhù le xiàng hòu tuì le tuì　kànlái tā yě gǎndào le zhèzhǒng lì·liàng
我的狗 站住了,向 后退了退……看来,它也感到了这 种 力 量。

Wǒ gǎnjǐn huànzhù jīnghuang-shīcuò de gǒu ránhòu wǒ huáizhe chóngjìng de xīnqíng zǒukāi le
我赶紧唤住惊 慌 失措的狗,然后我 怀着 崇 敬的心情,走开了。

Shì a qǐng bùyào jiànxiào　Wǒ chóngjìng nàzhī xiǎoxiǎo de yīngyǒngde niǎo'ér wǒ chóngjìng
是啊,请不要见笑。我 崇 敬那只小小的、英 勇的鸟 儿,我 崇 敬

tā nàzhǒng ài de chōngdòng hé lì·liàng
它那种 爱的冲 动和力 量。

Ài wǒ xiǎng bǐ sǐ hé sǐ de kǒng jù gèng qiángdà　Zhǐyǒu yī kào tā yī kào zhèzhǒng ài
爱,我// 想,比死和死的恐惧更 强大。只有依靠它,依靠这 种 爱,

shēngmìng cáinéng wéichí xià·qù fāzhǎn xià·qù
生 命才能 维持下 去,发展下 去。

节选自[俄]屠格涅夫《麻雀》,巴金译

Zuòpǐn 28 Hào
作品 28 号

Nà nián wǒ liù suì　Lí wǒ jiā jǐn yī jiàn zhīyáo de xiǎo shānpō páng yǒu yī gè zǎo yǐ bèi fèiqì de
那 年 我六岁。离我家仅一箭之遥的小 山坡 旁,有一个早已被废弃的

cǎishíchǎng shuāngqīn cónglái bùzhǔn wǒ qù nàr qí shí nàr fēngjǐng shífēn mírén
采石 场 ,双 亲 从 来不准我去那儿,其实那儿风景十分迷人。

一个夏季的下午，我随着一群小伙伴偷偷上那儿去了。就在我们穿越了一条孤寂的小路后，他们却把我一个人留在原地，然后奔向"更危险的地带"了。

等他们走后，我惊慌失措地发现，再也找不到要回家的那条孤寂的小道了。像只无头的苍蝇，我到处乱钻，衣裤上挂满了芒刺。太阳已经落山，而此时此刻，家里一定开始吃晚餐了，双亲正盼着我回家……想着想着，我不由得背靠着一棵树，伤心地呜呜大哭起来……

突然，不远处传来了声声柳笛。我像找到了救星，急忙循声走去。一条小道边的树桩上坐着一位吹笛人，手里还正削着什么。走近细看，他不就是被大家称为"乡巴佬儿"的卡廷吗？

"你好，小家伙儿，"卡廷说，"看天气多美，你是出来散步的吧？"

我怯生生地点点头，答道："我要回家了。"

"请耐心等上几分钟，"卡廷说，"瞧，我正在削一支柳笛，差不多就要做好了，完工后就送给你吧！"

卡廷边削边不时把尚未成形的柳笛放在嘴里试吹一下。没过多久，一支柳笛便递到我手中。我俩在一阵阵清脆悦耳的笛音//中，踏上了归途……

当时，我心中只充满感激，而今天，当我自己也成了祖父时，却突然领悟到他用心之良苦！那天当他听到我的哭声时，便判定我一定迷了路，但他并不想在孩子面前扮演"救星"的角色，于是吹响柳笛以便让我能发现他，并跟着他走出困境！就这样，卡廷先生以乡下人的纯朴，保护了一个小男孩儿强烈的自尊。

节选自唐若水译《迷途笛音》

Zuòpǐn 29 Hào
作品 29 号

Zài hàohàn wúyín de shāmò lǐ yǒu yī piàn měi lì de lù zhōu lù zhōu lǐ cángzhe yī kē shǎn
在 浩瀚 无垠 的 沙漠 里，有 一 片 美丽 的 绿洲，绿洲 里藏着 一颗 闪

guāng de zhēnzhū zhèkē zhēnzhū jiùshì Dūnhuáng Mògāokū Tā zuòluò zài wǒguó Gān sù Shěng Dūn
光 的 珍珠；这颗 珍珠 就是 敦 煌 莫高窟。它 坐落 在 我国 甘肃省 敦

huángShì Sānwēi Shān hé Míngshā Shān de huáibào zhōng
煌 市 三危 山 和 鸣沙 山 的 怀抱 中。

Míngshā Shān dōng lù shì píngjūn gāodù wéi shí qī mǐ de yá bì Zài yī qiān liùbǎi duō mǐ cháng de
鸣沙 山 东麓是 平均 高度 为 十七米 的 崖壁。在 一 千 六百 多 米 长 的

yá bì·shàng záo yǒu dàxiǎo dòngkū qībǎi yúgè xíngchéng le guīmó hóngwěi de shíkūqún Qízhōng
崖壁 上 ，凿 有 大小 洞窟 七百 余个，形 成 了 规模 宏伟 的 石窟群。其中

sì bǎi jiǔshí' èr gè dòngkū zhōng gòng yǒu cǎisè sùxiàng liǎngqiān yī bǎi yú zūn gèzhǒng bì huà gòng
四百 九十 二个 洞窟 中，共 有 彩色 塑像 两 千 一百 余 尊，各种 壁画 共

sì wàn wǔqiān duō píngfāngmǐ Mògāokū shì wǒguó gǔdài wúshù yì shù jiàngshī liúgěi rénlèi de zhēn
四 万 五千 多 平方米。莫高窟 是 我国 古代 无数 艺术 匠 师 留给 人类 的 珍

guì wénhuà yí chǎn
贵 文化 遗产。

Mògāokū de cǎisù měi yī zūn dōu shì yī jiàn jīngměi de yì shùpǐn Zuìdà de yǒu jiǔcéng lóu nàme
莫高窟 的 彩塑，每 一 尊 都 是 一件 精美 的 艺术品。最大 的 有 九层 楼 那么

gāo zuìxiǎo de hái bù rú yī gè shǒuzhǎng dà Zhèxiē cǎisù gèxìng xiānmíng shéntài-gè yì Yǒu cí
高，最小 的 还 不如 一个 手 掌 大。这些 彩塑 个性 鲜明，神态各异。有 慈

méi-shànmù depú·sà yǒu wēifēng-lǐnlǐn de tiānwáng háiyǒu qiángzhuàng yǒngměng de lì shì
眉 善目的菩 萨，有 威风 凛凛 的 天王，还有 强 壮 勇猛 的 力士……

Mògāokū bì huà de nèiróng fēng fù-duōcǎi yǒude shì miáohuì gǔdài láodòng rénmín dǎ liè bǔ yú
莫高窟 壁画 的 内容 丰富多彩，有的 是 描绘 古代 劳动 人民 打猎、捕鱼、

gēngtián shōugē de qíngjǐng yǒude shì miáohuì rénmen zòuyuè wǔdào yǎn zá jì de chǎngmiàn hái
耕田、收割 的 情景，有的 是 描绘 人们 奏乐、舞蹈、演 杂技 的 场 面，还

yǒude shì miáohuì dà zì rán de měi lì fēngguāng Qí zhōng zuì yǐnrén zhùmù de shì fēitiān Bì huà·
有的 是 描绘 大自然 的 美丽 风 光。其中 最引人 注目的 是 飞天。壁画

shàng de fēitiān yǒude bì kuà huālán cǎizhāi xiānhuā yǒu de fǎntán pí·pá qīng bō yínxián yǒude
上 的 飞天，有的 臂挎 花篮，采摘 鲜花；有的 反弹 琵 琶，轻 拨 银弦；有的

dàoxuán shēn zi zì tiān ér jiàng yǒude cǎidài piāo fú màntiān áoyóu yǒude shūzhǎnzhe shuāng bì
倒悬 身子，自 天而 降；有的 彩带 飘拂，漫天 遨游；有的 舒展着 双 臂，

piānpiān- qǐ wǔ Kànzhe zhèxiē jīngměi dòngrén de bì huà jiù xiàng zǒu jìn le cànlàn huīhuáng de yì
翩翩 起舞。看着 这些 精美 动人 的壁画，就 像 走进了//灿烂 辉 煌 的 艺

shù diàntáng
术 殿堂。

Mògāokū· lǐ háiyǒu yī gè miàn jī bù dà de dòngkū cángjīngdòng Dòng· lǐ céng cángyǒu
莫高窟 里 还有 一个 面积 不大 的 洞窟—— 藏经洞。洞 里 曾 藏有

wǒguó gǔdài de gèzhǒng jīngjuàn wénshū bóhuà cì xiù tóngxiàng děng gòng liùwàn duō jiàn Yóuyú
我国 古代 的 各种 经卷、文书、帛画、刺绣、铜 像 等 共 六万 多件。由于

Qīngcháo zhèng fǔ fǔ bài wúnéng dàliàng zhēnguì de wénwù bèi wàiguó qiángdào lüèzǒu Jǐncún debù
清朝 政府 腐败 无能，大量 珍贵 的 文物 被 外国 强 盗 掠走。仅存 的 部

fēn jīngjuàn xiànzài chénliè yú Běijīng Gùgōng děng chù
分 经卷，现在 陈列 于 北京 故宫 等 处。

Mògāokū shì jǔshì-wénmíng de yìshù bǎokù　Zhè·lǐ de měi yī zūn cǎisù měi yī fú bìhuà měi
莫高窟是举世闻名的艺术宝库。这里的每一尊彩塑、每一幅壁画、每

yī jiàn wénwù dōu shì Zhōngguó gǔdài rénmín zhìhuì de jiéjīng
一件文物，都是中国古代人民智慧的结晶。

节选自小学《语文》第六册中《莫高窟》

Zuòpǐn 30 Hào
作品 30 号

Qíshí nǐ zài hěn jiǔ yǐqián bìng bù xǐhuan mǔ·dān yīn·wèi tā zǒng bèi rén zuòwéi fù guì móbài
其实你在很久以前并不喜欢牡丹，因为它总被人作为富贵膜拜。

Hòulái nǐ mùdǔ le yī cì mǔ·dān de luòhuā nǐ xiāngxìn suǒyǒu de rén dōu huì wéi zhī gǎndòng Yī zhèn
后来你目睹了一次牡丹的落花，你相信所有的人都会为之感动：一阵

qīngfēng xú lái jiāoyàn xiānnèn de shèng qī mǔ·dān hūrán zhěngduǒ zhěngduǒ de zhuìluò pū sǎ yī dì
清风徐来，娇艳鲜嫩的盛期牡丹忽然整朵整朵地坠落，铺撒一地

xuànlì de huābàn　Nà huābàn luò dì shí yīrán xiānyàn duómù rútóng yī zhī fèngshàng jì tán de dà
绚丽的花瓣。那花瓣落地时依然鲜艳夺目，如同一只奉上祭坛的大

niǎo tuōluò de yǔmáo dīyín zhe zhuàngliè de bēigē lí qù
鸟脱落的羽毛，低吟着壮烈的悲歌离去。

Mǔ·dān méi yǒu huāxiè-huābài zhī shí yàome shuǒyú zhītóu yàome guīyú ní tǔ tā kuàyuè wěi
牡丹没有花谢花败之时，要么烁于枝头，要么归于泥土，它跨越委

dùn hé shuāilǎo yóu qīngchūn ér sǐwáng yóu měilì ér xiāodùn Tā suī měi què bù lìn xī shēngmìng
顿和衰老，由青春而死亡，由美丽而消遁。它虽美却不吝惜生命，

jí shǐ gàobié yě yào zhǎnshì gěi rén zuìhòu yī cì de jīngxīn-dòngpò
即使告别也要展示给人最后一次的惊心动魄。

Suǒ yǐ zài zhè yīnlěng de sì yuè·lǐ qí jì bùhuì fā shēng Rènpíng yóurén sǎoxìng hé zǔzhòu mǔ·
所以在这阴冷的四月里，奇迹不会发生。任凭游人扫兴和诅咒，牡

dān yīrán ānzhī-ruòsù Tā bù gǒuqiě bù fùjiù bù tuǒxié bù mèisú gānyuàn zì jǐ lěngluò zì jǐ Tā
丹依然安之若素。它不苟且、不俯就、不妥协、不媚俗，甘愿自己冷落自己。它

zūnxún zì jǐ de huā qī zì jǐ de guī lù tā yǒu quánlì wèi zì jǐ xuǎnzé měinián yī dù de shèngdà jié rì
遵循自己的花期自己的规律，它有权利为自己选择每年一度的盛大节日。

Tā wèishénme bù jùjué hánlěng
它为什么不拒绝寒冷？

Tiānnán-hǎiběi de kànhuā rén yīrán luòyì-bùjué de yǒng rù Luòyáng Chéng Rénmen bùhuì yīn
天南海北的看花人，依然络绎不绝地涌入洛阳城。人们不会因

mǔ·dān de jùjué ér jùjué tā de měi Rúguǒ tā zài bèi biǎnzhé shí cì yěxǔ tā jiù huì fányǎn chū shígè
牡丹的拒绝而拒绝它的美。如果它再被贬谪十次，也许它就会繁衍出十个

Luòyáng mǔ·dān chéng
洛阳牡丹城。

Yúshì nǐ zài wúyán de yíhàn zhōng gǎnwù dào fù guì yǔ gāoguì zhǐshì yī zì zhī chā Tóng rén yī
于是你在无言的遗憾中感悟到，富贵与高贵只是一字之差。同人一

yàng huā ér yě shì yǒu língxìng de gèng yǒu pǐnwèi zhī gāo dī Pǐnwèi zhè dōng xi wéi qì wéi hún
样，花儿也是有灵性的，更有品位之高低。品位这东西为气为魂

wéi jīngǔ wéi shényùn zhǐ kě yìhuì Nǐ tànfú mǔ·dān zhuó'ěr-bùqún zhī zī fāng zhī pǐnwèi shì
为//筋骨为神韵，只可意会。你叹服牡丹卓尔不群之姿，方知品位是

duōme róng · yì bèi shìrén hūlüè huò shì mòshì de měi
多么 容 易被世人忽略或是漠视的美。

节选自张抗抗《牡丹的拒绝》

Zuòpǐn 31 Hào
作品 31 号

　　Sēnlín hányǎng shuǐyuán bǎochí shuǐ tǔ fángzhǐ shuǐhàn zāihài de zuòyòng fēicháng dà Jù zhuān
　　森林 涵 养 水源，保持水土，防止水旱灾害的作用非常大。据专

jiā cèsuàn yī piàn shíwàn mǔ miànjī de sēnlín xiāngdāngyú yī gè liǎngbǎi wàn lì fāngmǐ de shuǐkù
家测算，一片十万亩 面积的森林，相 当于一个两百万立方米的水库，

zhè zhèng rú nóngyàn suǒ shuō de Shān · shàng duō zāi shù děngyú xiū shuǐkù Yǔ duō tā néng tūn
这正如农谚所说的："山 上 多栽树，等于修水库。雨多它能吞，

yǔ shǎo tā néng tǔ
雨少它能吐。"

　　Shuō qǐ sēnlín de gōng láo nà hái duō de hěn Tā chú le wèi rénlèi tí gōng mùcái jí xǔduō zhǒng
　　说起森林的 功 劳，那还多得很。它除了为人类提供 木材及许多 种

shēngchǎn shēnghuó de yuánliào zhīwài zàiwéihù shēngtài huánjìng fāngmiàn yě shì gōngláo zhuózhù
生产、生活的原料之外，在维护 生态 环境 方面 也是功劳卓著，

tā yòng lìng yī zhǒng néngtūn-néng tǔ de tèshū gōngnéng yùnyù le rénlèi Yīn · wèi dì qiú zài xíng
它用另一 种"能吞 能吐"的特殊 功 能 孕育了人类。因 为地球在形

chéng zhīchū dàqì zhōng de èr yǎnghuàtàn hánliàng hěn gāo yǎngqì hěn shǎo qìwēn yě gāo shēngwù
成 之初，大气中 的二氧化碳含量很高，氧气很少，气温也高，生物

shì nán yǐ shēngcún de Dàyuē zài sì yì nián zhīqián lù dì cái chǎnshēng le sēnlín Sēnlín mànmàn
是难以 生存的。大约在四亿年之前，陆地才产生了森林。森林慢 慢

jiāng dàqì zhōng de èr yǎnghuàtàn xīshōu tóngshí tǔchū xīnxiān yǎng qì tiáojié qìwēn Zhè cái jùbèi
将大气中 的二氧化碳吸收，同时吐出新鲜 氧气，调节气温：这才具备

le rénlèi shēngcún de tiáojiàn dìqiú · shàng cái zuìzhōng yǒu le rénlèi
了人类生 存的条件，地球 上 才最终 有了人类。

　　Sēnlín shì dìqiú shēngtài xì tǒng de zhǔ tǐ shì dà zìrán de zǒng diàodùshì shì dìqiú de lù sè zhī
　　森林，是地球 生态系统的主体，是大自然的 总 调度室，是地球的绿色之

tèi Sēnlín wéihù dìqiú shēngtài huánjìng de zhèzhǒng néngtūn-néng tǔ de tèshū gōngnéng shì qí tā
肺。森林维护地球 生态环境的这种 "能吞 能吐"的特殊 功 能 是其他

rènhé wùtǐ dōu bùnéng qǔdài de Rán · ér yóuyú dìqiú · shàng de ránshāo wù zēngduō èr yǎnghuàtàn
任何物体都不能取代的。然而，由于地球 上 的燃烧物增多，二氧化碳

de páifàngliàng jí jù zēngjiā shǐ · dé dìqiú shēngtài huánjìng jíjù è huà zhǔyào biǎoxiàn wéi quánqiú
的排放 量 急剧增加，使 得地球 生态 环境急剧恶化，主要 表 现为 全球

qìhòu biànnuǎn shuǐfèn zhēng fā jiākuài gǎibiàn le qìliú de xúnhuán shǐ qìhòu biànhuà jiā jù cóng'
气候 变暖，水分 蒸 发加快，改变了气流的循环，使气候 变化加剧，从

ér yǐnfā rèlàng jù fēng bàoyǔ hóngláo jí gānhàn
而引发热浪、飓风、暴雨、洪涝及干旱。

　　Wèi le shǐ dìqiú de zhège néngtūn-néng tǔ de lù sè zhī fèi huī fù jiànzhuàng yǐ gǎishàn shēng
　　为了//使地球的这个"能吞 能吐"的绿色之肺恢复健 壮 ，以改善 生

tài huánjìng yìzhì quánqiú biànnuǎn jiǎnshǎo shuǐhàn děng zìrán zāihài wǒmen yīnggāi dà lì zàolín
态 环境，抑制 全球 变暖，减少 水旱 等 自然灾害，我们 应该大力造林、

护林，使每一座 荒 山 都绿起来。

节选自《中考语文课外阅读试题精选》中《"能吞能吐"的森林》

作品32号

朋友即将 远行。

暮春 时节，又 邀了几位 朋友在家 小聚。虽然 都 是 极熟 的 朋友，却 是 终年 难得一见，偶尔 电话 里 相遇，也无非是 几句 寻常 话。一锅 小米 稀饭，一碟 大头菜，一盘 自家 酿制 的 泡菜，一只 巷 口 买回 的 烤鸭，简简单 单，不 像 请客，倒 像 家人 团聚。

其实，友情 也 好，爱情 也 好，久而久之 都会 转化 为 亲情。

说 也 奇怪，和新 朋友会 谈 文学、谈 哲学、谈 人 生 道理 等等，和 老 朋友 却 只 话 家常，柴米 油盐，细细碎碎，种种 琐事。很多 时候，心 灵 的 契 合 已 经 不 需要 太 多 的 言语 来 表达。

朋友 新 烫了个头，不 敢 回家 见 母 亲，恐怕 惊骇了老人家，却 欢 天 喜 地 来 见 我们，老 朋友 颇 能 以 一 种 趣味性 的 眼 光 欣赏 这个 改变。

年 少 的 时候，我们 差 不 多 都 在 为 别 人 而 活，为 苦口 婆心 的 父母 活，为 循循 善诱 的 师 长 活，为 许多 观念、许多 传统 的 约束 力 而 活。年 岁 逐 增，渐渐 挣 脱 外在 的 限制 与 束缚，开始 懂 得 为 自 己 活，照 自 己 的 方式 做 一些 自 己 喜欢 的 事，不 在 乎 别 人 的 批评 意见，不 在乎 别 人 的 诋毁 流言，只 在 乎 那 一 份 随心 所 欲 的 舒坦 自然。偶尔，也 能 够 纵 容 自 己 放 浪 一下，并且 有 一 种 恶作剧 的 窃喜。

就 让 生 命 顺其 自然，水 到 渠 成 吧，犹如 窗 前 的//乌桕，自生 自落 之间，自 有 一份 圆 融 丰 满 的 喜悦。春雨 轻 轻 落着，没 有 诗，没 有 酒，有 的 只是 一份 相 知 相 属 的 自在 自得。

Yè sè zài xiàoyǔ zhōng jiànjiàn chénluò péngyou qǐ shēn gào cí méi · yǒu wǎn liú méi · yǒu sòng
夜色在笑语中渐渐沉落，朋友起身告辞，没有挽留，没有送
bié shènzhì yě méi · yǒu wèn guī qī
别，甚至也没有问归期。

Yǐ · jīng guò le dà xǐ-dàbēi de suìyuè yǐ · jīng guò le shānggǎn liúlèi de niánhuá zhī · dào le jù
已经过了大喜大悲的岁月，已经过了伤感流泪的年华，知道了聚
sàn yuánlái shì zhèyàng de zì rán hé shùn lǐ-chéngzhāng dǒng · dé zhèdiǎn biàn dǒng · dé zhēn xī měi
散原来是这样的自然和顺理成章，懂得这点，便懂得珍惜每
yī cì xiāng jù de wēnxīn lí bié biàn yě huān xǐ
一次相聚的温馨，离别便也欢喜。

节选自（台湾）杏林子《朋友和其他》

Zuòpǐn 33 Hào
作品 33 号

Wǒmen zài tiányě sànbù Wǒ wǒ de mǔ · qīn wǒ de qī · zǐ hé ér zi
我们在田野散步：我，我的母亲，我的妻子和儿子。
Mǔ · qīn běn bùyuàn chū · lái de Tā lǎo le shēn tǐ bù hǎo zǒu yuǎn yīdiǎnr jiù juéde hěn lèi Wǒ
母亲本不愿出来的。她老了，身体不好，走远一点儿就觉得很累。我
shuō zhèng yīn · wèi rú cǐ cái yīnggāi duō zǒuzou Mǔ · qīn xìn fú de diǎndiǎn tóu biàn qù ná wàitào
说，正因为如此，才应该多走走。母亲信服地点点头，便去拿外套。
Tā xiànzài hěn tīng wǒ de huà jiù xiàng wǒ xiǎoshíhou hěn tīng tā de huà yī yàng
她现在很听我的话，就像我小时候很听她的话一样。

Zhè nánfāng chūchūn de tián yě dàkuài xiǎokuài de xīn lù suí yì de pū zhe yǒu de nóng yǒu de
这南方初春的田野，大块小块的新绿随意地铺着，有的浓，有的
dàn shù · shàng de nènyá yě mì le tián · lǐ de dōngshuǐ yě gūgū de qǐ zhe shuǐpào Zhè yī qiè dōu shǐ
淡，树上的嫩芽也密了，田里的冬水也咕咕地起着水泡。这一切都使
rén xiǎngzhe yī yàng dōng xi shēngmìng
人想着一样东西——生命。

Wǒ hé mǔ · qīn zǒu zài qián · miàn wǒ de qī · zǐ hé ér zi zǒu zài hòu · miàn Xiǎojiāhuo tū rán
我和母亲走在前面，我的妻子和儿子走在后面。小家伙突然
jiào qǐ · lái Qián · miàn shì māma hé ér zi hòu · miàn yě shì māma hé ér zi Wǒmen dōu xiào le
叫起来："前面是妈妈和儿子，后面也是妈妈和儿子。"我们都笑了。
Hòulái fā shēng le fēn qí Mǔ · qīn yào zǒu dà lù dà lù píngshùn wǒ de ér zi yào zǒu xiǎo lù xiǎo
后来发生了分歧：母亲要走大路，大路平顺；我的儿子要走小路，小
lù yǒu yì si Bùguò yī qiè dōu qǔjuéyú wǒ Wǒ de mǔ · qīn lǎo le tā zǎo yǐ xí guàn tīngcóng tā
路有意思。不过，一切都取决于我。我的母亲老了，她早已习惯听从她
qiángzhuàng de ér zi wǒ de ér zi hái xiǎo tā hái xí guàn tīngcóng tā gāodà de fù · qīn qī · zǐ ne
强壮的儿子；我的儿子还小，他还习惯听从他高大的父亲；妻子呢，
zàiwài · miàn tā zǒngshì tīng wǒ de Yī shàshí wǒ gǎndào le zé rèn de zhòngdà Wǒ xiǎng zhǎo yī gè
在外面，她总是听我的。一霎时我感到了责任的重大。我想找一个
liǎngquán de bàn fǎ zhǎo bù chū wǒ xiǎng chāi sàn yī jiārén fēnchéng liǎng lù gè dé- qí suǒ zhōng bù
两全的办法，找不出；我想拆散一家人，分成两路，各得其所，终不
yuàn yì Wǒ juédìng wěiqū ér zi yīn · wèi wǒ bàntóng tā de shí rì hái cháng Wǒ shuō Zǒu dà lù
愿意。我决定委屈儿子，因为我伴同他的时日还长。我说："走大路。"
Dànshì mǔ · qīn mōmo sūn'ér de xiǎo nǎo guār biàn le zhǔ yi Háishì zǒu xiǎo lù ba Tā de yǎn
但是母亲摸摸孙儿的小脑瓜儿，变了主意："还是走小路吧。"她的眼

suí xiǎo lù wàng·qù Nà·lǐ yǒu jīnsè de càihuā liǎngháng zhěngqí de sāngshù jìntóu yī kǒu shuǐ
随 小 路 望 去:那 里 有 金色 的 菜花,两 行 整齐 的 桑树,//尽头 一 口 水
bō línlín de yútáng Wǒ zǒu bù guò·qù de dìfang nǐ jiù bēizhe wǒ Mǔ·qīn duì wǒ shuō
波 粼粼 的 鱼塘。"我 走 不 过 去 的 地方,你 就 背着 我。"母 亲 对 我 说。

Zhèyàng wǒmen zài yángguāng xià xiàngzhe nà càihuā sāngshù hé yútáng zǒu qù Dào le yī
这样,我们 在 阳 光 下,向 着 那 菜花、桑树 和 鱼塘 走去。到 了 一
chù wǒ dūn xià·lái bēi qǐ le mǔ·qīn qī·zǐ yě dūn xià·lái bēi qǐ le ér zi Wǒ hé qī·zǐ dōu shì
处,我 蹲 下 来,背 起 了 母 亲;妻 子 也 蹲 下 来,背 起 了 儿子。我 和 妻 子 都 是
mànmàn de wěnwěn de zǒu de hěn zǐ xì hǎoxiàng wǒ bèi·shàng de tóng tā bèi·shàng de jiā qǐ
慢 慢 地,稳 稳 地,走 得 很 仔 细,好 像 我 背 上 的 同 她 背 上 的 加 起
lái jiùshì zhěnggè shìjiè
来,就是 整 个 世界。

节选自莫怀戚《散步》

Zuòpǐn 34 Hào
作品 34 号

Dì qiú·shàng shìfǒu zhēnde cúnzài wú dǐ dòng Ànshuō dì qiú shì yuánde yóu dì qiào dì màn hé
地球 上 是否 真 的 存在"无底洞"? 按说 地球 是 圆的,由 地壳、地幔 和
dì hé sāncéng zǔchéng zhēnzhèng de wú dǐ dòng shì bù yīng cúnzài de wǒmen suǒ kàndào de gè
地核 三 层 组成,真 正 的"无底洞" 是 不 应 存在 的,我们 所 看到 的 各
zhǒng shāndòng lièkǒu lièfèng shènzhì huǒshānkǒu yě dōu zhǐshì dì qiào qiǎn bù de yī zhǒng xiàn
种 山洞、裂口、裂缝,甚 至 火 山 口 也 都 只是 地壳 浅部 的 一 种 现
xiàng Rán'ér Zhōngguó yīxiē gǔjí què duō cì tí dào hǎiwài yǒu gè shēn'ào-mòcè de wú dǐ dòng
象。然而 中 国 一些 古籍 却 多次 提 到 海外 有 个 深 奥 莫测 的 无底洞。
Shìshí·shàng dì qiú·shàng quèshí yǒu zhèyàng yī gè wú dǐ dòng
事实 上 地球 上 确实 有 这 样 一个"无底洞"。

Tā wèiyú Xī là Yàgè sī gǔchéng de hǎibīn Yóuyú bīnlín dàhǎi dà zhǎngcháo shí xiōngyǒng de
它 位于 希腊亚各斯古 城 的 海滨。由于 濒临 大海,大 涨 潮 时,汹 涌 的
hǎishuǐ biàn huì páishān-dǎohǎi bān de yǒng rù dòngzhōng xíngchéng yī gǔ tuāntuān de jí liú Jùcè
海水 便 会 排山 倒海 般 地 涌 入 洞 中,形 成 一 股 湍 湍 的 急流。据测,
měitiān liú rù dòngnèi de hǎishuǐliàng dá sānwàn duōdūn Qíguài de shì rú cǐ dàliàng de hǎishuǐ guàn
每天 流入 洞内 的 海水 量 达 三 万 多吨。奇怪 的 是,如此 大量 的 海水 灌
rù dòngzhōng què cónglái méi·yǒu bǎ dòng guànmǎn Céng yǒu rén huái yí zhège wú dǐ dòng huì
入 洞 中,却 从来 没 有 把 洞 灌 满。曾 有 人 怀疑,这个"无底洞",会
bùhuì jiù xiàng shíhuīyán dì qū de lòudǒu shùjǐng luòshuǐdòng yī lèi de dìxíng Rán'ér cóng èrshí shì
不会 就 像 石灰岩 地区 的 漏斗、竖井、落 水 洞 一类 的 地形。然而 从 二十世
jì sānshí niándài yǐ lái rénmen jiù zuò le duōzhǒng nǔ lì qǐ tú xúnzhǎo tā de chūkǒu què dōu shì wǎng
纪 三十 年代 以 来,人们 就 做 了 多 种 努力 企图 寻 找 它 的 出口,却 都 是 枉
fèi-xīn jī
费 心机。

Wèi le jiēkāi zhège mìmì yī jiǔ wǔ bā nián Měiguó Dì lǐ Xuéhuì pàichū yī zhī kǎocháduì tāmen bǎ
为了 揭开 这个 秘密,一九五八 年 美国 地理 学会 派出 一支 考察队,他们 把
yī zhǒng jīngjiǔ-bùbiàn de dàisè rǎnliào róngjiě zài hǎishuǐ zhōng guānchá rǎnliào shì rú hé suízhe hǎi
一 种 经久 不变 的 带色 染料 溶解 在 海水 中,观察 染料 是 如何 随着 海
shuǐ yī qǐ chén xià·qù Jiēzhe yòu chákàn le fù jìn hǎimiàn yǐ jí dǎo·shàng de gè tiáo hé hú mǎn
水 一 起 沉 下 去。接着 又 察看 了 附近 海 面 以 及 岛 上 的 各条 河、湖,满

huái xī wàng de xúnzhǎo zhèzhǒng dài yán sè de shuǐ jiéguǒ lìng rén shīwàng　Nándào shì hǎishuǐliàng
怀 希 望 地 寻 找 这 种 带 颜 色 的 水，结 果 令 人 失 望 。难 道 是 海 水 量

tàidà bǎ yǒusè shuǐ xīshì de tài dàn yǐ zhì wúfǎ fāxiàn
太 大 把 有 色 水 稀 释 得 太 淡，以 致 无 法 发 现 ? //

Zhìjīn shéi yě bùzhī·dào wèishénme zhè·lǐ de hǎishuǐ huì méiwán-méiliǎo de lòu xià·qù zhège
至 今 谁 也 不 知 道 为 什 么 这 里 的 海 水 会 没 完 没 了 地"漏"下 去，这 个

wú dǐ dòng de chūkǒu yòu zài nǎ·lǐ měitiāndàliàng de hǎishuǐ jiūjìng dōu liú dào nǎ·lǐ qù le
"无 底 洞 "的 出 口 又 在 哪 里，每 天 大 量 的 海 水 究 竟 都 流 到 哪 里 去 了?

节选自罗伯特·罗威尔《神秘的"无底洞"》

Zuòpǐn 35 Hào
作品 35 号

Wǒ zài É guó jiàndào de jǐngwù zài méi·yǒu bǐ Tuō'ěr sī tài mù gèng hóngwěi gèng gǎnrén de
我 在 俄 国 见 到 的 景 物 再 没 有 比 托 尔 斯 泰 墓 更 宏 伟、更 感 人 的。

Wánquán ànzhào Tuō'ěr sī tài de yuànwàng tā de fénmù chéng le shìjiān zuì měi de gěi rén yìn
完 全 按 照 托 尔 斯 泰 的 愿 望，他 的 坟 墓 成 了 世 间 最 美 的，给 人 印

xiàng zuì shēnkè de fénmù Tā zhǐshì shùlín zhōng de yī gè xiǎoxiǎo de chángfāngxíng tǔqiū shàng
象 最 深 刻 的 坟 墓。它 只 是 树 林 中 的 一 个 小 小 的 长 方 形 土 丘，上

miàn kāimǎn xiānhuā méi·yǒu shí zì jià méi·yǒu mùbēi méi·yǒu mùzhìmíng lián Tuō'ěr sī tài zhè
面 开 满 鲜 花——没 有 十 字 架，没 有 墓 碑，没 有 墓 志 铭，连 托 尔 斯 泰 这

ge míng zi yě méi·yǒu
个 名 字 也 没 有。

Zhèwèi bǐ shéi dōu gǎndào shòu zì jǐ de shēngmíng suǒ lěi de wěirén què xiàng ǒu'ěr bèi fāxiàn
这 位 比 谁 都 感 到 受 自 己 的 声 名 所 累 的 伟 人，却 像 偶 尔 被 发 现

de liúlànghàn bù wéi rén zhī de shìbīng bù liú míngxìng de bèi rén máizàng le Shéi dōu kě yǐ tà jìn tā
的 流 浪 汉，不 为 人 知 的 士 兵，不 留 名 姓 地 被 人 埋 葬 了。谁 都 可 以 踏 进 他

zuìhòu de ān xī dì wéi zài sì zhōu xī shū de mùzhàlan shì bù guānbì de bǎohù Lièfū Tuō'ěr sī tài
最 后 的 安 息 地，围 在 四 周 稀 疏 的 木 栅 栏 是 不 关 闭 的——保 护 列 夫·托 尔 斯 泰

dé yǐ ān xī de méi·yǒu rènhé biéde dōng xi wéiyǒu rénmen de jìng yì ér tōngcháng rénmen què zǒng
得 以 安 息 的 没 有 任 何 别 的 东 西，惟 有 人 们 的 敬 意;而 通 常，人 们 却 总

shì huáizhe hào qí qù pòhuài wěirén mù dì de níngjìng
是 怀 着 好 奇，去 破 坏 伟 人 墓 地 的 宁 静。

Zhè·lǐ bī rén de pǔsù jìngù zhù rènhé yī zhǒng guānshǎng de xiánqíng bìngqiě bù róngxǔ nǐ dà
这 里，逼 人 的 朴 素 禁 锢 住 任 何 一 种 观 赏 的 闲 情，并 且 不 容 许 你 大

shēng shuōhuà Fēng'ér fǔ lín zài zhèzuòwúmíngzhě zhīmù de shùmù zhījiān sà sà xiǎngzhe hé nuǎn
声 说 话。风 儿 俯 临，在 这 座 无 名 者 之 墓 的 树 木 之 间 飒 飒 响 着，和 暖

de yángguāng zài féntóu xī xì dōngtiān báixuě wēnróu de fù gài zhè piàn yōu'àn de tǔ dì Wúlùn nǐ
的 阳 光 在 坟 头 嬉 戏;冬 天，白 雪 温 柔 地 覆 盖 这 片 幽 暗 的 土 地。无 论 你

zài xiàtiān huò dōngtiān jīngguò zhèr nǐ dōu xiǎngxiàng bùdào zhège xiǎoxiǎo de lóng qǐ de cháng
在 夏 天 或 冬 天 经 过 这 儿，你 都 想 象 不 到，这 个 小 小 的、隆 起 的 长

fāng tǐ·lǐ ānfàngzhe yī wèi dāngdài zuì wěidà de rénwù
方 体 里 安 放 着 一 位 当 代 最 伟 大 的 人 物。

Rán'ér qiàqià shì zhèzuò bù liú xìngmíng de fénmù bǐ suǒyǒu wākōngxīn si yòng dà lǐ shí hé shē
然 而，恰 恰 是 这 座 不 留 姓 名 的 坟 墓，比 所 有 挖 空 心 思 用 大 理 石 和 奢

huá zhuāngshì jiànzào de fénmù gèng kòurénxīnxián Zài jīntiān zhège tè shū de rì zi·lǐ dào tā
华 装 饰 建 造 的 坟 墓 更 扣 人 心 弦。在 今 天 这 个 特 殊 的 日 子 里，// 到 他

de ān xī dì lái de chéng bǎi shàng qiān rén zhōngjiān méi·yǒu yī gè yǒu yǒng qì nǎpà jǐnjǐn cóng zhè
的 安 息 地 来 的 成 百 上 千 人 中 间，没 有 一 个 有 勇 气，哪 怕 仅 仅 从 这

yōu'àn de tǔqiū·shàng zhāixià yī duǒ huā liú zuò jì niàn Rénmen chóngxīn gǎndào shìjiè·shàng zài
幽 暗 的 土 丘 上 摘 下 一 朵 花 留 作 纪 念。人 们 重 新 感 到，世 界 上 再

méi·yǒu bǐ Tuō'ěr sī tài zuìhòu liúxià de zhè zuò jì niànbēi shì de pǔ sù fénmù gèng dǎdòng rénxīn de
没 有 比 托 尔 斯 泰 最 后 留 下 的、这 座 纪 念 碑 式 的 朴 素 坟 墓，更 打 动 人 心 的

le
了。

节选自〔奥〕茨威格《世间最美的坟墓》，张厚仁译

Zuòpǐn 36 Hào
作品 36 号

　　Wǒguó de jiànzhù cóng gǔdài de gōngdiàn dào jìndài de yī bān zhùfáng jué dà bùfen shì duìchèn
　　我 国 的 建 筑，从 古 代 的 宫 殿 到 近 代 的 一 般 住 房，绝 大 部 分 是 对 称

de zuǒ·biān zěnmeyàng yòu·biān zěnmeyàng Sūzhōu yuánlín kě jué bù jiǎngjiu duìchèn hǎoxiàng
的，左 边 怎 么 样，右 边 怎 么 样。苏 州 园 林 可 绝 不 讲 究 对 称，好 像

gù yì bì miǎn shìde Dōng·biān yǒu le yī gè tíng zi huòzhě yī dào huíláng xī·biān jué bù huì lái yī
故 意 避 免 似 的。东 边 有 了 一 个 亭 子 或 者 一 道 回 廊，西 边 决 不 会 来 一

gè tóngyàng de tíng zi huòzhě yī dào tóngyàng de huíláng Zhè shì wèishénme Wǒ xiǎng yòng tú huà
个 同 样 的 亭 子 或 者 一 道 同 样 的 回 廊。这 是 为 什 么？我 想，用 图 画

lái bǐ fang duìchèn de jiànzhù shì tú'ànhuà bù shì měishùhuà ér yuánlín shì měishùhuà měishùhuà yāo
来 比 方，对 称 的 建 筑 是 图 案 画，不 是 美 术 画，而 园 林 是 美 术 画，美 术 画 要

qiú zì rán zhīqù shì bù jiǎngjiu duìchèn de
求 自 然 之 趣，是 不 讲 究 对 称 的。

　　Sūzhōu yuánlín·lǐ dōu yǒu jiǎshān hé chízhǎo
　　苏 州 园 林 里 都 有 假 山 和 池 沼。

　　Jiǎshān de duīdié kě yǐ shuō shì yī xiàng yì shù ér bù jǐn shì jì shù Huòzhě shì chóngluán-dié
　　假 山 的 堆 叠，可 以 说 是 一 项 艺 术 而 不 仅 是 技 术。或 者 是 重 峦 叠

zhàng huòzhě shì jǐ zuò xiǎoshān pèihé zhe zhúzi huāmù quán zài hu shè jì zhě hé jiàngshīmen shēng
嶂，或 者 是 几 座 小 山 配 合 着 竹 子 花 木，全 在 乎 设 计 者 和 匠 师 们 生

píng duō yuè lì xiōngzhōng yǒu qiūhè cái néng shǐ yóulǎnzhě pān dēng de shíhou wàngquè Sū zhōu
平 多 阅 历，胸 中 有 丘 壑，才 能 使 游 览 者 攀 登 的 时 候 忘 却 苏 州

chéngshì zhǐ juéde shēn zài shānjiān
城 市，只 觉 得 身 在 山 间。

　　Zhìyú chízhǎo dàduō yǐnyòng huóshuǐ Yǒuxiē yuánlín chízhǎo kuānchang jiù bǎ chízhǎo zuòwéi
　　至 于 池 沼，大 多 引 用 活 水。有 些 园 林 池 沼 宽 敞，就 把 池 沼 作 为

quányuán de zhōngxīn qí tā jǐngwù pèihé zhe bùzhì Shuǐmiàn jiǎ rú chéng hé dào múyàng wǎngwǎng
全 园 的 中 心，其 他 景 物 配 合 着 布 置。水 面 假 如 成 河 道 模 样，往 往

ānpái qiáoliáng Jiǎ rú ānpái liǎngzuò yǐ shàng de qiáoliáng nà jiù yī zuò yī gè yàng jué bù léitóng
安 排 桥 梁。假 如 安 排 两 座 以 上 的 桥 梁，那 就 一 座 一 个 样，决 不 雷 同。

　　Chízhǎo huò hédào de biānyán hěn shǎo qì qí zhěng de shí'àn zǒngshì gāo dī qūqū rèn qí zì rán
　　池 沼 或 河 道 的 边 沿 很 少 砌 齐 整 的 石 岸，总 是 高 低 屈 曲 任 其 自 然。

Hái zài nàr bùzhì jǐ kuài línglóng de shítou huòzhě zhòng xiē huācǎo Zhè yě shì wèi le qǔdé cóng gè
还 在 那 儿 布 置 几 块 玲 珑 的 石 头，或 者 种 些 花 草。这 也 是 为 了 取 得 从 各

gè jiǎodù kàn dōu chéng yī fú huà de xiàoguǒ Chízhǎo·lǐ yǎngzhe jīnyú huò gè sè lǐyú xià-qiū jì
个 角 度 看 都 成 一 幅 画 的 效 果。池 沼 里 养 着 金 鱼 或 各 色 鲤 鱼，夏 秋 季

jié héhuā huò shuìlián kāi fàng yóulǎnzhě kàn yú xì liányè jiān   yòu shì rù huà de yī jǐng
节 荷花 或 睡 莲 开//放，游览者 看"鱼戏 莲叶 间"，又 是 入 画 的 一景。

节选自叶圣陶《苏州园林》

Zuòpǐn 37 Hào
作品 37 号

　　Yī wèi fǎng Měi Zhōngguó nǚ zuòjiā zài Niǔyuē yùdào yī wèi màihuā de lǎotàitai Lǎotàitai chuān
　　一位 访美 中 国女作家，在 纽约 遇到 一位 卖花 的 老太太。老太太 穿

zhuó pòjiù shēn tǐ xūruò dàn liǎn·shàng de shénqíng què shì nàyàng xiánghé xīngfèn Nǚzuòjiā tiāo
着 破旧，身体 虚弱，但 脸　上 的 神情 却 是 那样　祥 和 兴奋。女作家 挑

le yī duǒ huā shuō Kàn qǐ·lái nǐ hěn gāoxìng Lǎotàitai miàndài wēixiào de shuō Shìde yī qiè
了 一朵 花 说："看 起 来，你 很 高 兴。"老太太 面带 微笑 地 说："是的，一切

dōu zhème měihǎo wǒ wèishénme bù gāoxìng ne Duì fánnǎo nǐ dào zhēn néng kàndekāi Nǚzuòjiā
都 这么 美好，我 为什么 不 高兴 呢？""对 烦恼，你 倒 真　能　看得开。"女作家

yòu shuō le yī jù Méi liàodào lǎotàitai de huídá gèng lìng nǚzuòjiā dàchī- yī jīng Yēsū zài xīngqīwǔ
又　说了 一句。没 料 到，老太太 的 回答 更　令 女作家 大吃 一 惊："耶稣 在 星期五

bèi dìng·shàng shízìjià shí shì quán shìjiè zuì zāogāo de yī tiān kě sān tiān hòu jiùshì Fùhuójié Suǒ
被 钉　上 十字架时，是 全 世界 最糟糕 的 一天，可 三 天 后 就是 复活节。所

yǐ dāng wǒ yùdào bùxìng shí jiù huì děngdài sān tiān zhèyàng yī qiè jiù huī fù zhèngcháng le
以，当 我 遇到 不幸 时，就会 等 待 三 天，这样 一切 就恢复 正　常 了。"

　　Děngdài sān tiān duōme fù yú zhé lǐ de huàyǔ duōme lè guān de shēnghuó fāngshì Tā bǎ fán
　　"等 待 三天"，多么 富于 哲理 的 话语，多么 乐观 的　生　活 方 式。它 把 烦

nǎo hé tòngkǔ pāo xià quán lì qù shōuhuò kuàilè
恼 和 痛苦 抛 下，全力 去 收获 快乐。

　　Shěn Cóngwén zài wén-gé qī jiān xiàn rù le fēi rén de jìng dì Kě tā háobù zài yì tā zài Xián
　　沈　从 文 在"文 革"期间，陷 入 了 非 人 的 境 地。可 他 毫不 在意，他 在 咸

níng shí gěi tā de biǎozhí huàjiā Huáng Yǒngyù xiěxìn shuō Zhè·lǐ de héhuā zhēn hǎo nǐ ruò lái
宁 时给 他 的 表侄、画家 黄　永 玉 写信 说："这　里 的 荷花 真 好，你 若 来……"

Shēnxiàn kǔnàn què réng wèi héhuā de shèngkāi xīn xǐ zàntàn bù yǐ zhè shì yī zhǒng qū yú chéngmíng
身 陷 苦难 却 仍 为 荷花 的 盛 开 欣喜 赞叹 不已，这 是 一 种 趋于 澄 明

de jìngjiè yī zhǒng kuàngdá sǎtuō de xiōngjīn yī zhǒng miànlín mónàn tǎndàng cóngróng de qì dù yī
的 境界，一 种　旷 达 洒脱 的 胸襟，一 种　面 临 磨难 坦 荡　从 容 的 气度，一

zhǒng duì shēnghuó tóng zǐ bān de rè'ài hé duì měihǎo shìwù wúxiàn xiàngwǎng de shēngmìng qínggǎn
种 对 生 活 童 子 般 的 热爱 和 对 美好 事物 无限　向　往 的　生　命 情 感。

　　Yóu cǐ-kějiàn yǐngxiǎng yī gèrén kuàilè de yǒushí bìng bù shì kùnjìng jí mónàn ér shì yī gèrén
　　由 此 可见，影　响　一个 人 快乐 的，有时 并 不 是 困境 及 磨难，而是 一 个 人

de xīntài Rúguǒ bǎ zì jǐ jìnpào zài jī jí lè guān xiàngshàng de xīntài zhōng kuàilè bì rán huì
的 心态。如果 把 自己 浸泡 在 积极、乐 观、向　上 的 心态 中，快乐 必然 会//

zhànjù nǐ de měi yī tiān
占 据 你 的 每 一 天。

节选自《态度创造快乐》

Zuòpǐn 38 Hào
作品 38 号

　　Tài Shān jí dǐng kàn rì chū lì lái bèi miáohuì chéng shífēn zhuàngguān de qí jǐng Yǒu rén shuō
　　泰 山 极 顶 看 日出，历来 被 描绘 成 十分　壮　观 的 奇景。有 人 说：

Dēng Tài Shān ér kàn·bùdào rì chū jiù xiàng yī chū dà xì méi·yǒu xì yǎn wèir zhōngjiū yǒudiǎnr guǎ
登 泰 山 而看 不到 日出,就 像 一 出大戏没 有 戏眼,味儿 终 究 有点 寡

dàn
淡。

Wǒ qù páshān nà tiān zhèng gǎn·shàng gè nándé de hǎotiān wàn lǐ chángkōng yúncǎi sīr dōu
我去爬山那天,正 赶 上个难得的好天,万 里 长 空,云彩丝儿都

bù jiàn Sùcháng yānwù téngténg de shāntóu xiǎn de méimù fēnmíng Tóngbànmen dōu xīn xǐ de
不见。素常,烟雾 腾腾的山头,显得眉目分明。同伴们 都 欣喜地

shuō Míngtiān zǎochen zhǔn kě yǐ kàn·jiàn rì chū le Wǒ yě shì bàozhe zhè zhǒng xiǎngtou pá·
说:"明天 早晨 准可以看 见日出了。"我也是抱着这 种 想头,爬

shàng shān·qù
上山去。

Yī lù cóng shānjiǎo wǎngshàng pá xì kàn shānjǐng wǒ juéde guà zài yǎnqián de bù shì Wǔ Yuè dú
一路从山脚往 上爬,细看山景,我觉得挂在眼前的不是五岳独

zūn de Tài Shān què xiàng yī fú guīmó jīngrén de qīng lù shānshuǐhuà cóng xià·miàn dào zhǎn kāi·
尊的泰山,却 像 一幅规模惊人的青绿山水画,从下 面 倒展开

lái Zài huàjuàn zhōng zuì xiān lòu chū de shì shāngēnr dǐ nà zuò Míngcháo jiànzhù Dàizōngfāng màn
来。在画卷 中 最先露出的是 山 根底那座 明朝建筑岱宗坊,慢

màn de biàn xiànchū Wángmǔchí Dǒumǔgōng Jīngshíyù Shān shì yī céng bǐ yī céng shēn yī dié bǐ
慢地便 现出 王母池、斗母宫、经石峪。山是一 层比一层 深,一叠比

yī dié qí céngcéng-diédié bù zhī hái huì yǒu duō shēn duō qí Wàn shān cóng zhōng shí'ér diǎnrǎn
一叠奇,层 层 叠叠,不知还会有 多深多奇。万 山丛 中,时而点染

zhe jí qí gōng xì de rénwù Wángmǔchí páng de Lǚzǔdiàn·lǐ yǒu bùshǎo zūn míngsù sùzhe Lǚ Dòng
着极其工细的人物。 王母池旁的吕祖殿 里有不少尊 明塑,塑着吕洞

bīn děng yī xiē rén zī tài shénqíng shì nàyàng yǒu shēng qì nǐ kàn le bùjīn huì tuōkǒu zàntàn shuō
宾 等 一些人,姿态 神情是那样 有 生气,你看了,不禁会脱口赞叹说:

Huó la
"活啦。"

Huàjuàn jì xù zhǎnkāi lǜ yīn sēnsēn de bǎidòng lòumiàn bù tài jiǔ biàn láidào Duìsōngshān
画卷继续 展开,绿阴森森的柏洞 露面 不太久,便 来到对松 山。

Liǎngmiàn qí fēng duìzhìzhe mǎn shānfēng dōu shì qí xíng-guàizhuàng de lǎosōng nián jì pà dōu yǒu
两 面奇峰对峙着,满 山峰都 是奇形 怪 状 的老松 ,年纪怕都 有

shàng qiān suì le yán sè jìng nàme nóng nóng de hǎoxiàng yào liú xià·lái shìde Láidào zhèr nǐ bù
上 千岁了,颜色竟那么浓,浓 得好像 要 流下 来似的。来到这儿,你不

fáng quándàng yī cì huà·lǐ de xiě yì rénwù zuò zài lù páng de Duìsōngtíng·lǐ kànkan shān sè tīng
妨 权 当一次画里的写意人物,坐在路旁的对松亭 里,看看 山色,听

tīng liú shuǐ hé sōngtāo
听流//水和松涛。

Yīshíjiān wǒ yòu juéde zì jǐ bùjǐn shì zài kàn huàjuàn què yòu xiàng shì zài línglíng-luànluàn fān
一时间,我 又 觉得自己不仅是 在 看画卷 ,却 又 像 是 在 零零乱乱翻

zhe yī juàn lì shǐ gǎoběn
着 一卷 历史 稿本。

节选自杨朔《泰山极顶》

Zuòpǐn 39 Hào
作品 39 号

Yùcái Xiǎoxué xiàozhǎng Táo Xíngzhī zài xiàoyuán kàndào xuésheng Wáng Yǒu yòng ní kuài zá zì
育才 小学 校 长 陶 行知在校园 看到学生 王 友 用泥块砸自

jǐ bān · shàng de tóngxué Táo Xíngzhī dāng jí hèzhǐ le tā bìng lìng tā fàngxué hòu dào xiàozhǎngshì
己 班 上 的 同学,陶 行知 当即 喝止 了他,并 令 他 放学 后 到 校 长 室

qù Wú yí Táo Xíngzhī shì yào hǎohǎo jiàoyù zhège wán pí de xuésheng Nàme tā shì rúhé jiàoyù
去。无疑,陶 行知 是 要 好好 教育 这个"顽皮"的 学 生 。那么 他 是 如何 教育

de ne
的 呢?

Fàngxué hòu Táo Xíngzhī láidào xiàozhǎngshì Wáng Yǒu yǐ · jīng děng zài ménkǒu zhǔnbèi ái xùn
放学 后,陶 行知 来到 校 长 室,王 友 已经 等 在 门 口 准备 挨训

le Kě yí jiànmiàn Táo Xíngzhī què tāochū yī kuài tángguǒ sònggěi Wáng Yǒu bìng shuō Zhè shì
了。可一 见面,陶 行知 却 掏出 一块 糖果 送给 王 友,并 说:"这是

jiǎnggěi nǐ de yīn · wèi nǐ ànshí láidào zhè · lǐ ér wǒ què chídào le Wáng Yǒu jīng yí de jiēguo tángguǒ
奖 给 你 的,因 为 你 按时 来到 这 里,而 我 却 迟到 了。"王 友 惊疑 地 接过 糖果。

Suíhòu Táo Xíngzhī yòu tāochū yī kuài tángguǒ fàngdào tā shǒu · lǐ shuō Zhè dì-èr kuài táng
随后,陶 行知 又 掏出 一块 糖果 放到 他 手 里,说:"这 第二块 糖

guǒ yě shì jiǎnggěi nǐ de yīn · wèi dāng wǒ bùràng nǐ zài dǎrén shí nǐ lì jí jiù zhùshǒu le zhè shuō
果 也是 奖 给 你 的,因 为 当 我 不让 你 再 打人 时,你 立即 就 住手 了,这 说

míng nǐ hěn zūnzhòng wǒ wǒ yīnggāi jiǎng nǐ Wáng Yǒu gèng jīng yí le tā yǎnjing zhēng de dà
明 你 很 尊重 我,我 应该 奖 你。"王 友 更 惊疑 了,他 眼睛 睁 得 大

dà de
大 的。

Táo Xíngzhī yòu tāochū dì-sān kuài tángguǒ sāidào Wáng Yǒu shǒu · lǐ shuō Wǒ diàochá guo
陶 行知 又 掏出 第三块 糖果 塞到 王 友 手 里,说:"我 调查 过

le nǐ yòng ní kuài zá nàxiē nánshēng shì yīn · wèi tāmen bù shǒu yóuxì guīzé qī fu nǚshēng nǐ zá
了,你 用 泥块 砸 那些 男生,是 因 为 他们 不 守 游戏 规则,欺负 女 生;你 砸

tāmen shuōmíng nǐ hěn zhèngzhí shànliáng qiě yǒu pīpíng bùliáng xíngwéi de yǒngqì yīnggāi jiǎng lì
他们,说明 你 很 正直 善良,且 有 批评 不良 行 为 的 勇气,应该 奖 励

nǐ a Wáng Yǒu gǎndòng jí le tā liúzhe yǎnlèi hòuhuǐ de hǎndào Táo Táo xiàozhǎng nǐ dǎ
你 啊!"王 友 感 动 极 了,他 流着 眼泪 后悔 地 喊道:"陶……陶 校 长 你 打

wǒ liǎngxià ba Wǒ zá de bù shì huàirén ér shì zì jǐ de tóngxué a
我 两 下 吧! 我 砸 的 不 是 坏人,而 是 自己 的 同 学 啊……"

Táo Xíngzhī mǎn yì de xiào le tā suí jí tāochū dì-sì kuài tángguǒ dì gěi Wáng Yǒu shuō Wèi
陶 行知 满意 地 笑了,他 随即 掏出 第四块 糖 果 递给 王 友,说:"为

nǐ zhèngquè de rènshi cuò · wù wǒ zài jiǎnggěi nǐ yī kuài tángguǒ zhǐ kě xī wǒ zhǐyǒu zhè yī kuài táng
你 正 确地 认识 错 误,我 再 奖 给 你 一块 糖果,只 可惜 我 只有 这 一块 糖

guǒ le Wǒ de tángguǒ méi · yǒu le wǒ kàn wǒmen de tánhuà yě gāi jiéshù le ba Shuōwán jiù
果 了。我 的 糖果 // 没 有 了,我 看 我 们 的 谈话 也 该 结束 了 吧!"说 完,就

zǒuchū le xiàozhǎngshì
走 出 了 校 长 室。

节选自《教师博览·百期精华》中《陶行知的"四块糖果"》

作品 40 号

Xiǎngshòu xìng fú shì xūyào xué xí de dāng tā jí jiāng láilín de shíkè xūyào tí xǐng Rén kě yǐ
享受 幸福 是 需要 学 习 的,当 它 即将 来临 的 时刻 需要 提 醒。人 可以

zì rán' ér rán de xuéhuì gǎnguān de xiǎng lè què wúfǎ tiānshēng de zhǎngwò xìng fú de yùn lù Líng
自然 而然 地 学会 感官 的 享乐,却 无法 天 生 地 掌 握 幸 福 的 韵律。灵

魂的快意同器官的舒适像一对孪生兄弟,时而相傍相依,时而南辕北辙。

幸福是一种心灵的震颤。它像会倾听音乐的耳朵一样,需要不断地训练。

简而言之,幸福就是没有痛苦的时刻。它出现的频率并不像我们想象的那样少。人们常常只是在幸福的金马车已经驶过去很远时,才捡起地上的金鬃毛说,原来我见过它。

人们喜爱回味幸福的标本,却忽略它披着露水散发清香的时刻。那时候我们往往步履匆匆,瞻前顾后不知在忙着什么。

世上有预报台风的,有预报蝗灾的,有预报瘟疫的,有预报地震的。没有人预报幸福。

其实幸福和世界万物一样,有它的征兆。

幸福常常是朦胧的,很有节制地向我们喷洒甘霖。你不要总希望轰轰烈烈的幸福,它多半只是悄悄地扑面而来。你也不要企图把水龙头拧得更大,那样它会很快地流失。你需要静静地以平和之心,体验它的真谛。

幸福绝大多数是朴素的。它不会像信号弹似的,在很高的天际闪烁红色的光芒。它披着本色的外//衣,亲切温暖地包裹起我们。

幸福不喜欢喧嚣浮华,它常常在暗淡中降临。贫困中相濡以沫的一块糕饼,患难中心心相印的一个眼神,父亲一次粗糙的抚摸,女友一张温馨的字条……这都是千金难买的幸福啊。像一粒粒缀在旧绸子上的红宝石,在凄凉中愈发熠熠夺目。

节选自毕淑敏《提醒幸福》

Zuòpǐn 41 Hào
作品 41 号

Zài Lǐyuērènèilú de yī gè pínmínkū·lǐ yǒu yī gè nánhái zi tā fēicháng xǐ huan zúqiú kěshì
在里约热内卢的一个贫民窟里,有一个男孩子,他非常喜欢足球,可是

yòu mǎi·bù qǐ yúshì jiù tī sùliàohér tī qìshuǐpíng tī cóng lā jī xiāng·lǐ jiǎnlái de yē zi kér Tā
又买不起,于是就踢塑料盒,踢汽水瓶,踢从垃圾箱里捡来的椰子壳。他

zài hútòng·lǐ tī zài néng zhǎodào de rènhé yī piàn kòng dì·shàng tī
在胡同里踢,在能找到的任何一片空地上踢。

Yǒu yī tiān dāng tā zài yī chù gānhé de shuǐtáng·lǐ měng tī yī gè zhū pángguāng shí bèi yī wèi
有一天,当他在一处干涸的水塘里猛踢一个猪膀胱时,被一位

zúqiú jiàoliàn kàn·jiàn le Tā fāxiàn zhège nán háir tī de hěn xiàng shì nàme huí shì jiù zhǔdòng tí
足球教练看见了。他发现这个男孩儿踢得很像是那么回事,就主动提

chū yào sònggěi tā yī gè zúqiú Xiǎonán háir dédào zúqiú hòu tī de gèng màijìnr le Bùjiǔ tā jiù
出要送给他一个足球。小男孩儿得到足球后踢得更卖劲了。不久,他就

néng zhǔnquè de bǎ qiú tī jìn yuǎnchù suí yì bǎifàng de yī gè shuǐtǒng·lǐ
能准确地把球踢进远处随意摆放的一个水桶里。

Shèngdànjié dào le hái zi de māma shuō Wǒmen méi·yǒu qián mǎi shèngdàn lǐ wù sònggěi wǒ
圣诞节到了,孩子的妈妈说:"我们没有钱买圣诞礼物送给我

men de ēnrén jiù ràng wǒmen wèi tā qídǎo ba
们的恩人,就让我们为他祈祷吧。"

Xiǎonán háir gēnsuí māma qí dǎo wán bì xiàng māma yào le yī bǎ chǎnzi biàn pǎo le chū·qù
小男孩儿跟随妈妈祈祷完毕,向妈妈要了一把铲子便跑了出去。

Tā láidào yī zuò biéshù qián de huāyuán·lǐ kāishǐ wākēng
他来到一座别墅前的花园里,开始挖坑。

Jiù zài tā kuàiyào wāhǎo kēng de shíhou cóng biéshù·lǐ zǒuchū yī gè rén·lái wèn xiǎoháir zài
就在他快要挖好坑的时候,从别墅里走出一个人来,问小孩儿在

gàn shénme hái zi táiqǐ mǎn shì hánzhū de liǎndànr shuō Jiàoliàn Shèngdànjié dào le wǒ méi·yǒu
干什么,孩子抬起满是汗珠的脸蛋儿,说:"教练,圣诞节到了,我没有

lǐ wù sònggěi nín wǒ yuàn gěi nín de shèngdànshù wā yī gè shùkēng
礼物送给您,我愿给您的圣诞树挖一个树坑。"

Jiàoliàn bǎ xiǎonán háir cóng shùkēng·lǐ lā shàng·lái shuō Wǒ jīntiān dédào le shìjiè·
教练把小男孩儿从树坑里拉上来,说:"我今天得到了世界

shàng zuì hǎo de lǐ wù Míngtiān nǐ jiù dào wǒ de xùnliànchǎng qù ba
上最好的礼物。明天你就到我的训练场去吧。"

Sānnián hòu zhèwèi shí qī suì de nán háir zài dì·liù jiè zúqiú jǐnbiāosài·shàng dú jìn èr shí yī
三年后,这位十七岁的男孩儿在第六届足球锦标赛上独进二十一

qiú wèi Bāxī dì·yī cì pěnghuí le jīnbēi Yī gè yuán·lái bù wéi shìrén suǒ zhī de míng zi Bèi lì
球,为巴西第一次捧回了金杯。一个原//来不为世人所知的名字——贝利,

suí zhī chuánbiàn shìjiè
随之传遍世界。

节选自刘燕敏《天才的造就》

Zuòpǐn 42 Hào
作品 42 号

Jì de wǒ shí-sān suì shí hé mǔ·qīn zhù zài Fǎguó dōngnánbù de Nài sī Chéng Mǔ·qīn méi·yǒu
记得我十三岁时,和母亲住在法国东南部的耐斯城。母亲没有

丈夫,也没有亲戚,够清苦的,但她经常能拿出令人吃惊的东西,摆在我面前。她从来不吃肉,一再说自己是素食者。然而有一天,我发现母亲正仔细地用一小块碎面包擦那给我煎牛排用的油锅。我明白了她称自己为素食者的真正原因。

我十六岁时,母亲成了耐斯市美蒙旅馆的女经理。这时,她更忙碌了。一天,她瘫在椅子上,脸色苍白,嘴唇发灰。马上找来医生,做出诊断:她摄取了过多的胰岛素。直到这时我才知道母亲多年一直对我隐瞒的疾痛——糖尿病。

她的头歪向枕头一边,痛苦地用手抓挠胸口。床架上方,则挂着一枚我一九三二年赢得耐斯市少年乒乓球冠军的银质奖章。

啊,是对我的美好前途的憧憬支撑着她活下去,为了给她那荒唐的梦至少加一点真实的色彩,我只能继续努力,与时间竞争,直至一九三八年我被征入空军。巴黎很快失陷,我辗转调到英国皇家空军。刚到英国就接到了母亲的来信。这些信是由在瑞士的一个朋友秘密地转到伦敦,送到我手中的。

现在我要回家了,胸前佩戴着醒目的绿黑两色的解放十字绶带,上面挂着五六枚我终身难忘的勋章,肩上还佩戴着军官肩章。到达旅馆时,没有一个人跟我打招呼。原来,我母亲在三年半以前就已经离开人间了。

在她死前的几天中,她写了近二百五十封信,把这些信交给她在瑞士的朋友,请这个朋友定时寄给我。就这样,在母亲死后的三年半的时间里,我一直从她身上吸取着力量和勇气——这使我能够继

xù zhàndòu dào shènglì nà yī tiān
续 战 斗 到 胜利那一天。

节选自[法]罗曼·加里《我的母亲独一无二》

Zuòpǐn 43 Hào
作品 43 号

　　Shēnghuó duìyú rènhé rén dōu fēi yì shì wǒmen bìxū yǒu jiānrèn-bùbá de jīngshén　 Zuì yào jǐn
　　生 活 对于 任何 人 都 非 易事,我们 必须 有 坚韧 不拔 的 精神。最 要紧
de háishì wǒmen zì jǐ yào yǒu xìnxīn　 Wǒmen bì xū xiāngxìn　 wǒmen duì měi yī jiàn shìqing dōu jùyǒu
的,还是 我们 自己 要 有 信心。我们 必须 相信,我们 对 每 一 件 事情 都 具有
tiān fù de cáinéng　 bìngqiě　 wúlùn fùchū rènhé dàijià dōu yào bǎ zhè jiàn shì wánchéng　 Dāng shìqing
天赋 的 才 能,并且,无论 付出 任何 代价,都 要 把 这件 事 完 成。当 事情
jiéshù de shíhou　 nǐ yào néng wènxīn-wúkuì de shuō　 Wǒ yǐ·jīng jìn wǒ suǒ néng le
结束 的 时候,你 要 能 问心 无愧地 说:"我 已 经 尽 我 所 能 了。"

　　Yǒu yī nián de chūntiān　 wǒ yīn bìng bèipò zài jiā·lǐ xiūxi shùzhōu　 Wǒ zhùshìzhe wǒ de nǚ' ér
　　有 一 年 的 春天,我 因 病 被迫 在 家 里 休息 数周。我 注视着 我 的 女儿
men suǒ yǎng de cán zhèngzài jié jiǎn　 zhè shǐ wǒ hěn gǎn xìngqù　 Wàngzhe zhèxiē cán zhízhuó de qín
们 所 养 的 蚕 正在 结茧,这 使 我 很 感 兴趣。望 着 这些 蚕 执著 地、勤
fèn de gōngzuò　 wǒ gǎndào wǒ hé tāmen fēicháng xiāng sì　 Xiàng tāmen yī yàng　 wǒ zǒngshì nàixīn
奋 地 工作,我 感 到 我 和 它们 非 常 相 似。像 它们 一样,我 总 是 耐心
de bǎ zì jǐ de nǔ lì jí zhōng zài yī gè mùbiāo·shàng　 Wǒ zhīsuǒ yǐ rú cǐ　 huòxǔ shì yīn·wèi yǒu mǒu
地 把 自己 的 努力 集 中 在 一个 目标 上。我 之所以 如 此,或许 是 因 为 有 某
zhǒng lì·liàng zài biāncèzhe wǒ　　 zhèng rú cán bèi biāncèzhe qù jié jiǎn yī bān
种 力 量 在 鞭策着 我——正如 蚕 被 鞭策着 去 结茧 一般

　　Jìn wǔshí nián lái　 wǒ zhìlìyú kēxué yánjiū　 ér yánjiū　 jiùshì duì zhēnlǐ de tàntǎo　 Wǒ yǒu xǔduō
　　近 五十 年 来,我 致力于 科学 研究,而 研究,就是 对 真理的 探讨。我 有 许多
měihǎo kuàilè de　 jìyì　 Shàonǚ shí qī wǒ zài Bā lí Dàxué　 gūdú de guòzhe qiúxué de suìyuè　 zài hòulái
美好 快乐 的 记忆。少女 时期我 在 巴黎 大学,孤独 地 过着 求学 的 岁月;在 后来
xiànshēn kēxué de zhěnggè shí qī　 wǒ zhàngfu hé wǒ zhuānxīn zhìzhì　 xiàng zài mènghuàn zhōng yī
献 身 科学 的 整个 时期,我 丈夫 和 我 专心 致志,像 在 梦 幻 中 一
bān　 zuò zài jiǎnlòu de shūfáng·lǐ jiānxīn de yánjiū　 hòulái wǒmen jiùzài nà·lǐ fāxiàn le léi
般,坐 在 简陋 的 书 房 里 艰辛 地 研究,后来 我 们 就 在 那 里 发现 了镭。

　　Wǒ yǒngyuǎn zhuīqiú ānjìng de gōngzuò hé jiǎndān de jiātíng shēnghuó　 Wèi le shíxiàn zhège lǐ
　　我 永 远 追求 安静 的 工作 和 简单 的 家庭 生 活。为 了 实现 这 个 理
xiǎng　 wǒ jié lì bǎochí níngjìng de huánjìng　 yǐ miǎn shòu rénshì de gānrǎo hé shèngmíng de tuōlěi
想,我 竭力 保持 宁静 的 环境,以 免 受 人事 的 干扰 和 盛 名 的 拖累。

　　Wǒ shēnxìn　 zài kēxué fāngmiàn wǒmen yǒu duì shìyè ér bù　 shì duì cái fù de xìngqù　 Wǒ de wéi yī
　　我 深信,在 科学 方 面 我们 有 对 事业 而 不//是 对 财 富 的 兴趣。我 的 惟一
shēwàng shì zài yī gè zìyóu guójiā zhōng　 yǐ yī gè zìyóu xuézhě de shēn·fèn cóngshì yánjiū gōngzuò
奢 望 是 在 一个 自由 国家 中,以 一个 自由 学者 的 身 份 从事 研 究 工作。

　　Wǒ yī zhí chénzuì yú shìjiè de yōuměi zhīzhōng　 wǒ suǒ rè' ài de kēxué yě bùduàn zēngjiā tā zhǎn
　　我 一直 沉 醉 于 世界 的 优美 之中,我 所 热爱 的 科学 也 不断 增 加 它崭
xīn de yuǎnjǐng　 Wǒ rèndìng kēxué běnshēn jiù jùyǒu wěidà de měi
新 的 远景。我 认定 科学 本 身 就 具有 伟大 的 美。

节选自[波兰]玛丽·居里《我的信念》,剑捷译

Zuòpǐn 44 Hào
作品 44 号

　　Wǒ wèishénme fēi yào jiāoshū bùkě　Shì yīn·wèi wǒ xǐ huan dāng jiàoshī de shíjiān ānpáibiǎo hé
　　我 为 什 么 非 要 教 书 不 可？是 因 为 我 喜 欢 当 教 师 的 时 间 安 排 表 和
shēnghuó jiézòu　Qī bā jiǔ sāngè yuè gěi wǒ tígōng le jìnxíng huígù yánjiū xiězuò de liáng jī bìng
生 活 节 奏。七、八、九 三 个 月 给 我 提 供 了 进 行 回 顾、研 究、写 作 的 良 机，并
jiāng sānzhě yǒu jī rónghé　ér shànyú huígù yánjiū hé zǒngjié zhèngshì yōuxiù jiàoshī sùzhì zhōng bùkě
将 三 者 有 机 融 合，而 善 于 回 顾、研 究 和 总 结 正 是 优 秀 教 师 素 质 中 不 可
quēshǎo de chéng·fèn
缺 少 的 成 分。

　　Gàn zhèháng gěi le wǒ duōzhǒng-duōyàng de gānquán qù pǐncháng zhǎo yōuxiù de shū jí qù yán
　　干 这 行 给 了 我 多 种 多 样 的"甘 泉"去 品 尝，找 优 秀 的 书 籍 去 研
dú dào xiàngyá tǎ hé shí jì shìjiè·lǐ qù fāxiàn　Jiàoxué gōngzuò gěi wǒ tígōng le jìxù xuéxí de
读，到"象 牙 塔"和 实 际 世 界 里 去 发 现。教 学 工 作 给 我 提 供 了 继 续 学 习 的
shíjiān bǎozhèng yǐ jí duōzhǒng tújìng jīyù hé tiǎozhàn
时 间 保 证，以 及 多 种 途 径、机 遇 和 挑 战。

　　Rán·ér wǒ ài zhè yī háng de zhēnzhèng yuányīn shì ài wǒ de xuésheng　Xuéshengmen zài wǒ
　　然 而，我 爱 这 一 行 的 真 正 原 因，是 爱 我 的 学 生。学 生 们 在 我
de yǎnqián chéngzhǎng biànhuà　Dāng jiàoshī yìwèizhe qīnlì chuàngzào guòchéng de fāshēng
的 眼 前 成 长、变 化。当 教 师 意 味 着 亲 历"创 造"过 程 的 发 生——
qià sì qīnshǒu fùyǔ yī tuán ní tǔ yǐ shēngmìng méi·yǒu shénme bǐ mùdǔ tā kāishǐ hū xī gèng jī dòng
恰 似 亲 手 赋 予 一 团 泥 土 以 生 命，没 有 什 么 比 目 睹 它 开 始 呼 吸 更 激 动
rénxīn de le
人 心 的 了。

　　Quán lì wǒ yě yǒu le　Wǒ yǒu quánlì qù qǐfā yòudǎo qù jīfā zhìhuì de huǒhuā qù wèn fèixīn sī
　　权 利 我 也 有 了：我 有 权 利 去 启 发 诱 导，去 激 发 智 慧 的 火 花，去 问 费 心 思
kǎo de wèntí qù zànyáng huídá de chángshì qù tuījiàn shū jí qù zhǐdiǎnmíjīn　Háiyǒu shénme biéde
考 的 问 题，去 赞 扬 回 答 的 尝 试，去 推 荐 书 籍，去 指 点 迷 津。还 有 什 么 别 的
quán lì néng yǔ zhī xiāng bǐ ne
权 利 能 与 之 相 比 呢？

　　Ér qiě jiāoshū hái gěiwǒ jīnqián hé quán lì zhīwài de dōng xi nà jiùshì àixīn　Bùjǐn yǒu duì xué
　　而 且，教 书 还 给 我 金 钱 和 权 利 之 外 的 东 西，那 就 是 爱 心。不 仅 有 对 学
sheng de ài duì shū jí de ài duì zhīshi de ài háiyǒu jiàoshī cáinéng gǎnshòu dào de duì tèbié xué
生 的 爱，对 书 籍 的 爱，对 知 识 的 爱，还 有 教 师 才 能 感 受 到 的 对"特 别"学
sheng de ài　Zhèxiē xuésheng yǒurú míngwán-bùlíng de ní kuài yóuyú jiēshòu le lǎoshī de chì ài cái
生 的 爱。这 些 学 生，有 如 冥 顽 不 灵 的 泥 块，由 于 接 受 了 老 师 的 炽 爱 才
bó fā le shēng jī
勃 发 了 生 机。

　　Suǒ yǐ wǒ ài jiāoshū hái yīn·wèi zài nàxiē bó fā shēng jī de tèbié xué sheng shēn·shàng
　　所 以，我 爱 教 书，还 因 为，在 那 些 勃 发 生 机 的"特 别"学 // 生 身 上，
wǒ yǒushí fāxiàn zì jǐ hé tāmen hū xī xiāngtōng yōulè yǔ gòng
我 有 时 发 现 自 己 和 他 们 呼 吸 相 通，忧 乐 与 共。

节选自[美]彼得·基·贝得勒《我为什么当教师》

Zuòpǐn 45 Hào
作品 45 号

　　Zhōngguó xī bù wǒmen tōngcháng shì zhǐ Huáng Hé yǔ Qín Lǐng xiānglián yī xiàn yǐ xī bāokuò xī
　　中 国 西 部 我 们 通 常 是 指 黄 河 与 秦 岭 相 连 一 线 以 西，包 括 西

北和西南的十二个省、市、自治区。这块广袤的土地面积为五百四十六万平方公里,占国土总面积的百分之五十七;人口二点八亿,占全国总人口的百分之二十三。

西部是华夏文明的源头。华夏祖先的脚步是顺着水边走的:长江上游出土过元谋人牙齿化石,距今约一百七十万年;黄河中游出土过蓝田人头盖骨,距今约七十万年。这两处古人类都比距今约五十万年的北京猿人资格更老。

西部地区是华夏文明的重要发源地。秦皇汉武以后,东西方文化在这里交汇融合,从而有了丝绸之路的驼铃声声,佛院深寺的暮鼓晨钟。敦煌莫高窟是世界文化史上的一个奇迹,它在继承汉晋艺术传统的基础上,形成了自己兼收并蓄的恢宏气度,展现出精美绝伦的艺术形式和博大精深的文化内涵。秦始皇兵马俑、西夏王陵、楼兰古国、布达拉宫、三星堆、大足石刻等历史文化遗产,同样为世界所瞩目,成为中华文化重要的象征。

西部地区又是少数民族及其文化的集萃地,几乎包括了我国所有的少数民族。在一些偏远的少数民族地区,仍保留//了一些久远时代的艺术品种,成为珍贵的"活化石",如纳西古乐、戏曲、剪纸、刺绣、岩画等民间艺术和宗教艺术。特色鲜明、丰富多彩,犹如一个巨大的民族民间文化艺术宝库。

我们要充分重视和利用这些得天独厚的资源优势,建立良好的民族民间文化生态环境,为西部大开发作出贡献。

节选自《中考语文课外阅读试题精选》中《西部文化和西部开发》

作品46号

高兴,这是一种具体的被看得到摸得着的事物所唤起的情绪。它

shì xīnlǐ de gèng shì shēnglǐ de   Tā róngyì lái yě róngyì qù shéi yě bù yīnggāi duì tā shì'ér-bùjiàn
是 心理 的，更 是 生理 的。它 容易 来 也 容易 去，谁 也 不 应该 对 它 视而不见

shīzhī-jiāobì shéi yě bù yīnggāi zǒngshì zuò nàxiē shǐ zì jǐ bù gāoxìng yě shǐ pángrén bù gāoxìng de
失之交臂，谁 也 不 应该 总是 做 那些 使 自己 不 高兴 也 使 旁人 不 高兴 的

shì Ràng wǒmen shuō yī jiàn zuì róng·yì zuò yě zuì lìngrén gāoxìng de shì ba zūnzhòng nǐ zì jǐ yě
事。让 我们 说 一件 最 容 易 做 也 最 令人 高兴 的 事 吧，尊重 你 自己，也

zūnzhòng bié·rén zhè shì měi yī gè rén de quán lì wǒ háiyào shuō zhè shì měi yī gè rén de yìwù
尊 重 别 人，这 是 每 一个 人 的 权利，我 还要 说 这 是 每 一个 人 的 义务。

Kuàilè tā shì yī zhǒng fùyǒu gàikuòxìng de shēngcún zhuàngtài gōngzuò zhuàngtài Tā jīhū
快乐，它 是 一 种 富 有 概括性 的 生存 状态、工作 状态。它 几乎

shì xiānyàn de tā lái zì shēngmìng běnshēn de huó lì lái zì yǔzhòu dìqiú hé rénjiān de xīyǐn tā shì
是 先验 的，它 来自 生 命 本身 的 活力，来自 宇宙、地球 和 人间 的 吸引，它 是

shìjiè de fēngfù xuàn lì kuòdà yōujiǔ de tǐxiàn Kuàilè háishì yī zhǒng lì·liàng shì mái zài dìxià
世界 的 丰富、绚丽、阔大、悠久 的 体现。快乐 还是 一 种 力 量，是 埋 在 地下

degēnmài Xiāomiè yī gè rén de kuàilè bǐ wājué diào yī kē dàshù de gēn yào nán de duō
的 根脉。消灭 一个 人 的 快乐 比 挖掘 掉 一棵 大树 的 根 要 难得 多。

Huānxīn zhè shì yī zhǒng qīngchūn de shīyì de qínggǎn Tā lái zì miànxiàngzhe wèilái shēnkāi
欢 欣，这 是 一 种 青春 的、诗意 的 情感。它 来自 面 向 着 未来 伸开

shuāngbì bēnpǎo de chōng lì tā lái zì yī zhǒng qīngsōng ér yòu shénmì ménglóng ér yòu yǐnmì de jī
双 臂 奔跑 的 冲力，它 来自 一 种 轻松 而 又 神秘、朦 胧 而 又 隐秘 的 激

dòng tā shì jīqíng jí jiāng dàolái de yùzhào tā yòu shì dàyǔ guòhòu de bǐ xiàyǔ háiyào měimiào de
动，它 是 激情 即将 到来 的 预兆，它 又 是 大雨 过后 的 比 下雨 还要 美 妙 得

duō yě jiǔyuǎn de duō de huíwèi
多 也 久 远 得 多 的 回味……

Xǐyuè tā shì yī zhǒng dàiyǒu xíng ér shàng sècǎi de xiūyǎng hé jìngjiè Yǔqí shuō tā shì yī
喜悦，它 是 一 种 带有 形 而 上 色彩 的 修养 和 境界。与其 说 它 是 一

zhǒng qíng xù bùrú shuō tā shì yī zhǒng zhìhuì yī zhǒng chāobá yī zhǒng bēitiān-mǐnrén de kuānróng
种 情绪，不如 说 它 是 一 种 智慧、一 种 超拔、一 种 悲天悯人 的 宽容

hé lǐjiě yī zhǒng bǎojīng-cāngsāng de chōngshí hé zì xìn yī zhǒng guāngmíng de lǐ xìng yī zhǒng
和 理解，一 种 饱经沧桑 的 充实 和 自信，一 种 光 明 的 理性，一 种

jiāndìng de chéngshú yī zhǒng zhànshèng le fánnǎo hé yōngsú deqīngmíng chéngchè Tā shì yī tán
坚定//的 成熟，一 种 战 胜 了 烦恼 和 庸俗 的 清明 澄澈。它 是 一潭

qīngshuǐ tā shì yī mǒ zhāoxiá tā shì wúbiān de píngyuán tā shì chénmò de dì píngxiàn Duō
清水，它 是 一抹 朝霞，它 是 无边 的 平 原，它 是 沉默 的 地平线。多

yīdiǎnr zài duō yīdiǎnr xǐyuè ba tā shì chìbǎng yě shì guīcháo Tā shì yī bēi měijiǔ yě shì yī duǒ
一点儿、再 多 一点儿 喜悦 吧，它 是 翅 膀，也 是 归巢。它 是 一 杯 美酒，也 是 一 朵

yǒngyuǎn kāi bù bài de liánhuā
永 远 开 不 败 的 莲花。

节选自王蒙《喜悦》

Zuòpǐn 47 Hào
作品 47 号

Zài Wānzǎi Xiānggǎng zuì rènao de dì fang yǒu yī kē róngshù tā shì zuì guì de yī kē shù bù
在 湾仔，香 港 最 热闹 的 地方，有 一棵 榕树，它 是 最贵 的 一棵 树，不

guāng zài Xiānggǎng zài quánshìjiè dōu shì zuì guì de
光 在 香 港，在 全 世界，都 是 最 贵 的。

Shù huó de shù yòu bù mài hé yán qí guì Zhǐ yīn tā lǎo tā cū shì Xiānggǎng bǎinián cāngsāng
树，活的树，又不卖何言其贵？只因它老，它粗，是 香 港 百 年 沧 桑
de huó jiànzhèng Xiānggǎngrén bùrěn kànzhe tā bèi kǎn fá huòzhě bèi yí zǒu biàn gēn yào zhànyòng
的 活 见 证，香 港 人 不 忍 看 着 它 被 砍 伐，或 者 被 移 走，便 跟 要 占 用
zhè piàn shānpōde jiànzhùzhě tán tiáojiàn Kě yǐ zài zhèr jiàn dàlóu gài shāngshà dàn yī bùzhǔn kǎn
这 片 山 坡 的 建 筑 者 谈 条 件：可 以 在 这 儿 建 大 楼 盖 商 厦，但 一 不 准 砍
shù èr bùzhǔn nuó shù bìxū bǎ tā yuándì jīngxīn yǎng qǐ·lái chéngwéi Xiānggǎng nàoshì zhōng de
树，二 不 准 挪 树，必 须 把 它 原 地 精 心 养 起 来，成 为 香 港 闹 市 中 的
yì jǐng Tàigǔ Dàshà de jiànshèzhě zuìhòu qiān le hétong zhànyòng zhège dà shānpō jiàn háohuá shāng
一 景。太 古 大 厦 的 建 设 者 最 后 签 了 合 同，占 用 这 个 大 山 坡 建 豪 华 商
shà de xiānjué tiáojiàn shì tóng yì bǎohù zhè kē lǎoshù
厦 的 先 决 条 件 是 同 意 保 护 这 棵 老 树。

Shù zhǎng zài bànshānpō·shàng jìhuà jiāng shù xià·miàn de chéngqiān·shàngwàn dūn shānshí
树 长 在 半 山 坡 上，计 划 将 树 下 面 的 成 千 上 万 吨 山 石
quánbù tāokōng qǔzǒu téngchū dìfang·lái gài lóu bǎ shù jià zài dàlóu shàng·miàn fǎng fú tā yuán
全 部 掏 空 取 走，腾 出 地 方 来 盖 楼，把 树 架 在 大 楼 上 面，仿 佛 它 原
běn shì zhǎng zài lóudǐng·shàng shìde Jiànshèzhě jiù dì zào le yī gè zhíjìng shíbā mǐ shēn shí mǐ de
本 是 长 在 楼 顶 上 似 的。建 设 者 就 地 造 了 一 个 直 径 十 八 米、深 十 米 的
dà huāpén xiān gùdìng hǎo zhè kē lǎoshù zài zài dà huāpén dǐ·xià gài lóu Guāng zhè yī xiàng jiù huā
大 花 盆，先 固 定 好 这 棵 老 树，再 在 大 花 盆 底 下 盖 楼。 光 这 一 项 就 花
le liǎngqiān sānbǎi bāshíjiǔ wàn gǎngbì kānchēng shì zuì ángguì de bǎohù cuòshī le
了 两 千 三 百 八 十 九 万 港 币，堪 称 是 最 昂 贵 的 保 护 措 施 了。

Tàigǔ Dàshà luòchéng zhīhòu rénmen kě yǐ chéng gǔndòng fú tī yī cì dàowèi láidào Tàigǔ Dàshà
太 古 大 厦 落 成 之 后，人 们 可 以 乘 滚 动 扶 梯 一 次 到 位，来 到 太 古 大 厦
de dǐngcéng chū hòumén nàr shì yī piàn zìrán jǐngsè Yī kē dàshù chūxiàn zài rénmen miànqián shù
的 顶 层，出 后 门，那 儿 是 一 片 自 然 景 色。一 棵 大 树 出 现 在 人 们 面 前，树
gàn yǒu yī mǐ bàn cū shùguān zhíjìng zú yǒu èrshí duō mǐ dúmù-chénglín fēicháng zhuàngguān xíng
干 有 一 米 半 粗，树 冠 直 径 足 有 二 十 多 米，独 木 成 林，非 常 壮 观，形
chéng yī zuò yǐ tā wèi zhōngxīn de xiǎo gōngyuán qǔ míng jiào Róngpǔ Shù qián·miàn chāzhe
成 一 座 以 它 为 中 心 的 小 公 园，取 名 叫"榕 圃"。树 前 面 //插 着
tóngpái shuōmíng yuányóu Cǐqíng cǐjǐng rú bù kàn tóngpái de shuōmíng juéduì xiǎng·bùdào jù shù
铜 牌，说 明 原 由。此 情 此 景，如 不 看 铜 牌 的 说 明，绝 对 想 不 到 巨 树
gēn dǐ·xià háiyǒu yī zuò hóngwěi de xiàndài dàlóu
根 底 下 还 有 一 座 宏 伟 的 现 代 大 楼。

节选自舒乙《香港:最贵的一棵树》

Zuòpǐn 48 Hào
作品 48 号

Wǒmen de chuán jiànjiàn de bī jìn róngshù le Wǒ yǒu jī·huì kànqīng tā de zhēn miànmù Shì yī
我 们 的 船 渐 渐 地 逼 近 榕 树 了。我 有 机 会 看 清 它 的 真 面 目：是 一
kē dàshù yǒu shǔ·bùqīng de yā zhī zhī·shàng yòu shēng gēn yǒu xǔ duō gēn yīzhí chuí dào dì
棵 大 树，有 数 不 清 的 丫 枝，枝 上 又 生 根，有 许 多 根 一 直 垂 到 地
shàng shēnjìn nítǔ·lǐ Yī bùfen shùzhī chuí dào shuǐmiàn cóng yuǎnchù kàn jiù xiàng yī kē dàshù
上，伸 进 泥 土 里。一 部 分 树 枝 垂 到 水 面，从 远 处 看，就 像 一 棵 大 树
xiétǎng zài shuǐmiàn·shàng yī yàng
斜 躺 在 水 面 上 一 样。

Xiànzài zhèngshì zhīfán- yèmào de shíjié　Zhè kē róngshù hǎoxiàng zài bǎ tā de quánbù shēng
现在 正是 枝繁叶茂的时节。这棵榕树好像在把它的 全部 生

mìng lì zhǎnshì gěi wǒmen kàn　Nàme duō de lǜ yè　yī cù duī zài lìng yī cù de shàng·miàn bù liú
命力 展示给我们看。那么多的绿叶，一簇堆在 另一簇的 上　面，不留

yīdiǎnr fèng xì　Cuì lǜ de yánsè míngliàng de zài wǒmen de yǎnqián shǎnyào sì hū měi yī piàn shùyè·
一点儿缝隙。翠绿的颜色明 亮 地在我们的 眼前 闪耀，似乎每一片树叶·

shàng dōu yǒu yī gè xīn de shēngmìng zài chàndòng zhè měi lì de nánguó de shù
上 都有一个新的 生 命 在 颤 动，这美丽的 南国的树！

Chuán zài shù xià bó le piànkè àn·shàng hěn shī wǒmen méi·yǒu shàng·qù　Péngyou shuō zhè·
船 在 树下 泊了片刻，岸 上 很湿，我们没有 上 去。朋友说这·

lǐ shì niǎo de tiāntáng　yǒu xǔduō niǎo zài zhè kē shù·shàng zuò wō nóngmín bùxǔ rén qù zhuō tā
里是"鸟的天堂"，有许多鸟在这棵树 上 做窝，农民不许人去捉它

men　Wǒ fǎngfú tīngjiàn jǐ zhī niǎo pūchì de shēngyīn dànshì děngdào wǒ de yǎnjing zhùyì de kàn nà·
们。我 仿佛听见几只鸟扑翅的 声音，但是 等到我的眼睛注意地看那·

lǐ shí wǒ què kàn·bùjiàn yī zhī niǎo de yǐng zi　Zhǐyǒu wúshù de shùgēn lì zài dì·shàng xiàng xǔ
里时，我却看 不见一只鸟的影子。只有无数的树根立在地　上 ，像许

duō gēn mùzhuāng　Dì shì shīde dàgài zhǎngcháo shí hé shuǐ chángcháng chōng·shàng àn·qù
多根木桩。地是湿的，大概涨潮时河水 常 常 冲 上 岸去。

Niǎo de tiāntáng ·lǐ méi·yǒu yī zhī niǎo wǒ zhèyàng xiǎngdào　Chuán kāi le yī gè péngyou bō
"鸟的天堂"里没 有一只鸟，我这样 想到。船 开了，一个朋友拨

zhe chuán huǎnhuǎn de liúdào hé zhōngjiān qù
着 船，缓缓地流到河中 间去。

Dì-èr tiān wǒmen huázhe chuán dào yī gè péngyou de jiāxiāng qù jiùshì nàge yǒu shān yǒu tǎ de
第二天，我们划着 船 到一个朋友的家乡去，就是那个有山有 塔的

dì fang　Cóng xuéxiào chū fā wǒmen yòu jīngguò nà niǎo de tiāntáng
地方。从 学校 出发，我们又 经过那"鸟的天堂"。

Zhè yī cì shì zài zǎochen yángguāng zhào zài shuǐmiàn·shàng yě zhào zài shùshāo·shàng　Yī
这一次是在早晨，阳光 照在水面 上 ，也照在树梢 上 。一

qiè dōu xiǎn de fēicháng guāngmíng　Wǒmen de chuán yě zài shù·xià bó le piànkè
切都 // 显得非常 光 明。我们的 船 也在树下泊了片刻。

Qǐchū sì zhōuwéi fēicháng qīngjìng　Hòulái hūrán qǐ le yī shēng niǎojiào　Wǒmen bǎ shǒu yī
起初四周围非常 清静。后来忽然起了一 声 鸟叫。我们把手一

pāi biàn kàn·jiàn yī zhī dà niǎo fēi le qǐ·lái jiēzhe yòu kàn·jiàn dì-èr zhī dì-sān zhī　Wǒmen jì xù
拍，便 看 见一只大鸟飞了起来，接着又看 见 第二只，第三只。我们继续

pāizhǎng hěnkuài de zhège shùlín jiù biànde hěn rènao le　Dàochù dōu shì niǎoshēng dàochù dōu shì
拍掌，很快地这个树林就变得很热闹了。到处都是鸟 声，到处都是

niǎoyǐng　Dà de xiǎo de huā de hēi de yǒu de zhàn zài zhī·shàng jiào yǒu de fēi qǐ·lái zài pū
鸟影。大的，小的，花的，黑的，有 的 站在枝 上 叫，有的飞起来，在扑

chìbǎng
翅膀。

节选自巴金《小鸟的天堂》

Zuòpǐn 49 Hào
作品 49 号

Yǒu zhèyàng yī gè gùshi
有 这样 一个故事。

Yǒurén wèn Shìjiè·shàng shénme dōng xi de qìlì zuì dà Huídá fēnyún de hěn yǒu de shuō
有人问：世界　上　什么　东西的气力最大？回答纷纭得很，有的　说

xiàng yǒude shuō shī yǒurén kāi wánxiào shìde shuō Shì Jīngāng Jīngāng yǒu duōshao qì lì
"象"，有的　说"狮"，有人开玩笑似的说：是"金刚"，金刚　有多少　气力，

dāngrán dàjiā quán bù zhī·dào
当然大家　全不知道。

Jiéguǒ zhè yī qiè dá'àn wánquán búduì shìjiè·shàng qì lì zuì dà de shì zhíwù de zhǒng zi Yī
结果，这一切答案完　全不对，世界　上　气力最大的，是植物的　种子。一

lì zhǒng zi suǒ kěyǐ xiǎnxiàn chū·lái de lì jiǎnzhí shì chāoyuè yī qiè
粒　种子所可以显现　出　来的力，简直是　超越一切。

Rén de tóugàigǔ jiéhé de fēicháng zhìmì yǔ jiāngù shēng lǐ xuéjiā hé jiěpōuxuézhě yòngjìn le yī
人的头盖骨，结合得非常　致密与坚固，生　理学家和解剖学者　用尽了一

qiè de fāngfǎ yào bǎ tā wánzhěng de fēn chū·lái dōu méi·yǒu zhèzhǒng lì qì Hòulái hūrán yǒu rén
切的　方法，要把它完　整　地分出　来，都没　有这　种　力气。后来忽然有人

fāmíng le yī gè fāngfǎ jiùshì bǎ yī xiē zhíwù de zhǒng zi fàng zài yào pōu xī de tóugàigú·lǐ gěi tā
发明了一个方法，就是把一些植物的　种子放在要剖析的头盖骨里，给它

yǐ wēndù yǔ shīdù shǐ tā fāyá Yī fāyá zhèxiē zhǒng zi biàn yǐ kěpà de lì·liàng jiāng yī qiè jī
以温度与湿度，使它发芽。一发芽，这些　种　子　便以可怕的力量，将一切机

xiè lì suǒ bùnéng fēnkāi de gǔgé wánzhěng de fēnkāi le Zhíwù zhǒng zi de lì·liàng zhī dà rú cǐ
械力所不能　分开的骨骼，完　整　地分开了。植物　种子的力　量　之大，如此

rú cǐ
如此。

Zhè yěxǔ tèshū le yīdiǎnr chángrén bùróng yì lǐ jiě Nàme nǐ kànjiànguo sǔn de chéngzhǎng
这，也许特殊了一点儿，常　人不容易理解。那么，你看见过笋的　成　长

ma Nǐ kànjiànguo bèi yā zài wǎ lì hé shíkuài xià·miàn de yī kē xiǎocǎo de shēngzhǎng ma Tā wèi
吗？你看见过被压在瓦砾和石块下　面的一棵小草的　生　长　吗？它为

zhe xiàngwǎng yángguāng wèizhe dáchéng tā de shēng zhī yì zhì bùguǎn shàng·miàn de shíkuài rú hé
着　向往　阳光，为着达成它的　生之意志，不管　上　面的石块如何

zhòng shí yǔ shí zhījiān rú hé xiá tā bìdìng yào qūqū-zhézhé de dànshì wánqiáng-bùqūde tòudào dì
重，石与石之间如何狭，它必定　要曲曲折折地，但是顽　强　不屈地透到地

miàn shàng·lái Tā de gēn wǎng tǔ rǎng zuan tā de yá wǎng dìmiàn tǐng zhè shì yī zhǒng bù kě kàng
面上　来。它的根　往　土壤钻，它的芽　往　地面挺，这是一种　不可抗

jù de lì zǔzhǐ tā de shíkuài jiéguǒ yě bèi tā xiānfān yī lì zhǒng zi de lì·liàng zhī dà rú cǐ rú
拒的力，阻止它的石块，结果也被它掀翻，一粒　种子的力　量　之大，如//此如

cǐ
此。

Méi·yǒu yī gè rén jiāng xiǎocǎo jiàozuò dà lì shì dànshì tā de lì·liàng zhī dà díquè shì shìjiè
没　有一个人将　小草叫做"大力士"，但是它的力　量　之大，的确是世界

wú bǐ Zhèzhǒng lì shì yī bān rén kàn·bújiàn de shēngmìng lì Zhǐyào shēngmìng cúnzài zhèzhǒng
无比。这　种　力是一般人看　不见的生　命力。只要　生　命存在，这种

lì jiù yào xiǎnxiàn Shàng·miàn de shíkuài sīháo bù zú yǐ zǔdǎng Yīn·wèi tā shì yī zhǒng cháng
力就要显现：上　面的石块，丝毫不足以阻挡。因　为它是一种"长

qī kàngzhàn de lì yǒu tánxìng néngqū-néngshēn de lì yǒu rènxìng bù dá mùdì bù zhǐ de lì
期抗战"的力；有弹性，能屈能伸的力；有韧性，不达目的不止的力。

节选自夏衍《野草》

Zuòpǐn 50 Hào
作品 50 号

　　Zhùmíng jiàoyùjiā Bānjiémíng céngjīng jiēdào yī gè qīngniánrén de qiújiù diànhuà bìng yǔ nàge
　　著名　教育家班杰明　曾经接到一个青年人的求救电话，并与那个

xiàngwǎng chénggōng kěwàng zhǐdiǎn de qīngniánrén yuēhǎo le jiànmiàn de shíjiān hé dìdiǎn
向往　成功、渴望指点的青年人约好了见面的时间和地点。

　　Dài nàge qīngnián rúyuē' ér zhì shí Bānjiémíng de fángmén chǎngkāizhe yǎnqián de jǐngxiàng què
　　待那个青年如约而至时，班杰明的房门　敞开着，眼前的景象　却

lìng qīngniánrén pō gǎn yìwài Bānjiémíng de fángjiān·lǐ luànqībāzāo lángjí yīpiàn
令青年人颇感意外——班杰明的房间里乱七八糟、狼藉一片。

　　Méi děng qīngniánrén kāikǒu Bānjiémíng jiù zhāohu dào Nǐ kàn wǒ zhè fángjiān tài bù zhěngjié
　　没等青年人开口，班杰明就招呼道："你看我这房间，太不整洁

le qǐng nǐ zài ménwài děnghòu yī fēnzhōng wǒ shōushi yīxià nǐ zài jìn·lái ba Yībiān shuōzhe
了，请你在门外等候一分钟，我收拾一下，你再进来吧。"一边说着，

Bānjiémíng jiù qīngqīng de guān·shàng le fángmén
班杰明就轻轻地关上了房门。

　　Bù dào yī fēnzhōng de shíjiān Bānjiémíng jiù yòu dǎkāi le fángmén bìng rèqíng de bǎ qīngniánrén
　　不到一分钟的时间，班杰明就又打开了房门并热情地把青年人

ràng jìn kètīng Zhèshí qīngniánrén de yǎnqián zhǎnxiàn chū lìng yī fān jǐngxiàng fángjiān nèi de
让进客厅。这时，青年人的眼前展现出另一番景象——房间内的

yīqiè yǐ biàn de jǐngrán-yǒuxù ér qiě yǒu liǎngbēi gānggāng dàohǎo de hóngjiǔ zài dàndàn de xiāng
一切已变得井然有序，而且有两杯刚刚倒好的红酒，在淡淡的香

shuǐ qì xī·lǐ hái yàngzhe wēibō
水气息里还漾着微波。

　　Kěshì méi děng qīngniánrén bǎ mǎnfù de yǒuguān rénshēng héshìyè de yí nán wèntí xiàng Bān
　　可是，没等青年人把满腹的有关人生和事业的疑难问题向班

jiémíng jiǎng chū·lái Bānjiémíng jiù fēicháng kèqi de shuōdào Gānbēi Nǐ kěyǐ zǒu le
杰明讲出来，班杰明就非常客气地说道："干杯。你可以走了。"

　　Qīngniánrén shǒuchí jiǔbēi yīxiàzi lèngzhù le jì gāngà yòu fēicháng yíhàn de shuō Kěshì
　　青年人手持酒杯一下子愣住了，既尴尬又非常遗憾地说："可是，

wǒ wǒ hái méi xiàng nín qǐngjiào ne
我……我还没向您请教呢……"

　　Zhèxiē nándào hái bùgòu ma Bānjiémíng yībiān wēixiàozhe yībiān sǎoshìzhe zìjǐ de
　　"这些……难道还不够吗？"班杰明一边微笑着，一边扫视着自己的

fángjiān qīngyán- xì yǔ de shuō Nǐ jìn·lái yòu yǒu yī fēnzhōng le
房间，轻言细语地说，"你进来又有一分钟了。"

　　Yī fēnzhōng yī fēnzhōng Qīngniánrén ruòyǒusuǒ sī de shuō Wǒ dǒng le nín ràng wǒ
　　"一分钟……一分钟……"青年人若有所思地说："我懂了，您让我

míngbai le yī fēnzhōng de shíjiān kěyǐ zuò xǔ duō shìqíng kěyǐ gǎibiàn xǔduō shìqíng de shēnkè dào·
明白了一分钟的时间可以做许//多事情，可以改变许多事情的深刻道

lǐ
理。"

　　Bānjiémíng shūxīn de xiào le Qīngniánrén bǎ bēi·lǐ de hóngjiǔ yī yǐn- ér jìn xiàng Bānjiémíng
　　班杰明舒心地笑了。青年人把杯里的红酒一饮而尽，向班杰明

liánlián dàoxiè hòu kāixīn de zǒu le
连连道谢后，开心地走了。

Qíshí zhǐyào bǎwò hǎo shēngmìng de měi yī fēnzhōng yě jiù bǎwò le lǐxiǎng de rénshēng

其实，只要把握好 生 命 的 每一分 钟，也就把握了理想 的人 生。

节选自纪广洋《一分钟》

Zuòpǐn 51 Hào
作品 51 号

Yǒu gè tā bí zi de xiǎonán háir yīn·wèi liǎngsuì shí dé guo nǎoyán zhì lì shòusǔn xué xí qǐ·

有个塌鼻子的 小男孩儿，因 为 两岁时得过脑炎，智力 受损，学习起

lái hěn chī lì Dǎ gè bǐfang bié·rén xiě zuòwénnéng xiě èr-sānbǎi zì tā què zhǐnéng xiě sān-wǔ

来很吃力。打个比方，别 人 写作文能 写 二三百字，他却只能 写 三五

háng Dàn jí biàn zhèyàng de zuòwén tā tóngyàng néng xiě de hěn dòngrén

行。但即便这样的作文，他同样 能 写得 很 动人。

Nà shì yī cì zuòwén kè tí mù shì Yuànwàng Tā jí qí rènzhēn de xiǎng le bàntiān ránhòu jí

那是一次作文课，题目是《愿 望》。他极其认真地 想 了半天，然后极

rènzhēn de xiě nà zuòwén jí duǎn Zhǐyǒu sān jù huà Wǒ yǒu liǎnggè yuànwàng dì- yī gè shì māma

认真地写，那作文极短。只有三句话：我有 两个愿 望，第一个是，妈妈

tiāntiān xiàomīmī dekànzhe wǒ shuō Nǐ zhēn cōng·míng Dì- èr gè shì lǎoshī tiāntiān xiàomīmī de

天天 笑眯眯地看着我 说："你真 聪 明。"第二个是，老师天天 笑眯眯地

kànzhe wǒ shuō Nǐ yīdiǎnr yě bù bèn

看着 我 说："你 一点儿也不 笨。"

Yúshì jiùshì zhèpiān zuòwén shēnshēn de dǎdòng le tā de lǎoshī nàwèi māma shì de lǎoshī bùjǐn

于是，就是这篇 作文，深 深 地打动了他的老师，那位 妈妈式的老师不仅

gěi le tā zuì gāo fēn zài bān· shàng dài gǎnqíng de lǎngdú le zhèpiān zuòwén hái yī bǐ- yī huà de pī

给了他最高分，在班 上 带感情地朗读了这篇 作文，还一笔一画地批

dào Nǐ hěn cōng·míng nǐ de zuòwén xiě de fēicháng gǎnrén qǐng fàngxīn māma kěndìng huì géwài

道：你很 聪 明，你的作文写得非常 感人，请 放心，妈妈肯定会格外

xǐ huan nǐ de lǎoshī kěndìng huì géwài xǐ huan nǐ de dàjiā kěndìng huì géwài xǐ huan nǐ de

喜欢 你的，老师肯定 会格外喜欢你的，大家肯定会格外喜欢你的。

Pěngzhe zuòwénběn ta xiào le bèngbèng-tiàotiào de huíjiā le xiàng zhī xǐ què Dàn tā bìng

捧 着作文本，他笑 了，蹦 蹦 跳跳地回家了，像 只喜鹊。但他并

méi·yǒu bǎ zuòwénběn nágěi māma kàn tā shì zài děngdài děngdàizhe yī gè měihǎo de shíkè

没 有把作文本拿给妈妈 看，他是在 等待，等待着一个美好的时刻。

Nàge shíkè zhōngyú dào le shì māma de shēng rì yī gè yángguāng cànlàn de xīng qī tiān

那个时刻 终 于 到了，是妈妈的 生 日——一个 阳 光 灿 烂 的星期天：

Nàtiān tā qǐ de tè bié zǎo bǎ zuòwénběn zhuāng zài yī gè qīnshǒu zuò de měi lì de dà xìnfēng· lǐ

那天，他起得特别早，把作文本 装 在一个亲手 做的美丽的大信封 里，

děngzhe māma xǐng· lái Māma gānggāng zhēngyǎn xǐng· lái tā jiù xiàomīmī de zǒudào māma gen

等着妈妈醒来。妈妈刚 刚 睁眼醒 来，他就笑眯眯地走到妈妈跟

qián shuō Māma jīntiān shì nín de shēng rì wǒ yào sònggěi nín yī jiàn lǐ wù

前 说："妈妈，今天是您的 生 日，我要// 送给您一件礼物。"

Guǒrán kànzhe zhèpiān zuòwén māma tiántián de yǒngchū le liǎngháng rè lèi yī bǎ lǒuzhù xiǎo

果然，看着这篇 作文，妈妈甜甜地涌 出了 两 行 热泪，一把搂住小

nán háir lǒu de hěn jǐn hěn jǐn

男孩儿，搂 得 很 紧很 紧。

Shìde zhì lì kě yǐ shòusǔn dàn ài yǒngyuǎn bù huì
是的，智力可以 受 损，但爱 永 远 不会。

节选自张玉庭《一个美丽的故事》

Zuòpǐn 52 Hào
作品 52 号

Xiǎoxué de shíhou yǒu yī cì wǒmen qù hǎibiān yuǎnzú māma méi·yǒu zuò biànfàn gěi le wǒ shí
小学 的时候 有 一次 我们 去 海边 远足，妈妈 没 有 做 便饭，给了 我 十

kuài qián mǎi wǔcān Hǎoxiàng zǒu le hěn jiǔ hěn jiǔ zhōngyú dào hǎibiān le dàjiā zuòxià·lái biàn
块 钱 买 午餐。好 像 走了 很 久，很 久，终 于 到 海边 了，大家 坐下 来 便

chīfàn huāngliáng de hǎibiān méi·yǒu shāngdiàn wǒ yī gè rén pǎodào fángfēnglínwàimiàn·qù jí rèn
吃饭，荒 凉 的 海边 没 有 商 店，我 一个 人 跑到 防 风 林 外 面 去，级任

lǎoshī yào dàjiā bǎ chīshèng de fàncài fēngěi wǒ yīdiǎnr Yǒu liǎng-sān gè nánshēng liú·xià yīdiǎnr
老师 要 大家 把 吃剩 的 饭菜 分给 我 一点儿。有 两 三个 男 生 留下 一点儿

gěi wǒ háiyǒu yī gè nǚshēng tā de mǐfàn bàn le jiàngyóu hěn xiāng Wǒ chīwán de shíhou tā xiàomī
给 我，还有 一个 女生 ，她的 米饭 拌了 酱油，很 香 。我 吃完 的 时候，她 笑眯

mī de kànzhe wǒ duǎn tóu fa liǎn yuányuán de
眯地 看着 我，短 头 发，脸 圆 圆 的。

Tā de míng zi jiào Wēng Xiāngyù
她的 名字 叫 翁 香 玉。

Měitiān fàngxué de shíhou tā zǒu de shì jīngguò wǒmen jiā de yī tiáo xiǎo lù dàizhe yī wèi bǐ tā
每天 放学 的时候，她 走的 是 经过 我们 家的 一条 小 路，带着 一位 比她

xiǎo de nánhái kěnéng shì dì di Xiǎo lù biān shì yī tiáo qīngchè jiàn dǐ de xiǎo xī liǎngpáng zhúyīn
小 的 男孩儿，可能 是 弟弟。小路 边 是 一条 清 澈 见底 的 小溪，两 旁 竹阴

fùgài wǒ zǒngshì yuǎnyuǎn de gēn zài tā hòu·miàn xià rì de wǔhòu tèbié yán rè zǒudào bàn lù tā
覆盖，我 总是 远 远地 跟在 她后 面，夏日的 午后 特别 炎热，走到 半路 她

huì tíng xià·lái ná shǒupà zài xī shuǐ·lǐ jìnshī wèi xiǎonán hái cā liǎn Wǒ yě zài hòu·miàn tíng xià
会 停下 来，拿 手帕在 溪水 里 浸湿，为 小男孩儿 擦脸。我 也在 后 面 停下

lái bǎ āngzāng de shǒupà nòng shī le cā liǎn zài yī lù yuǎnyuǎn gēnzhe tā huíjiā
来，把 肮脏 的 手帕 弄 湿了 擦脸，再 一路 远 远 跟着 她 回家。

Hòulái wǒmen jiā bāndào zhèn·shàng qù le guò jǐ nián wǒ yě shàng le zhōngxué Yǒu yī tiān
后来 我们 家 搬到 镇 上 去 了，过 几年 我 也 上 了 中学。有 一天

fàngxué huíjiā zài huǒchē·shàng kàn·jiàn xiéduìmiàn yī wèi duǎn tóu fa yuányuán liǎn de nǚháir yī
放学 回家，在 火车 上 ，看 见 斜对面 一位 短 头发、圆 圆 脸的 女孩儿，一

shēn sùjìng de bái yī hēiqún Wǒ xiǎng tā yīdìng bù rènshi wǒ le Huǒchē hěnkuài dàozhàn le wǒ suí
身素净 的 白衣 黑裙。我 想 她 一定 不认识 我 了。火车 很 快 到站 了，我 随

zhe rénqún jǐ xiàng ménkǒu tā yě zǒujìn le jiào wǒ de míng zi Zhè shì tā dì-yī cì hé wǒ shuōhuà
着人群 挤 向 门口，她 也 走近 了，叫 我 的 名字。这 是 她 第一 次 和 我 说话。

Tā xiàomī mī de hé wǒ yī qǐ zǒuguò yuètái Yǐhòu jiù méi·yǒu zài jiànguo tā le
她 笑眯 眯的，和 我 一起 走过 月台。以后 就 没 有 再 见过 // 她了。

Zhèpiān wénzhāng shōu zài wǒ chūbǎn de Shàonián Xīnshì zhè běn shū·lǐ
这篇 文章 收 在 我 出版 的《少 年 心事》这 本 书 里。

Shū chūbǎn hòu bànnián yǒu yī tiān wǒ hūrán shōudào chūbǎnshè zhuǎnlái de yī fēng xìn xìnfēng
书 出版 后 半年，有 一天 我 忽然 收到 出版社 转来的 一封 信，信封

shàng shì mòshēng de zì jì dàn qīngchǔde xiězhe wǒ de běnmíng
上 是 陌生 的 字迹，但 清楚地 写着 我 的 本名。

Xìn lǐ·miàn shuō tā kàndào le zhèpiān wénzhāng xīn·lǐ fēicháng jīdòng méi xiǎngdào zài lí
信 里 面 说 她 看 到 了 这 篇 文 章 心 里 非 常 激 动,没 想 到 在 离

kāi jiāxiāng piāobó yì dì zhème jiǔ zhīhòu huì kàn·jiàn zì jǐ réngrán zài yī gè rén de jì yì·lǐ tā zì
开 家 乡,漂 泊 异 地 这 么 久 之 后,会 看 见 自 己 仍 然 在 一 个 人 的 记 忆 里,她 自

jǐ yě shēnshēn jì de zhè qí zhōng de měi yī mù zhǐshì méi xiǎngdào yuèguò yáoyuǎn de shíkōng jìng
己 也 深 深 记 得 这 其 中 的 每 一 幕,只 是 没 想 到 越 过 遥 远 的 时 空,竟

rán lìng yī gè rén yě shēnshēn jì de
然 另 一 个 人 也 深 深 记 得。

节选自苦伶《永远的记忆》

Zuòpǐn 53 Hào
作品 53 号

Zài fánhuá de Bā lí dàjiē de lù páng zhànzhe yī gè yī shān lánlǚ tóufa bānbái shuāngmù shī
在 繁 华 的 巴 黎 大 街 的 路 旁,站 着 一 个 衣 衫 褴 褛、头 发 斑 白、双 目 失

míng de lǎorén Tā bù xiàng qí tā qǐgài nàyàng shēnshǒu xiàng guò lù xíngrén qǐtǎo ér shì zài shēn
明 的 老 人。他 不 像 其 他 乞 丐 那 样 伸 手 向 过 路 行 人 乞 讨,而 是 在 身

páng lì yī kuài mùpái shàng·miàn xiězhe Wǒ shénme yě kàn·bùjiàn Jiē·shàng guòwǎng de xíng
旁 立 一 块 木 牌,上 面 写 着:"我 什 么 也 看 不 见!"街 上 过 往 的 行

rén hěnduō kàn le mùpái·shàng de zì dōu wúdòng-yúzhōng yǒude háidàndàn yī xiào biàn shānshān
人 很 多,看 了 木 牌 上 的 字 都 无 动 于 衷,有 的 还 淡 淡 一 笑,便 姗 姗

ér qù le
而 去 了。

Zhètiān zhōngwǔ Fǎguó zhùmíng shīrén Ràng Bǐhàolè yě jīngguò zhè·lǐ Tā kànkan mùpái·
这 天 中 午,法 国 著 名 诗 人 让·彼 浩 勒 也 经 过 这 里。他 看 看 木 牌

shàng de zì wèn máng lǎorén Lǎorenjia jīntiānshàngwǔ yǒu rén gěi nǐ qián ma
上 的 字,问 盲 老 人:"老 人 家,今 天 上 午 有 人 给 你 钱 吗?"

Máng lǎorén tàn xī zhe huídá Wǒ wǒ shénme yě méi·yǒu dédào Shuōzhe liǎn·shàng de shén
盲 老 人 叹 息 着 回 答:"我,我 什 么 也 没 有 得 到。"说 着,脸 上 的 神

qíng fēicháng bēishāng
情 非 常 悲 伤。

Ràng Bǐhàolè tīng le ná·qǐ bǐ qiāoqiāode zài nà háng zì de qián·miàn tiān·shàng le chūn
让·彼 浩 勒 听 了,拿 起 笔 悄 悄 地 在 那 行 字 的 前 面 添 上 了"春

tiān dào le kěshì jǐ gè zì jiù cōngcōng de lí kāi le
天 到 了,可 是"几 个 字,就 匆 匆 地 离 开 了。

Wǎnshang Ràng Bǐhàolè yòu jīngguò zhè·lǐ wèn nàge máng lǎorén xiàwǔ de qíngkuàng
晚 上,让·彼 浩 勒 又 经 过 这 里,问 那 个 盲 老 人 下 午 的 情 况。

Máng lǎorén xiàozhe huídá shuō Xiānsheng bùzhī wèishénme xiàwǔ gěi wǒ qián de rén duō jí le
盲 老 人 笑 着 回 答 说:"先 生,不 知 为 什 么,下 午 给 我 钱 的 人 多 极 了!"

Ràng Bǐhàolè tīng le mōzhe hú zi mǎn yì de xiào le
让·彼 浩 勒 听 了,摸 着 胡 子 满 意 地 笑 了。

Chūntiān dào le kěshì wǒ shénme yě kàn·bùjiàn Zhè fùyǒu shī yì de yǔyán chǎnshēng zhème
"春 天 到 了,可 是 我 什 么 也 看 不 见!"这 富 有 诗 意 的 语 言,产 生 这 么

dà de zuòyòng jiù zàiyú tā yǒu fēicháng nónghòu de gǎnqíng sècǎi Shìde chūntiān shì měihǎo de
大 的 作 用,就 在 于 它 有 非 常 浓 厚 的 感 情 色 彩。是 的,春 天 是 美 好 的,

nà lántiān báiyún nà lùshù hónghuā nà yīnggē-yànwǔ nà liúshuǐ rénjiā zěnme bù jiào rén táozuì ne
那 蓝 天 白 云,那 绿 树 红 花,那 莺 歌 燕 舞,那 流 水 人 家,怎 么 不 叫 人 陶 醉 呢?

Dàn zhè liángchén měijǐng duìyú yī ge shuāngmù shīmíng de rén láishuō zhǐshì yī piàn qīhēi Dāng rén
但 这 良 辰 美 景 ,对于一个 双 目 失 明 的 人 来说 ,只是一 片 漆黑。 当 人

men xiǎngdào zhège máng lǎorén yīshēng zhōng jìng lián wànzǐ-qiānhóng de chūntiān dōubùcéng
们 想 到 这 个 盲 老人 ,一生 中 竟 连 万紫千红 的 春 天 //都不曾

kàndào zěn néng bù duì tā chǎnshēng tóngqíng zhī xīn ne
看 到 ,怎 能 不 对 他 产 生 同 情 之 心 呢?

节选自小学《语文》第六册中《语言的魅力》

Zuòpǐn 54 Hào
作品 54 号

　　Yǒu yī cì Sū Dōngpō de péngyou Zhāng È ná zhe yī zhāng xuānzhǐ lái qiú tā xiě yī fú zì ér qiě
　　有 一 次 ,苏 东坡 的 朋友 张 鹗 拿 着 一 张 宣纸 来 求 他 写 一幅字 ,而且

xīwàng tā xiě yīdiǎnr guānyú yǎngshēng fāngmiàn de nèiróng Sū Dōngpō sīsuǒ le yīhuìr diǎndiǎn
希望 他 写 一点儿 关于 养 生 方 面 的 内容 。苏 东坡 思索 了 一会儿 ,点 点

tóu shuō Wǒ dédào le yī ge yǎngshēng chángshòu gǔfāng yào zhǐyǒu sì wèi jīntiān jiù zènggěi nǐ
头 说 :"我 得到 了 一个 养 生 长 寿 古方 ,药 只有 四 味 ,今天 就 赠给 你

ba Yúshì Dōngpō de lángháo zài zhǐ·shàng huīsǎ qǐ·lái shàng·miàn xiě zhe Yī yuē wú shì yǐ
吧。"于是 ,东坡 的 狼毫 在 纸 上 挥洒 起 来 ,上 面 写 着 :"一日 无事 以

dàng guì èr yuē zǎo qǐn yǐ dàng fù sān yuē ānbù yǐ dàng chē sì yuē wǎn shí yǐ dàng ròu
当 贵 ,二 日 早 寝 以 当 富 ,三 曰 安步 以 当 车 ,四 曰 晚 食 以 当 肉。"

　　Zhè nǎ·lǐ yǒu yào Zhāng È yī liǎn mángrán de wèn Sū Dōngpō xiào zhe jiěshì shuō yǎngshēng
　　这 哪 里 有 药 ? 张 鹗 一脸 茫然 地 问 。苏 东坡 笑 着 解释 说 ,养 生

chángshòu de yàojué quán zài zhè sì jù lǐ·miàn
长 寿 的 要诀 ,全 在 这 四 句 里 面 。

　　Suǒwèi wú shì yǐ dàng guì shì zhǐ rén bùyào bǎ gōngmíng lì lù róngrǔ guòshī kǎolǜ de tài
　　所谓 "无事 以 当 贵" ,是 指 人 不要 把 功 名 利禄、荣辱 过失 考虑 得 太

duō rú néng zài qíngzhì·shàng xiāosǎ dàdù suíyù'ér'ān wúshì yǐ qiú zhè bǐ fùguì gèng néng shǐ
多 ,如 能 在 情志 上 潇洒 大度 ,随遇而安 ,无事 以求 ,这 比 富贵 更 能 使

rén zhōng qí tiānnián
人 终 其 天年 。

　　Zǎo qǐn yǐ dàng fù zhǐ chī hǎo chuān hǎo cáihuò chōngzú bìngfēi jiù néng shǐ nǐ chángshòu
　　"早 寝 以 当 富" ,指 吃 好 穿 好、财货 充足 ,并非 就 能 使 你 长 寿。

Duì lǎoniánrén láishuō yǎngchéng liánghǎo de qǐjū xíguàn yóuqí shì zǎo shuì zǎo qǐ bǐ huòdé rènhé
对 老年人 来说 ,养 成 良 好 的 起居 习惯 ,尤其 是 早 睡 早 起 ,比 获得 任何

cái fù gèngjiā bǎoguì
财富 更 加 宝贵。

　　Ānbù yǐ dàng chē zhǐ rén bùyào guòyú jiǎngqiú ānyì zhī tǐ bùláo ér yīng duō yǐ bùxíng lái
　　"安步 以 当 车" ,指 人 不要 过于 讲求 安逸、肢体 不劳 ;而 应 多 以 步行 来

tì dài qí mǎ chéngchē duō yùndòng cái kě yǐ qiángjiàn tǐpò tōngchàng qìxuè
替代 骑马 乘 车 ,多 运动 才 可以 强 健 体魄 ,通 畅 气血。

　　Wǎn shí yǐ dàng ròu yì si shì rén yīnggāi yòng yǐ jī fāng shí wèibǎo xiān zhǐ dài tì duì měiwèi
　　"晚 食 以 当 肉" ,意思 是 人 应该 用 已 饥 方 食、未 饱 先 止 代替 对 美味

jiāyáo de tānchī wúyàn Tā jìn yī bù jiěshì è le yǐhòu cái jìnshí suīrán shì cūchá-dànfàn dàn qí
佳肴 的 贪吃 无厌 。他 进一步 解释 ,饿 了 以后 才 进食 ,虽然 是 粗茶淡饭 ,但 其

xiāngtián kěkǒu huì shèngguò shānzhēn rúguǒ bǎo le háiyào miǎnqiǎng chī jíshǐ měiwèi jiāyáobǎi zài
香 甜 可口 会 胜过 山 珍 ;如果 饱 了 还要 勉 强 吃 ,即使 美味 佳肴 摆 在

yǎnqián yě nán yǐ xiàyàn
眼 前 也 难 以 //下 咽。

Sū Dōngpō de sì wèi chángshòuyào shí jì·shàng shì qiángdiào le qíngzhì shuìmián yùndòng
苏 东 坡 的 四 味 " 长 寿 药",实 际 上 是 强 调 了 情 志、睡 眠、运 动、

yǐnshí sì gè fāngmiàn duì yǎngshēng chángshòu de zhòngyàoxìng zhè zhǒng yǎngshēng guāndiǎn jí shǐ
饮 食 四 个 方 面 对 养 生 长 寿 的 重 要 性,这 种 养 生 观 点 即 使

zài jīn tiān réngrán zhídé jièjiàn
在 今 天 仍 然 值 得 借 鉴。

节选自蒲昭和《赠你四味长寿药》

Zuòpǐn 55 Hào
作 品 55 号

Rén huózhe zuì yàojǐn de shì xúnmì dào nàpiàn dàibiǎozhe shēngmìng lǜ sè hé rénlèi xī wàng de
人 活 着,最 要 紧 的 是 寻 觅 到 那 片 代 表 着 生 命 绿 色 和 人 类 希 望 的

cónglín ránhòu xuǎn yī gāogāo de zhītóu zhàn zài nà·lǐ guānlǎn rénshēng xiāohuà tòngkǔ yùnyù gē
丛 林,然 后 选 一 高 高 的 枝 头 站 在 那 里 观 览 人 生,消 化 痛 苦,孕 育 歌

shēng yúyuè shìjiè
声,愉 悦 世 界!

Zhè kě zhēnshì yī zhǒng xiāosǎ de rénshēng tài·dù zhè kě zhēnshì yī zhǒng xīnjìng shuǎnglǎng de
这 可 真 是 一 种 潇 洒 的 人 生 态 度,这 可 真 是 一 种 心 境 爽 朗 的

qínggǎn fēngmào
情 感 风 貌。

Zhàn zài lì shǐ de zhītóu wēixiào kě yǐ jiǎnmiǎn xǔduō fánnǎo Zài nà·lǐ nǐ kě yǐ cóng zhòng
站 在 历 史 的 枝 头 微 笑,可 以 减 免 许 多 烦 恼。在 那 里,你 可 以 从 众

shēngxiàng suǒ bāohán de tián-suān-kǔ-là bǎiwèi rénshēng zhōng xúnzhǎo nǐ zì jǐ nǐ jìngyù zhōng
生 相 所 包 含 的 甜 酸 苦 辣、百 味 人 生 中 寻 找 你 自 己;你 境 遇 中

de nàdiǎnr kǔtòng yěxǔ xiāngbǐ zhīxià zài yě nán yǐ zhàn jù yī xí zhī dì nǐ huì jiào róng·yì de huò
的 那 点 儿 苦 痛,也 许 相 比 之 下,再 也 难 以 占 据 一 席 之 地;你 会 较 容 易 地 获

dé cóng bùyuè zhōng jiětuō línghún de lì·liàng shǐ zhī bùzhì biàn de huīsè
得 从 不 悦 中 解 脱 灵 魂 的 力 量,便 之 不 致 变 得 灰 色。

Rén zhàn de gāo xiē bùdàn néng yǒuxìng zǎoxiē lǐnglüè dào xī wàng de shǔguāng hái néng yǒu
人 站 得 高 些,不 但 能 有 幸 早 些 领 略 到 希 望 的 曙 光,还 能 有

xìng fāxiàn shēngmìng de lì tǐ de shīpiān Měi yī gè rén de rénshēng dōu shì zhè shīpiān zhōng de yī
幸 发 现 生 命 的 立 体 的 诗 篇。每 一 个 人 的 人 生,都 是 这 诗 篇 中 的 一

gè cí yī gè jù zi huòzhě yī gè biāodiǎn Nǐ kěnéng méi·yǒu chéngwéi yī gè měi lì de cí yī gè yǐn
个 词、一 个 句 子 或 者 一 个 标 点。你 可 能 没 有 成 为 一 个 美 丽 的 词,一 个 引

rén-zhùmù de jù zi yī gè jīngtànhào dàn nǐ yī rán shì zhè shēngmìng de lì tǐ shīpiān zhōng de yī gè
人 注 目 的 句 子,一 个 惊 叹 号,但 你 依 然 是 这 生 命 的 立 体 诗 篇 中 的 一 个

yīnjié yī gè tíngdùn yī gè bì bù kě shǎo de zǔchéng bùfen Zhè zú yǐ shǐ nǐ fàng qì qiánxián méng
音 节、一 个 停 顿、一 个 必 不 可 少 的 组 成 部 分。这 足 以 使 你 放 弃 前 嫌,萌

shēng wèi rénlèi yùnyù xīn de gēshēng de xìngzhì wèi shìjiè dàilái gèngduō de shī yì
生 为 人 类 孕 育 新 的 歌 声 的 兴 致,为 世 界 带 来 更 多 的 诗 意。

Zuì kěpà de rénshēng jiànjiě shì bǎ duōwéi de shēngcún tú jǐng kànchéng píngmiàn Yīn·wèi nà
最 可 怕 的 人 生 见 解,是 把 多 维 的 生 存 图 景 看 成 平 面。因 为 那

píngmiàn·shàng kèxià de dàduō shì nínggù le de lì shǐ guòqù de yí jì dàn huózhe de rénmen
平 面 上 刻 下 的 大 多 是 凝 固 了 的 历 史——过 去 的 遗 迹;但 活 着 的 人 们,

huó de què shì chōngmǎnzhe xīnshēng zhìhuì de yóu   bùduàn shìqù de xiànzài zǔchéng de wèilái
活得却是 充 满着新生 智慧的，由//不 断 逝去的"现 在"组 成 的未来。

Rénshēng bùnéng xiàng mǒuxiē yúlèi tǎngzhe yóu rénshēng yě bùnéng xiàng mǒuxiē shòulèi pázhe zǒu
人生不能 像 某些鱼类躺着游，人 生 也不能 像 某些兽类爬着走，

ér yīnggāi zhànzhe xiàngqián xíng zhè cái shì rénlèi yīngyǒu de shēngcún zī tài
而应该站着 向 前 行，这才是 人类 应有的 生 存姿态。

节选自[美]本杰明·拉什《站在历史的枝头微笑》

Zuòpǐn 56 Hào
作品 56 号

　　Zhōngguó de dì-yī dàdǎo   Táiwān Shěng de zhǔdǎo Táiwān   wèiyú Zhōngguó dàlù jià de dōng
　　中国的第一大岛、台湾 省 的主岛台湾，位于 中 国 大陆架的 东

nánfāng dì chǔ Dōng Hǎi hé Nán Hǎi zhījiān géthe Táiwān Hǎixiá hé dàlù xiāngwàng   Tiānqì qíng
南方，地处 东 海和南海之间，隔着 台湾 海峡和大陆 相 望。天气晴

lǎng de shíhou zhànzài Fújiàn yánhǎi jiàogāo de dìfang jiù kěyǐ yǐnyǐn-yuēyuē de wàng jiàn dǎo·
朗的时候，站在 福建 沿海较高的 地方，就可以 隐隐约约地 望 见岛

shàng de gāoshān hé yúnduǒ
上 的高山和云朵。

　　Táiwān Dǎo xíngzhuàng xiácháng cóng dōng dào xī zuì kuān chù zhǐyǒu yībǎi sìshí duō gōnglǐ
　　台湾 岛 形 状 狭长，从 东 到西，最 宽 处只有一百四十多 公里；

yóu nán zhì běi zuì cháng de dìfang yuē yǒu sānbǎi jiǔshí duō gōnglǐ   Dìxíng xiàng yīgè fǎngzhī yòng
由 南至北，最 长 的地方约有三百九十多 公里。地形 像 一个纺织用

de suō zi
的 梭子。

　　Táiwān Dǎo· shàng de shānmài zòngguàn nánběi zhōngjiān de Zhōngyāng Shānmài yóu rú quán
　　台湾岛 上 的山脉纵贯 南北，中间的 中 央 山脉犹如全

dǎo de jǐ liang Xī bù wéi hǎibá jìn sìqiānmǐ de Yù Shān shānmài shì Zhōngguó dōngbù de zuì gāo
岛的脊梁。西部为海拔近四千米的玉 山 山脉，是 中 国 东部的最高

fēng   Quándǎo yuēyǒu sān fēn zhī yī de dìfang shì píng dì qíyú wéi shān dì   Dǎo nèi yǒu duàndài bān
峰。 全 岛约有 三分之一的地方是 平地，其余为 山地。岛内有缎带般

de pùbù lánbǎoshí shìde húpō sìjì chángqīng de sēnlín hé guǒyuán zìrán jǐngsè shífēn yōuměi Xī
的瀑布，蓝宝石似的湖泊，四季 常 青的森林和果园，自然 景色十分优美。西

nánbù de Ā Lǐ Shān hé Rìyuè Tán Táiběi shìjiāo de Dàtún Shān fēngjǐngqū dōu shì wénmíng shìjiè de
南部的阿里 山 和日月潭，台北市郊的大屯 山 风景区，都是 闻名 世界的

yóulǎn shèng dì
游览 胜地。

　　Táiwān Dǎo dì chǔ rèdài hé wēndài zhījiān sìmiàn huánhǎi yǔshuǐ chōngzú qìwēn shòudào hǎi
　　台湾 岛地处热带和温带之间，四面 环海，雨水 充 足，气温 受到海

yáng de tiáojì dōngnuǎn xiàliáng sìjì rúchūn zhè gěi shuǐdào hé guǒmù shēngzhǎng tígōng le yōu
洋的调剂，冬 暖夏凉，四季如春，这给水稻和果木 生 长 提供了优

yuè de tiáojiàn   Shuǐdào gānzhe zhāngnǎo shì Táiwān de sānbǎo   Dǎo· shàng hái shèngchǎn xiān
越的条件。水稻、甘蔗、樟 脑是台湾的"三宝"。岛 上 还盛产鲜

guǒ hé yúxiā
果和鱼虾。

　　Táiwān Dǎo háishì yīgè wénmíng shìjiè de húdié wángguó   Dǎo· shàng de húdié gòng yǒu sì
　　台湾 岛还是一个闻名 世界的"蝴蝶 王 国"。岛 上 的蝴蝶共有四

bǎi duō gè pǐnzhǒng qí zhōng yǒu bùshǎo shì shìjiè xī yǒu de zhēnguì pǐnzhǒng   Dǎo·shàng háiyǒu bù
百 多 个 品 种 ，其 中 有 不 少 是 世界 稀 有 的 珍贵 品 种 。岛　上　还有 不

shǎo niǎoyǔ-huāxiāng de hú   diégǔ dǎo·shàng jūmín lì yòng húdié zhìzuò de biāoběn hé yì shùpǐn
少 鸟 语 花 香 的 蝴//蝶谷，岛　上　居民 利用 蝴蝶 制作 的 标 本 和 艺术品，

yuǎnxiāo xǔduō guójiā
远 销 许多 国家。

节选自《中国的宝岛——台湾》

Zuòpǐn 57 Hào
作品 57 号

Duìyú Zhōngguó de niú wǒ yǒuzhe yī zhǒng tèbié zūnjìng de gǎnqíng
对于 中 国 的 牛，我 有着 一 种 特别 尊敬 的 感情。

Liúgěi wǒ yìnxiàng zuì shēn de yàosuàn zài tiánlǒng·shàng de yī cì xiāngyù
留给 我 印象 最深 的，要算 在 田垄　上　的 一 次" 相 遇"。

Yī qún péngyou jiāoyóu wǒ lǐngtóu zài xiázhǎi de qiānmò·shàng zǒu zěnliào yíngmiàn lái le jǐ tóu
一 群 朋 友 郊游，我 领头 在 狭窄 的 阡陌　上　走，怎料 迎 面 来了 几头

gēngniú xiádào róng·bùxià rén hé niú zhōngyǒu yī fāng yào ràng lù Tāmen hái méi·yǒu zǒujìn wǒ
耕牛，狭道 容 不下 人和 牛，终 有 一 方 要 让 路。它 们 还没 有 走近，我

men yǐ·jīng yùjì dòu·bù·guò chùsheng kǒngpà nánmiǎn cǎidào tián dì ní shuǐ·lǐ nòng de xiéwà
们 已 经 预计斗 不 过 畜 牲，恐怕 难免 踩到 田地 泥水　里，弄得 鞋袜

yòu ní yòu shī le Zhèng chíchú de shíhou dàitóu de yī tóu niú zài lí wǒmen bù yuǎn de dìfang tíng
又泥 又湿 了。 正 踟蹰 的 时候，带头 的 一头 牛，在 离 我们 不 远 的 地方 停

xià·lái tái qǐ tóu kànkan shāo chíyí yī·xià jiù zìdòng zǒu·xià tián qù Yī duì gēngniú quán gēnzhe
下 来，抬起 头 看看，稍 迟疑 一 下，就 自动 走 下 田 去。一队 耕牛，全 跟着

tā lí kāi qiānmò cóng wǒmen shēnbiān jīngguò
它 离开 阡陌，从 我们 身 边 经过。

Wǒmen dōu dāi le huíguò tóu·lái kànzhe shēnhè sè de niúduì zài lù de jìntóu xiāoshī hūrán jué
我 们 都 呆 了，回过 头 来，看着 深 褐色 的 牛队，在 路的 尽头 消失，忽然 觉

de zì jǐ shòu le hěndà de ēnhuì
得 自己 受了 很大 的 恩惠。

Zhōngguó de niú yǒngyuǎn chénmò de wèi rén zuòzhe chénzhòng de gōngzuò Zài dà dì·shàng
中 国 的 牛，永 远 沉默 地 为 人 做着 沉 重 的 工作。在 大地 上 ，

zài chénguāng huò liè rì·xià tā tuōzhe chénzhòng de lí dī tóu yī bù yòu yī bù tuō chū le shēnhòu yī
在 晨 光 或 烈日 下，它 拖着 沉 重 的 犁，低头 一步 又 一步，拖 出了 身后 一

liè yòu yī liè sōng tǔ hǎo ràng rénmen xiàzhǒng Děngdào mǎn dì jīnhuáng huò nóngxián shíhou tā kě
列 又 一列 松土，好 让 人 们 下 种。 等 到 满 地 金黄 或 农 闲 时候，它 可

néng hái děi dāndāng bānyùn fù zhòng de gōngzuò huò zhōngrì ràozhe shímò cháo tóng yī fāngxiàng
能 还 得 担当 搬运 负重 的 工作；或 终日 绕着 石磨，朝 同 一 方 向，

zǒu bù jì chéng de lù
走 不 计程 的 路。

Zài tā chénmò de láodòng zhōng rén biàn dédào yīng dé de shōucheng
在 它 沉默 的 劳动 中 ，人 便 得到 应 得的 收成。

Nà shíhou yěxǔ tā kěyǐ sōng yī jiān zhòngdàn zhàn zài shù·xià chī jǐ kǒu nèncǎo Ǒu'ěr yáo
那 时候，也许，它 可以 松 一肩 重 担，站 在 树 下，吃几口 嫩草。偶尔 摇

yao wěiba bǎibai ěrduo gǎnzǒu fēi fù shēn·shàng de cāngying yǐ·jīng suàn shì tā zuì xiánshì de
摇 尾巴，摆摆 耳朵，赶 走 飞附身　上　的 苍蝇，已 经 算 是 它 最 闲适 的

shēnghuó le
生 活 了。

Zhōngguó de niú méi·yǒu chéngqún bēnpǎo de xí　guàn yǒngyuǎn chénchén-shíshí de mòmò
中 国 的 牛，没 有 成 群 奔 跑 的 习// 惯， 永 远 沉 沉 实 实 的，默 默

de gōngzuò píngxīn-jìng qì　Zhè jiù shì Zhōngguó de niú
地 工 作，平 心 静 气。 这 就 是 中 国 的 牛！

节选自小思《中国的牛》

Zuòpǐn 58 Hào
作品 58 号

Bùguǎn wǒ de mèngxiǎng néngfǒu chéngwéi shìshí shuō chū·lái zǒng shì hǎowánrde
不 管 我 的 梦 想 能 否 成 为 事 实，说 出 来 总 是 好玩儿的：

Chūntiān wǒ jiāngyào zhù zài Hángzhōu　Èrshí nián qián jiù lì de èr yuè chū zài Xī hú wǒ kàn·
春 天，我 将 要 住 在 杭 州。二 十 年 前，旧历的二 月 初，在 西 湖 我 看·

jiàn le nèn liǔ yǔ càihuā bì làng yǔ cuìzhú　Yóu wǒ kàndào de nà diǎnr chūnguāng yǐ·jīng kě yǐ duàn
见 了 嫩 柳 与 菜 花，碧 浪 与 翠 竹。由 我 看到 的 那点儿 春 光， 已 经 可 以 断

dìng Hángzhōu de chūntiān bì dìng huì jiàorén zhěngtiān shēnghuó zài shī yǔ túhuà zhīzhōng　Suǒ yǐ
定， 杭 州 的 春 天 必 定 会 教 人 整 天 生 活 在 诗 与 图 画 之 中。 所 以，

chūntiān wǒ de jiā yīngdāng shì zài Hángzhōu
春 天 我 的 家 应 当 是 在 杭 州。

Xiàtiān wǒ xiǎng Qīngchéng Shān yīngdāng suànzuò zuì lǐ xiǎng de dì fang　Zài nà·lǐ wǒ suī
夏 天，我 想 青 城 山 应 当 算 作 最 理 想 的 地 方。在 那 里，我 虽

rán zhǐ zhùguo shí tiān kěshì tā de yōujìng yǐ shuānzhù le wǒ de xīnlíng　Zài wǒ suǒ kàn·jiàn guo de
然 只 住 过 十 天，可 是 它 的 幽 静 已 拴 住 了 我 的 心 灵。在 我 所 看 见 过 的

shānshuǐ zhōng zhǐyǒu zhè·lǐ méi·yǒu shǐ wǒ shīwàng　Dàochù dōu shì lǜ mù zhī suǒ jí nà piàn dàn
山 水 中，只 有 这 里 没 有 使 我 失 望。到 处 都 是 绿，目 之 所 及，那 片 淡

ér guāngrùn de lǜ sè dōu zài qīngqīng de chàndòng fǎng fú yào liú rù kōngzhōng yǔ xīnzhōng shì de
而 光 润 的 绿色 都 在 轻 轻 地 颤 动，仿 佛 要 流 入 空 中 与 心 中 似 的。

Zhège lǜ sè huì xiàng yīnyuè dí qīng le xīnzhōng de wàn lǜ
这 个 绿色 会 像 音 乐，涤 清 了 心 中 的 万 虑。

Qiūtiān yī dìng yào zhù Běipíng　Tiāntáng shì shénme yàng zi wǒ bù zhī·dào dànshì cóng wǒ de
秋 天 一 定 要 住 北 平。天 堂 是 什 么 样 子，我 不 知 道，但 是 从 我 的

shēnghuó jīngyàn qù pànduàn　Běipíng zhī qiū biàn shì tiāntáng　Lùn tiān qì bù lěng bù rè　Lùn chīde
生 活 经 验 去 判 断，北 平 之 秋 便 是 天 堂。论 天 气，不 冷 不 热。论 吃 的，

píngguǒ lí shì zi zǎor pútao měi yàng dōu yǒu ruògān zhǒng　Lùn huācǎo jú huā zhǒnglèi zhī duō
苹 果、梨、柿 子、枣 儿、葡 萄，每 样 都 有 若 干 种。论 花 草，菊 花 种 类 之 多，

huāshì zhī qí kě yǐ jiǎ tiānxià　Xī shān yǒu hóngyè kě jiàn Běihǎi kě yǐ huáchuán　suīrán héhuā yǐ
花 式 之 奇，可 以 甲 天 下。西 山 有 红 叶 可 见，北 海 可 以 划 船 ——虽 然 荷 花 已

cán hé yè kě háiyǒu yī piàn qīngxiāng　Yī-shí-zhù-xíng zài Běipíng de qiūtiān shì méi·yǒu yī xiàng
残，荷 叶 可 还 有 一 片 清 香。衣 食 住 行，在 北 平 的 秋 天，是 没 有 一 项

bù shǐ rén mǎnyì de
不 使 人 满 意 的。

Dōngtiān wǒ hái méi·yǒu dǎ hǎo zhǔ yi　Chéngdū huòzhě xiāngdāng de héshì suīrán bìngbù zěn
冬 天，我 还 没 有 打 好 主 意，成 都 或 者 相 当 得 合 适，虽 然 并不 怎

yàng hénuǎn kěshì wèi le shuǐxiān sùxīn làméi gè sè de cháhuā fǎng fú jiù shòu yīdiǎnr hán　lěng
样 和 暖，可 是 为 了 水 仙，素 心 腊 梅，各 色 的 茶 花，仿 佛 就 受 一点儿 寒 // 冷，

yě pō zhí·dé qù le　Kūnmíng de huā yě duō　ér qiě tiān qì bǐ Chéngdū hǎo　kě shì jiù shūpù yǔ jīngměi
也 颇 值 得 去 了。昆 明 的 花 也 多,而且 天 气 比 成 都 好,可 是 旧 书 铺 与 精 美

ér pián yi de xiǎochī yuǎn bù jí Chéngdū nàme duō　Hǎo ba　jiù zàn zhème guīdìng Dōngtiān bùzhù
而 便 宜 的 小 吃 远 不 及 成 都 那么 多。好 吧,就 暂 这么 规 定:冬 天 不 住

Chéngdū biàn zhù Kūnmíng ba
成 都 便 住 昆 明 吧。

Zài kàngzhàn zhōng wǒ méi néng fā guónàncái　Wǒxiǎng kàngzhàn shènglì yǐ hòu wǒ bì néng
在 抗 战 中,我 没 能 发 国 难 财。我 想,抗 战 胜 利 以 后,我 必 能

kuò qǐ·lái　Nà shíhou jiǎruò fēi jī jiǎnjià yī-èr bǎi yuán jiù néng mǎi yī jià de huà wǒ jiù zì bèi yī
阔 起 来。那 时 候,假 若 飞 机 减 价,一 二 百 元 就 能 买 一 架 的 话,我 就 自 备 一

jià zé huángdào- jí rì mànmàn de fēixíng
架,择 黄 道 吉 日 慢 慢 地 飞 行。

节选自老舍《住的梦》

Zuòpǐn 59 Hào
作品 59 号

Wǒ bùyóude tíngzhù le jiǎobù
我 不 由 得 停 住 了 脚 步。

Cóngwèi jiànguo kāide zhèyàng shèng de téngluó zhǐjiàn yī piàn huīhuáng de dàn zǐ sè xiàng yī
从 未 见 过 开 得 这 样 盛 的 藤 萝,只 见 一 片 辉 煌 的 淡 紫 色,像 一

tiáo pùbù cóng kōngzhōng chuíxià bù jiàn qí fāduān yě bù jiàn qí zhōng jí zhǐshì shēnshēn-qiǎnqiǎn
条 瀑 布,从 空 中 垂 下,不 见 其 发 端,也 不 见 其 终 极,只 是 深 深 浅 浅

de zǐ fǎng fú zài liúdòng zài huānxiào zài bùtíng de shēngzhǎng　Zǐ sè de dà tiáo fú·shàng fànzhe
的 紫,仿 佛 在 流 动,在 欢 笑,在 不 停 地 生 长。紫 色 的 大 条 幅 上,泛 着

diǎndiǎn yínguāng jiù xiàng bèngjiàn de shuǐhuā　Zǐ xì kàn shí cái zhī nàshì měi yī duǒ zǐ huā zhōng
点 点 银 光,就 像 迸 溅 的 水 花。仔 细 看 时,才 知 那 是 每 一 朵 紫 花 中

de zuì qiāndàn de bùfen zài hé yángguāng hùxiāng tiǎodòu
的 最 浅 淡 的 部 分,在 和 阳 光 互 相 挑 逗。

Zhè· lǐ chúle guāngcǎi háiyǒu dàndàn de fāngxiāng　Xiāng qì sì hū yě shì qiǎn zǐ cè do mòng
这 里 除 了 光 彩,还 有 淡 淡 的 芳 香。香 气 似 乎 也 是 浅 紫 色 的,梦

huàn yī bān qīngqīng de lǒngzhàozhe wǒ　Hūrán jìqǐ shíduōnián qián jiāmén wài yě céng yǒuguo yī
幻 一 般 轻 轻 地 笼 罩 着 我。忽 然 记 起 十 多 年 前,家 门 外 也 曾 有 过 一

dà zhū zǐténgluó tā yī bàng yī zhū kūhuái pá de hěn gāo dàn huāduǒ cónglái dōu xī luò dōng yī suì xī
大 株 紫 藤 萝,它 依 傍 一 株 枯 槐 爬 得 很 高,但 花 朵 从 来 都 稀 落,东 一 穗 西

yī chuàn língdīng de guà zài shùshāo hǎoxiàng zài cháyán-guānsè shìtàn shénme　Hòulái suǒxìng lián
一 串 伶 仃 地 挂 在 树 梢,好 像 在 察 颜 观 色,试 探 什 么。后 来 索 性 连

nà xī líng de huāchuàn yě méi·yǒu le　Yuán zhōng biéde zǐténg huājià yě dōu chāidiào gǎizhòng le
那 稀 零 的 花 串 也 没 有 了。园 中 别 的 紫 藤 花 架 也 都 拆 掉,改 种 了

guǒshù　Nàshí de shuō fǎ shì huā hé shēnghuó fǔ huà yǒu shénme bì rán guān xi　Wǒ céng yí hàn de
果 树。那 时 的 说 法 是,花 和 生 活 腐 化 有 什 么 必 然 关 系。我 曾 遗 憾 地

xiǎng Zhè· lǐ zài kàn·bùjiàn téngluóhuā le
想:这 里 再 看 不 见 藤 萝 花 了。

Guò le zhème duō nián téngluó yòu kāihuā le érqiě kāi de zhèyàng shèng zhèyàng mì zǐsè de
过 了 这 么 多 年,藤 萝 又 开 花 了,而且 开 得 这 样 盛,这 样 密,紫 色 的

pùbù zhēzhù le cūzhuàng de pánqiú wòlóng bān de zhīgàn bùduàn de liúzhe liúzhe liúxiàng rén de xīn dǐ
瀑 布 遮 住 了 粗 壮 的 盘 虬 卧 龙 般 的 枝 干,不 断 地 流 着,流 着,流 向 人 的 心 底。

Huā hé rén dōu huì yùdào gèzhǒng-gèyàng de bùxìng dànshì shēngmìng de chánghé shì wú zhǐjìng
花 和 人 都 会 遇到 各 种 各 样 的 不幸，但是 生 命 的 长 河 是 无止境

de Wǒ fǔmō le yī xià nà xiǎoxiǎo de zǐ sè de huācāng nà·lǐ mǎnzhuāng le shēngmìng de jiǔniàng
的。我 抚摸 了 一下 那 小 小 的 紫色 的 花舱，那 里 满 装 了 生 命 的 酒酿，

tā zhāngmǎn le fān zài zhè shǎnguāng de huā de hé liú·shàng hángxíng Tā shì wàn huā zhōng de
它 张 满 了 帆，在 这 // 闪 光 的 花 的 河流 上 航行。它 是 万 花 中 的

yī duǒ yě zhèngshì yóu měi yī gè yī duǒ zǔchéng le wàn huā cànlàn de liúdòng de pùbù
一朵，也 正 是 由 每 一个 一朵，组成 了 万 花 灿烂 的 流动 的 瀑布。

Zài zhè qiǎn zǐsè de guānghuī hé qiǎn zǐsè de fāngxiāng zhōng wǒ bùjué jiākuài le jiǎobù
在 这 浅 紫色 的 光 辉 和 浅 紫色 的 芳 香 中，我 不觉 加快 了 脚步。

节选自宗璞《紫藤萝瀑布》

Zuòpǐn 60 Hào
作品 60 号

Zài yī cì míngrén fǎngwèn zhōng bèi wèn jí·shàng gè shì jì zuì zhòngyào de fā míng shì shénme
在 一次 名人 访问 中，被 问及 上 个 世 纪 最 重 要 的 发 明 是 什么

shí yǒu rén shuō shì diànnǎo yǒu rén shuō shì qìchē děngděng Dàn Xīnjiāpō de yī wèi zhīmíng rénshì
时，有 人 说 是 电脑，有 人 说 是 汽车，等 等。但 新加坡 的 一位 知名 人士

què shuō shì lěngqìjī Tā jiěshì rúguǒ méi·yǒu lěngqì rèdài dìqū rú dōngnányà guójiā jiù bù kě
却 说 是 冷气机。他 解释，如果 没 有 冷气，热带 地区 如 东 南亚 国家，就 不可

néng yǒu hěn gāo de shēngchǎnlì jiù bù kěnéng dádào jīntiān de shēnghuó shuǐzhǔn Tā de huídá shí
能 有 很 高 的 生 产力，就 不可能 达到 今天 的 生 活 水 准。他 的 回答 实

shì-qiúshì yǒulǐ-yǒujù
事 求 是，有理 有据。

Kàn le shàngshù bàodào wǒ tū fā qíxiǎng Wèishénme méi·yǒu jì zhě wèn Èr shí shìjì zuì zāo
看了 上 述 报道，我 突发 奇想：为什么 没 有 记 者 问："二十 世纪 最 糟

gāo de fā míng shì shénme Qíshí èr líng líng èr nián shíyuè zhōng xún Yīngguó de yī jiā bàozhǐ jiù píng
糕 的 发明 是 什么？"其实 二〇〇二年 十月 中 旬，英国 的 一家 报纸 就 评

chū le rénlèi zuì zāogāo de fā míng Huò cǐ shūróngde jiù shì rénmen měitiān dàliàng shǐyòng de sù
出 了"人类 最 糟糕 的 发明"。获此 殊 荣 的，就 是 人们 每天 大量 使用 的 塑

liàodài
料 袋。

Dànshēng yú shàng gè shì jì sānshí niándài de sùliàodài qí jiā zú bāokuò yòng sùliào zhìchéng de
诞 生 于 上 个 世 纪 三十 年代 的 塑料袋，其家族 包括 用 塑料 制成 的

kuàicān fànhé bāozhuāngzhǐ cānyòng bēipán yǐnliàopíng suānnǎibēi xuěgāobēi děngděng Zhèxiē
快 餐 饭盒、包 装 纸、餐用 杯盘、饮料 瓶、酸奶 杯、雪糕 杯 等 等。这些

fèi qì wù xíngchéng de lā jī shùliàng duō tǐ jī dà zhòngliàng qīng bù jiàngjiě gěi zhì lǐ gōngzuò dài
废弃物 形 成 的 垃圾，数 量 多、体积 大、重 量 轻、不降解，给 治理 工 作 带

lái hěn duō jì shù nán tí hé shèhuì wèn tí
来 很 多 技术 难 题 和 社会 问题。

Bǐ rú sànluò zài tiánjiān lù biān jí cǎocóng zhōng de sùliào cānhé yī dàn bèi shēngchù tūnshí
比如，散落 在 田间、路边 及 草丛 中 的 塑料 餐盒，一旦 被 牲 畜 吞食

jiù huì wēi jí jiànkāng shènzhì dǎozhì sǐwáng Tiánmái fèi qì sùliàodài sùliào cānhé de tǔ dì bùnéng
就 会 危及 健康 甚至 导致 死亡。填埋 废弃 塑料袋、塑料 餐盒 的 土地，不能

shēngzhǎng zhuāngjiā hé shùmù zàochéng tǔ dì bǎnjié ér fénshāo chǔ lǐ zhèxiē sùliào lā jī zé huì shì
生 长 庄 稼 和 树木，造成 土 地 板结，而 焚烧 处 理 这些 塑料 垃圾，则 会 释

fàng chū duō zhǒng huà xué yǒu dú qì tǐ qí zhōng yī zhǒng chēng wéi èr' è yīng de huà hé wù dú xìng
放 出 多 种 化 学 有 毒 气 体,其 中 一 种 称 为 二 噁 英 的 化 合 物,毒 性

jí dà
极 大。

　　Cǐ wài zài shēngchǎn sù liào dài sù liào cān hé de guòchéng zhōng shǐyòng de fú lì 'áng duì rén
　　此 外,在 生 产 塑 料 袋、塑 料 餐 盒 的//过 程 中 使 用 的 氟 利 昂,对 人

tǐ miǎnyì xìtǒng hé shēngtài huánjìng zàochéng de pòhuài yě jí wéi yánzhòng
体 免 疫 系 统 和 生 态 环 境 造 成 的 破 坏 也 极 为 严 重。

节选自林光如《最糟糕的发明》

（作品及拼音均源自《普通话水平测试实施纲要》。为方便阅读,调整了编排方式。）

❖ 相关链接2

<h2 align="center">普通话水平测试用话题</h2>
<h3 align="center">说 明</h3>

1.30 则话题供普通话水平测试第四项——命题说话测试使用。

2.30 则话题仅是对话题范围的规定,并不规定话题的具体内容。

1.我的愿望(或理想)

2.我的学习生活

3.我尊敬的人

4.我喜爱的动物(或植物)

5.童年的记忆

6.我喜爱的职业

7.难忘的旅行

8.我的朋友

9.我喜爱的文学(或其他)艺术形式

10.谈谈卫生与健康

11.我的业余生活

12.我喜欢的季节(或天气)

13.学习普通话的体会

14.谈谈服饰

15.我的假日生活

16.我的成长之路

17.谈谈科技发展与社会生活

18.我知道的风俗

19.我和体育

20.我的家乡(或熟悉的地方)

21.谈谈美食

22.我喜欢的节日

23.我所在的集体(学校、机关、公司等)

24.谈谈社会公德(或职业道德)

25.谈谈个人修养

26.我喜欢的明星(或其他知名人士)

27.我喜爱的书刊

28.谈谈对环境保护的认识

29.我向往的地方

30.购物(消费)的感受

(话题源自《普通话水平测试实施纲要》。)

参考文献

[1]国家语言文字工作委员会普通话培训测试中心.普通话水平测试实施纲要[Z].北京:商务印书馆,2004

[2]《新时期推广普通话方略》课题组.推广普通话文件资料汇编[Z].北京:中国经济出版社,2005

[3]高廉平.普通话测试辅导与训练[M].北京:北京大学出版社,2006

[4]宋欣桥.普通话水平测试员实用手册(增订本)[M].北京:商务印书馆,2004

[5]马显彬.普通话水平测试纲要[M].广州:暨南大学出版社,2001

[6]马显彬.普通话水平测试训练教程[M].广州:暨南大学出版社,2001

[7]国家语言文字工作委员会普通话培训测试中心.第三届全国普通话水平测试学术研讨会论文集[C].北京:语文出版社,2009

[8]上海市普通话培训测试中心.普通话水平测试研究[M].上海:上海教育出版社,2002

[9]朱青春.普通话应试必备——说话篇[M].上海:东华大学出版社,2004

[10]辽宁省语言文字应用中心.普通话水平测试指南[M].大连:辽宁师范大学出版社,2004

[11]迟永长.普通话教程[M].大连:辽宁师范大学出版社,2004

[12]《普通话应试训练教程》编委会.普通话应试训练教程[M].北京:首都师范大学出版社,2010

[13]黄伯荣、廖序东.现代汉语(增订三版)[Z].北京:高等教育出版社,2002

[14]李宇明.语言学概论[M].北京:高等教育出版社,2000